Gottfried von Purucker

# Sichtbare und unsichtbare Welten

Titel der Originalausgabe: The Esoteric Tradition
Theosophical University Press
Covina, California


1. Auflage 1987

ISBN 3-924849-33-1


Umschlaggestaltung: Karin Prinz
Gesamtherstellung:
Weserdruckerei Rolf Oesselmann GmbH, Stolzenau

VERLAG Esoterische Philosophie GmbH, Hannover

# Sichtbare und unsichtbare Welten

PROF. DR. GOTTFRIED VON PURUCKER

Autorisierte Übersetzung
der englischen Originalausgabe

VERLAG
ESOTERISCHE PHILOSOPHIE GMBH
Hannover

PROF. DR. GOTTFRIED VON PURUCKER

# VORWORT

Zeitalter beenden ihren Lauf, neue beginnen sich anzukündigen. Der Umbruch vom Alten zum Neuen bringt stets gravierende Änderungen nicht nur der äußeren Verhältnisse mit sich, auch das Denken des Menschen erfährt eine Neuorientierung. Aus diesem Grunde sind Werke wie das vorliegende äußerst notwendig, denn das NEUE ZEITALTER, das sogenannte "Wassermannzeitalter", beginnt seinen Lauf in einem unübersehbaren Tempo, und schon befinden wir uns inmitten technischer und geistiger Revolutionen, deren ganzes Ausmaß noch nicht abzusehen ist.

Wir werden in Zukunft immer mehr wissen; ob wir dabei "weiser" werden, wissen wir nicht ... Woran liegt das? Einer der größten Fehler unserer heutigen Zeit und Weltanschauung liegt darin, in einem gewissen "Schubkasten-System" zu denken. Das heißt, in den einen Schubkasten wurde die Wissenschaft gezwängt, in einen anderen die Religion und in den nächsten die Philosophie. So lassen diese drei Denkmöglichkeiten des menschlichen Bewußtseins wenig Kommunikation und Koordination untereinander zu. Gerade hierin aber liegt die Tragik unserer Zeit, denn Wissenschaft, Religion und Philosophie sind die drei Schößlinge des menschlichen Geistes (Kunst und Musik sind hierin eingeschlossen), und nur vereint befähigen sie den Menschen, die "gesamte" Natur in bezug auf Wahrheit, Erkenntnis und letztlich auch in bezug auf Weisheit zu erfassen. Wir können also immer nur einen "Teil" der Wahrheit, eine "Teil"-Erkenntnis erlangen, nicht aber wirkliche Weisheit gewinnen, solange wir in diesem Schubkasten-System denken. Die Natur selbst macht uns dies als Beispiel klar: Nur in dem Ineinander- und Miteinanderwirken aller Gesetzmäßigkeiten ist dieses grandiose Zusammenspiel aller Naturreiche, kosmisch wie irdisch, möglich ...., und wir als Menschen sind darin eingebettet.

Blättern wir in den Annalen der Menschheitsgeschichte zurück, finden wir genügend Beweise, die ein übergeordnetes, grundlegendes Lehrsystem zur Basis haben. Es könnte als "Religion-Philosophie-Wissenschaft" bezeichnet werden. Das Ägyptische Totenbuch, die alten Schriften der Hindus, die Upanischaden, die Bhagavad-Gita oder die nordische Edda, um nur einige Beispiele zu nennen, geben genügend Hinweise auf ein allumfassendes Lehr- und Gedankengebäude, mit dessen Hilfe der Mensch die "Ursachen" des Seins, die Verzahnung und Vernetzung aller miteinander und ineinander wirkenden kosmischen Kräfte zu erkennen in der Lage ist. Dieses allumfassende, alles in sich schließende Lehrgebäude war zu allen Zeiten bekannt und existiert auch heute in Form der "Esoterischen Philosophie", die entsprechend unserer Zeit und Sprache ihren Ausdruck findet. Sie unterscheidet sich in den inneren Aussagen nicht von den Überlieferungen vergangener Zeitalter, denn in ihrer Essenz beschreibt sie die Vorgänge, die Wirkungsweisen der Natur, die in den sich periodisch verändernden Manifestationen doch stets nach gleichen Gesetzen verfährt.

Zu welchen erhabenen Erkenntnissen könnte die heutige Wissenschaft kommen, würde sie sich dieses überlieferte Wissen, die "Weisheit der Zeitalter", zunutze machen! Die Errungenschaften moderner Wissenschaft sind in vielen Bereichen mit dem reinen Intellekt kaum mehr erfaßbar, ihre Reichweiten haben die Grenzen des normal Meßbaren längst überschritten. Im Gegensatz zu der Esoterischen Philosophie forscht die Wissenschaft bis jetzt jedoch im wesentlichen lediglich nach dem Phänomenal-Sichtbaren der Erscheinungswelt. Die Esoterische Philosophie geht weit darüber hinaus und fragt nach dem "Warum", dem Noumenon, denn in dem "Nicht"-Materiellen ist Weisheit, ist das wahre Lebenselexier zu finden, in ihm liegen die Erklärungen zum Beispiel für die Gesetze der Physik, der Chemie, ja jeder Naturwissenschaft. Aus welchen Gründen die Wissenschaftler die unsichtbaren und immateriellen Daseinsbereiche auch heute noch offiziell ignorieren, obwohl sie täglich mit ihnen arbeiten und von ihrem Vorhandensein überzeugt sein müssen, bleibt im dunkeln. Wieviel Elend in einer von Angst erfüllten Welt könnte verschwinden, würden die Gesetzmäßigkeiten allen Daseins "ursächlich" erkannt werden! Ethik und Moral, wirkliches Verantwortungsbewußtsein gegenüber Mensch und Natur würde wieder seinen dem Menschen zukommenden Platz einnehmen.

Plato hatte recht: "Ideen regieren die Welt." Und so, wie der Geist des Menschen neue Ideen empfängt und überholte verwirft, schreitet die Menschheit vorwärts. In diesem Sinne ist die Esoterische Philosophie mehr als ein Wegweiser in eine erhabenere Zukunft. Sie setzt da an, wo Religion, Wissenschaft und geisteswissenschaftliche Denkrichtungen stagnieren. Die von ihr ausgehenden, revolutionierenden Impulse werden noch zu wenig erkannt, doch werden sie sich im Laufe der Zeit über alle Dogmen und kurzlebigen Theorien sowie Hypothesen erheben, denn es gibt nur einen Prüfstein für Wahrheit: UNIVERSALITÄT.

Mit dem vorliegenden Werk, das insgesamt sechs Bände umfaßt, beabsichtigte der Verfasser, seinen Beitrag als Meilenstein auf dem Weg in das Neue Zeitalter zu leisten. Jeder zu dem Gesamtwerk gehörende Band kann als für sich abgeschlossen betrachtet werden, jedoch ergibt es in seiner Vollständigkeit ein abgerundetes Bild über die universalen Zusammenhänge, die maßgebende Bereiche menschlichen Denkens umfassen. Die weiteren Bände tragen die folgenden Titel: "Der Mensch in der Unendlichkeit", "Mit der Wissenschaft hinter die Schleier der Natur", "Geburt und Wiedergeburt", "Tod - was kommt danach?", "Esoterische Lehren und Schulen".

Die dem Verfasser zugeschriebene "Einmaligkeit" beruht auf tiefem und umfassenden Wissen und drückt sich ebenfalls in seinem fundamentalen Werk "Grundlagen der Esoterischen Philosophie" aus, das in zwei Bänden erschienen ist und die tieferen Bereiche wahrer Esoterik berührt. Es wird als das Herz- und Kernstück der Esoterischen Philosophie angesehen. Auch sei auf ein weiteres umfangreiches, zweibändiges Werk desselben Verfassers hingewiesen, die "Studien zur Esoterischen Philosophie". Die in sich abgeschlossenen kürzeren Artikel bieten eine willkommene Ergänzung zu den "Grundlagen der Esoterischen Philosophie", aber auch zu dem vorliegenden Gesamtwerk.

Mit diesen nun erstmals auch dem deutschen Sprachbereich zugänglich gemachten umfangreichen Werken ist jedem nach tieferem Wissen verlangenden Leser ein Schlüssel in die Hand gegeben, den er nur noch umzudrehen braucht. Doch - und das ist Gesetz - er muß in der "richtigen" Weise umgedreht werden!

Der wahre Wissenschaftler ist aufgerufen, die Grenzen seiner Denkmöglichkeiten auszudehnen in die Realität der verursachenden Kräfte. Vorurteile, Dogmen, unbewiesene Hypothesen und Theorien haben keinen Raum mehr in einer Zeit, da sich die Grenzen des rein Materiellen immer stärker zu den mehr immateriellen Welten, Räumen, Kräften oder Energien hin öffnen.

Die Lehren der Esoterischen Philosophie sind der Hoffnungsträger für die Menschheit. Sie lassen den Sinn des Lebens erkennen, und aufgrund dieses "Erkennens" lernen wir, verantwortlich zu handeln und vor allem verantwortlich zu "denken". Denn Ursache und Wirkung bedingen einander, wodurch jeder einzelne, individuell oder kollektiv, an seinem eigenen Schicksal und dem der Menschheit webt.

Die Welt zu verstehen heißt, sich selbst zu verstehen. Daher lautet die Aufforderung aller großen Weltenlehrer, nach innen zu gehen, den Blick nach innen zu wenden; denn Wahrheit erkennen heißt sich selbst erkennen.

"Esoterische Philosophie"
Studiengesellschaft

Hannover, Oktober 1987

# INHALT

# EINLEITUNG

Wahrheit kann als das, was "wirklich" ist, definiert werden, und dieser kosmischen Wirklichkeit kann die gegenwärtige menschliche Intelligenz nur bis zu einem gewissen Grade nahekommen, kann nur bis zu einem gewissen Grade zu ihr vordringen. Sie ist in ihrer Tiefe und in ihren grenzenlosen Reichweiten unergründlich und daher jedem endlichen Intellekt niemals völlig begreifbar. In einer Art war es ein weiser Ausspruch, den Pontius Pilatus gemacht haben soll, als Jesus, der große syrische Eingeweihte, vor ihn gebracht wurde: "Was ist Wahrheit?" Denn ein Mensch, der die Wahrheit in ihrer ganzen Fülle kennt, würde eine aktive Intelligenz haben, die dem Universum gleichkäme - wessen Intelligenz aber ist weltenweit?

Es gibt jedoch relative Wahrheiten; und relative Wahrheit kann der menschliche Geist erfassen und somit auch verstehen. Mit dieser und durch diese Überlegung entziehen wir sogleich jeder Behauptung den Boden, daß die Esoterische Philosophie Dogmen lehre, wobei mit dem Ausdruck 'Dogma' eine gedankenlose, blinde, gehorsame Zustimmung der bloßen Stimme der Autorität gegenüber verbunden ist. Dies ist beim echten Studium der Esoterischen Philosophie etwas Unzulässiges.

Diese ihrem Wesen nach natürlichen Wahrheiten werden daher nicht als Dogmen verkündet, die man, man mag wollen oder nicht, annehmen muß, falls man erwartet, irgendwelche Hoffnung auf 'Erlösung' zu haben. Die Esoterische Philosophie erkennt so etwas nicht an. Wenn wir diese erhabene Philosophie lehren, so besteht unsere einzige Pflicht darin, das Geheimwissen der Zeitalter in einer Form darzubieten, daß die Menschen daran interessiert werden und beginnen, selbst zu studieren und zu lernen, an den Resultaten ihrer eigenen sorgfältigen Prüfung und Sichtung des Beweismaterials festzuhalten. Wem der Schüler der Esoterischen Philosophie die Lehren anbietet, dem sagt er: "Hier ist eine Wahrheit, die wir geprüft haben, und wir haben in ihr alles das gefunden, wonach Herz und Sinn verlangen. Erforscht sie! Jeder ist in diesem Fall der Richter, und von dem, was gewählt wurde, muß jeder die Konsequenzen auf sich nehmen. Mag sein, daß ihr euch in eurem Urteil täuscht; doch das Prinzip der eigenen Wahl und des uneingeengten freien Willens bei der Wahl ist uns so heilig, daß die Lehren uns in diesem Punkt definitiv erklären, es sei besser, dem Besten in uns gegenüber ehrlich und wahr zu sein - selbst wenn dieses Beste unvollkommen in die Erscheinung tritt -, als kurzerhand oder ohne lange Prüfung die Lehren irgendeines anderen menschlichen Wesens als Evangelium-Wahrheit anzunehmen. Denn wenn man dieses letztere tut, lähmt man seinen Willen, schwächt seine Urteilsfähigkeit und unterminiert auf diese Weise Struktur und Gefüge des eigenen Charakters."

Was ist nun eigentlich ein Dogma? 'Dogma' ist ein griechisches Wort, und ursprünglich war es ein griechischer politischer Ausdruck. Durch Übernahme in die christliche Kirche wurde er zu einem religiösen Wort, einem christlich-religiösen, welches von einer christlichen Atmosphäre umgeben ist und christliche Bedeutung hat. Folglich schließt es christliches Gedankengut in sich, doch das Wort 'Dogma' hat dies in seinem ursprünglichen Sinn und Gebrauch niemals getan.

Das Wort kommt von dem griechischen Verb dokein = 'zu sein scheinen', 'den Anschein haben als ob'. Ein Dogma war demnach etwas, was als eine Wahrheit erschien oder eine Wahrheit zu sein schien: eine Ansicht über die Wahrheit, wenn man so will. Aus diesem Grunde wurde in gewissen griechischen Staaten der Ausdruck 'Dogma' häufig angewandt zur Bezeichnung der Entscheidung, der für richtig gehaltenen Meinung und darum des endgültigen Urteils, zu dem man in einem Staatsrat oder einer Staatsversammlung gekommen war und das man angenommen hatte. Er wurde somit zur Bezeichnung einer öffentlichen Verfügung oder eines öffentlichen Dekrets gebraucht, das von der eingesetzten Autorität im griechischen Staat erlassen wurde. In Athen jedoch wurden diese für richtig gehaltenen Entscheidungen 'psephismata' genannt.

Die übliche Form, in der solche Entscheidungen niedergeschrieben und zitiert wurden, war die mit den Worten: 'Es erschien dem Rat ...', das heißt der Versammlung, der Volksvertretung.

Dem Wort 'ecclesia' entstammt das moderne Wort klerikal, das heute den Sinn von 'kirchlich' hat, jedoch mit einer veränderten Bedeutung, die sich vom Mittelalter und durch dieses hindurch bis in moderne Zeiten erhalten hat - eine von seinem ursprünglichen Sinn völlig verschiedene Bedeutung. Ecclesia bedeutete nämlich in Griechenland einen politischen Konvent oder eine Versammlung aller stimmberechtigten Bürger eines griechischen Staates.

So wechselte das Wort 'Dogma' seine ursprüngliche Bedeutung, die eine Entscheidung oder die für richtig erachtete Meinung einer Versammlung griechischer Bürger ausdrückte, welche in einem formellen Rat über eine ihnen vorgelegte Maßnahme abstimmten. Durch seine Übernahme in die christliche Kirche gelangte es dann zur Bedeutung einer gewissen religiösen Lehre, eines gewissen "dogmatischen" Glaubenssatzes, welcher die bloße Meinung der besten Köpfe in einer christlichen Gemeinde darstellen sollte. Weiter nichts.

So hatte denn dieses Wort in der christlichen Geschichte, speziell in der griechischen Christenheit des nahen Ostens, zunächst jene erste Bedeutung und behielt diese auch für eine Reihe von Jahrhunderten während des ersten Teiles der christlichen Ära bei. Erst in späteren und frühmittelalterlichen Zeiten nahm das Wort 'Dogma' die Bedeutung an, die es jetzt allgemein hat, nämlich als Bezeichnung einer Lehre, die auf der Deklaration eines ökumenischen Konzils oder auf einer autoritativen populären Verkündigung basiert oder die vielleicht von einer anderen weithin anerkannten kirchlichen oder religiösen Autorität hergeleitet wird. Schließlich wurde es von gläubigen Christen als verderblich und schlecht betrachtet, Autorität dieser Art und dogmatische Bedeutung auch nur in Frage zu stellen.

So scheint in Verbindung mit dem Wort 'Dogma' durchaus keine derartige Autorität oder inspirierte religiöse Bedeutung bestanden zu haben, nicht im ganz frühen Christentum und bestimmt nicht in dem ursprünglichen, griechischen, politischen Sinn. Wie oben schon gesagt, schloß das Wort 'Dogma' erst später, in mittelalterlichen Zeiten, die inhärente Idee von irgendeinem religiösen Glaubenssatz in sich, der den Kommunikanten von einer klerikalen oder religiösen Autorität auf göttlichen Auftrag hin aufgezwungen wurde.

Es ist klar zu ersehen, daß die Esoterische Philosophie in diesem modernen Sinn des Wortes gänzlich undogmatisch ist. Sie hat, in dieser letzten Bedeutung des Wortes 'Dogma', überhaupt keine Dogmen, keine Lehren, keine Doktrinen, die als göttlich autoritativ auferlegt werden. Sie ist keine Lehre, die von irgendeinem Individuum oder einer Gruppe von Individuen herrührt und dem Studierenden der Esoterischen Philosophie mit Anspruch auf Autorität sagt, daß diese oder jene Lehre, diese oder jene Doktrin Wahrheit sei, die angenommen und geglaubt werden müsse. Die Esoterische Philosophie behauptet jedoch, daß die Lehren, wie sie uns von den großen Meistern der Weisheit, den großen Sehern und Weisen der Zeitalter überliefert oder weitergereicht worden sind, von Adepten und großen Initiierten durch ungezählte Jahrhunderte der Vergangenheit hindurch geprüft wurden. Diese Prüfung bestand in einem Vergleich mit der Wirklichkeit, das heißt mit der spirituellen Natur, die das oberste Beweis-Tribunal, die höchste Instanz ist. Denn die Natur ist im wahren Sinn der Esoterischen Philosophie die "Große Einheit", das große unbegreifliche Aggregat von Dingen und Wesen, wie sie an sich sind: also Wahrheit.

Wenn wir andererseits den ursprünglichen Sinn des Wortes 'Dogma' nehmen als Kennzeichnung innerer Meinung, die auf Tatsachen oder mentaler Überzeugung beruht, und es in dem Sinne gebrauchen, in dem die frühen sogenannten 'heidnischen' Philosophen es gebrauchten, nämlich zur Bezeichnung der Doktrinen oder Lehrsätze ihrer jeweiligen Schulen, dann würde nichts dagegen einzuwenden sein, mit dem Wort 'Dogma' (oder dogmata im Plural) eine Lehre aus dem gesamten System der Esoterischen Philosophie zu bezeichnen. Unglücklicherweise aber würde der Gebrauch des Wortes 'Dogma' in diesem Sinne irreführend sein.

Wie aus dem Gesagten hervorgeht, ist die Esoterische Philosophie gänzlich undogmatisch. Sie besteht nicht aus einer Sammlung von Dogmen; sie basiert nicht auf eines Menschen Worten. Sie beruht vielmehr, wie die schon erwähnte uralte Bruderschaft oder Vereinigung der großen Weisen und Seher und jede Generation dieser Seher erklärt, auf der göttlich-spirituell-physischen Natur. Diese Generationen lösen einander durch die Jahrhunderte hindurch in regelrechter

Reihe von Nachfolgern ab, prüfen das angesammelte Wissen und das entsprechend formulierte System ihrer Vorgänger, das heißt jener, die vor ihnen kamen. Die Weisen einer jeden neuen Generation prüfen diese akkumulierte Weisheit und beweisen sie dadurch aufs neue, so daß im Laufe der Zeit gewissermaßen eine fortgesetzte Vervollkommnung von Einzelheiten stattfindet.

Seher sind Menschen, die "sehen", die ihre innere Natur so verfeinert haben und die spirituellen Fähigkeiten und Kräfte in sich in so hohem Maße aktiviert haben, daß ihrem Willen gemäß ihre innere, spirituelle Natur tief in das Arkanum des Universums eindringen, sich hinter die Schleier des äußeren Scheines begeben und sehen kann. Auf diese Weise können die Seher das, was sie schauen, der Wahrheit gemäß auslegen, und das tun sie auch. Weil sie somit imstande sind, mit ausgezeichneter Genauigkeit und Treue zu interpretieren, sind ihre Lehren beständig, übereinstimmend und wunderbar zusammenhängend. Von Zeit zu Zeit gewährt die Bruderschaft oder Vereinigung von Mahâtmans oder hochentwickelten Menschen der Welt in ihrer spirituellen Not neu-alte Einblicke in die größten Geheimnisse der Natur. Hierdurch regen sie des Menschen ethische Instinkte an, erwecken seine latenten, intellektuellen Kräfte und bringen kurzum den ständigen, wenn auch stillen evolutionären Drang nach vorwärts zuwege, hin zu größeren und edleren Höhen menschlicher Vollendung.

Auf diese Weise bietet sich den Schülern der Esoterischen Philosophie und Gelehrten die Möglichkeit, die archaischen und wunderbar inspirierenden Lehren zu prüfen und sie ihrerseits und mit ihren eigenen Fähigkeiten zu testen, wie beschränkt diese letzteren auch sein mögen. Und so geschieht es, in dem die Zeit, die wunderbare Zeit mit ihrer Entfaltung der Dinge aus dem Schoße des Schicksals, dem treuen und intelligenten Schüler überreiche Beweise erbringt - die er Schritt für Schritt selbst verglichen und nachgeprüft hat -, daß die Lehren der Esoterischen Philosophie Wahrheiten sind, die sich auf die universale Natur gründen.

Hier wäre um des klaren Verständnisses willen hinzuzufügen, daß, wenn die Redensart 'Universale Natur' angewandt wird, der Begriff niemals auf die rein physische Schale der Natur beschränkt ist, von welcher uns unser materieller Sinnesapparat etwas berichtet. 'Universale Natur' bedeutet die spirituelle und materielle Natur mit all den zahllosen hierarchischen Zwischenstufen, einschließlich der sichtbaren und unsichtbaren Welten sowie göttlicher, spiritueller, intellektueller, ätherischer, astraler und physischer Wesen.

In Websters "English Dictionary" ist zum Beispiel Theosophie etwa folgendermaßen definiert: "Eine Methode, durch physische Prozesse die Wahrheit zu erkennen und der Göttlichkeit nahezukommen." Diese völlig naive und eigenartige Definition nötigt ein Lächeln grimmigen Humors ab. 'Physische Prozesse', wie zum Beispiel wissenschaftliche Forschungen und Experimente im Laboratorium, können uns zwar etwas Wertvolles über die Phänomene der äußeren oder physischen Natur sowie über natürliche Ereignisse sagen, welche die Resultate verborgener, geheimer und mystischer noumenaler Operationen darstellen, die hinter den Schleiern der Natur am Werk sind, um aber die Wahrheit oder eine Wahrheit unfehlbar zu erkennen, ist es nötig, in sich das schauende spirituelle Auge zu kultivieren. Jedes menschliche Wesen hat dieses innere, spirituelle Auge. Von niemandem kann gesagt werden, er wäre ohne dieses, außer von einem seit seiner Geburt geistig Behinderten (ein solcher wird zwar als Mensch geboren, er ist jedoch kein vollständiger Mensch). In jedem normalen menschlichen Wesen wartet die spirituelle Natur allzeit - nicht darauf, entfaltet oder entwickelt zu werden, sondern einfach darauf, daß die sie umhüllenden Schleier, die mentalen, astralen und physischen Schleier auseinander gerissen oder vernichtet werden, so daß die ehedem eingesammelten höheren Weisheitsschätze bezüglich der inneren Realitäten der Natur in das bisher dumpfe und verständnislose Gehirn einfließen können. Wenn dieses Einfließen oder diese Inspiration je nach Lage des Falles in größerem oder geringerem Grade geschieht, dann haben wir die Großen Menschen der Welt, die wirklich inspirierten Denker, die erleuchteten Führer, die sehenden Leiter der Menschheit - die Weisen und Seher.

Nun mögen einige Menschen sagen: "Ich habe dieses oder jenes gesehen und weiß, daß es Wahrheit ist, und mein Diktum sollte angenommen werden." Warum? Dies ist nur eine Form des in der Welt so verbreiteten dogmatischen Geistes, und zwar eine solche, die kein Schüler der Esoterischen Philosophie je gestatten noch sich von anderen auferlegen lassen würde. Niemals. Der Schüler der Esoterischen Philosophie gründet seine Überzeugung von Realitäten auf sein eigenes, streng gewissenhaftes Gefühl für ewige Wahrheit, das in seiner eigenen Brust wohnt und das er selten oder niemals anderen mitteilt und sicherlich niemals in der Form dogmatischer Aussprüche und Beteuerungen. Man mag einwenden: "Ein Befolgen dieser Regel in bezug auf individuelle Führung und Vision würde das Gemüt der Menschen weit öffnen für alle Arten der Torheit, Unweisheit und erratischer Begriffe und aufrichtiger oder unaufrichtiger Glaubensformen. Ein schlechter Mensch könnte sagen: 'Seht, schaut auf mich, einen Propheten! Ich sehe die Wahrheit!' "

Das aber wäre gewiß nicht im Sinne der Esoterischen Philosophie. Es widerspricht direkt der Idee. Der wirklich wissende Mensch ist immer zurückhaltend, wenn nicht unwandelbar schweigend. Er lenkt nie die Aufmerksamkeit auf sich, in keinem Fall aber auf sich als einen Propheten oder Seher. Er sagt zu denen, die um ihn sind: "Jeder hat in sich selbst den göttlichen Prüfstein, mit dem die Wirklichkeit geprüft werden kann. Dieser sollte gebraucht, das heißt, die eigenen Kräfte sollten entwickelt werden. So kann dann gesehen werden, daß das, was die Große Bruderschaft sagt, tatsächlich Wahrheit, tatsächlich Wirklichkeit ist."

Wahrscheinlich hat es in geschichtlichen Zeiten kaum oder selten ein so weit verbreitetes Erwachen religiösen Gefühls und allgemeiner religiöser Interessen gegeben, wie es heute der Fall ist; doch die Menschen führen keine Wortgefechte mehr, sie streiten und kämpfen nicht mehr um bloße Formfragen theologischer oder kirchlicher Art, noch wegen bloßer haarspaltender Definitionen von Worten, in denen Lehren enthalten sind. Sie bekämpfen einander in diesen Dingen nicht mehr mit der scharfen und unbrüderlichen Härte wie früher, im Mittelalter und später. Vielmehr ist heutzutage in den Menschenherzen das Gefühl verbreitet, daß hinter dem Schleier des äußeren Scheines der Natur ein verborgenes, doch nicht unlösbares Geheimnis steckt, das der Menschengeist bei jedem Versuch einer menschlich beschränkten und persönlich willkürlichen Beschreibung nur verkleinert, nur erniedrigt, und daß der einzige Weg, auf welchem diese Realität, diese Wahrheit zu erwerben ist, die gleich einem Geheimnis hinter den Schleiern des äußeren Scheines existiert, der ist, selbst in den Tempel der Wahrheit einzudringen - mitten ins Herz des Unsichtbaren. Nichts dient so zur strengen Erziehung des angriffslustigen, rechthaberischen Sinnes als dieses Gefühl ehrfürchtigen Strebens; es gibt nichts, was aus dem Gehirnverstand des Menschen so schnell die Gefühle von Egoismus sowie unwissender und törichter Selbstgenügsamkeit im Urteil hinwegwischt. Alle Menschen sind imstande zu 'sehen', wenn sie sich nur zum Sehen tauglich machen wollen, und kein Mensch mit dieser Überzeugung im Herzen wird jemals dogmatisch erklären: "Ich bin der Prophet der Wahrheit!" So kann man sehen - es sei noch einmal wiederholt -, daß die Esoterische Philosophie in keiner Weise dogmatisch ist. Sie lehrt durchaus keine Dogmen in dem modernen Sinn des Wortes. Dies bedeutet jedoch nicht, daß die Lehren keine Präzision hätten, keinen festen bestimmten Umriß, daß sie vage, rein intellektuelle Hirngespinste seien. Gerade das Gegenteil ist der Fall. Diese Lehren sind, wie schon erwähnt, von jeder Generation großer Seher und Weiser geprüft und abermals geprüft worden und durch ungezählte Zeitalter der Vergangenheit hindurch wieder geprüft. So, wie wir sie jetzt besitzen, sind sie mathematisch genau, nur daß sie eine weit schärfer umrissene Definition besitzen als die Mathematik. Es wird klar gesagt, und zwar mit Bestimmtheit, daß alle großen Seher und Weisen, die während der Initiation hinter die Schleier der Universal-Natur und jenseits dieser Schleier vorgedrungen sind, zurückkamen und dieselben gleichlautenden, wunderbaren, erstaunlichen Dinge berichteten und dieselben in ihrem eigenen Wesen erkannten Beweise von dem bestätigten, was ihnen bei jenem herrlichsten Erlebnis begegnet war, das der Einweihungszyklus in sich schließt.

Wie sieht es nun mit dem Beweis aus? Die Pontius-Pilatus-Naturen des modernen Lebens sind fast so zahlreich wie die gebildeten Menschen; und in der Selbstgenügsamkeit seines eigenen, intellektuellen Scharfsinns und seines stillschweigenden Glaubens an seine eigene Unfehlbarkeit im Urteil lauscht ein jeder dem Vortrag irgendeiner neuen naturwissenschaftlichen Tatsache oder irgendeiner scheinbar unglaublichen Geschichte mit dem schließlichen Ausruf, durch den er seine Weisheit zu beweisen denkt: "Wo sind Ihre Beweise?" Es klingt so verständig, aber das geringste Wissen von den Vorgängen menschlichen Verstehens, wenn dieses nur angewandt würde, würde diesen selbst-weisen Skeptikern zeigen, daß es außerhalb des Menschen keinen Beweis gibt.

Was ist denn tatsächlich 'Beweis'? Ist Beweis etwas, das außerhalb von uns existiert? Wenn ja, wie könnte er dann verstanden werden? Nein, aller Beweis liegt in unserem eigenen Selbst. Wenn das Gemüt so durchdrungen ist von dem Übergewicht des Beweismaterials und der Zeugenaussage, daß es einer Behauptung automatisch zustimmt, dann ist der Fall für dieses Gemüt erwiesen. Ein anderes, stärkeres Gemüt mag stärkeren Beweis fordern, der sich auf breiterer Grundlage geschickter dargebotener Gewißheit und Zeugenaussage aufbaut. In allen Fällen jedoch ist Beweis das, was das Gemüt zur Überzeugung bringt; und ein Mensch, der die Kraft, die innere und äußere Kraft der Gewißheit oder Zeugenaussage nicht sehen kann oder sie nur schwach sieht, wird deshalb sagen, daß die Behauptung nicht oder ungenügend bewiesen ist. Aber diese skeptische Haltung widerlegt nicht den Beweis, sondern zeigt nur, daß das hier in Frage kommende Gemüt unfähig ist, aufzunehmen, was für einen anderen und vielleicht fähigeren und helleren Intellekt zur Feststellung des Falles klar genug ist, und für diesen Intellekt ist somit der Beweis völlig ausreichend.

Ist also Beweis etwas Unfehlbares? Man verweile bitte einen Augenblick bei dieser Frage, die selbst bei denkenden Menschen so selten vorkommt. Die Antwort ist offensichtlich: nein. Wenn es so wäre, würden sowohl der Beweisführer als auch derjenige, der den Beweis annimmt, gleicherweise unfehlbar sein. Wie viele Menschen sind gestorben, ohne des Verbrechens schuldig zu sein, dessen sie in Gerichtshöfen für schuldig erklärt wurden, weil anscheinend endgültiger Beweis gegen sie vorlag, 'bewiesen' für den Verstand des Richters und der Geschworenen, die die Fälle untersuchten! Sie wurden verurteilt, und das Urteil wurde ordnungsgemäß vollstreckt. Dies sind Fälle, in denen die Verbrechen unschuldigen Menschen gegenüber bewiesen wurden; denn das Beweismaterial war da, und ihm unterwarf man sich ordnungsgemäß. Es gab scheinbar keine fehlenden Glieder oder Lücken in der Kette der Beweisführung, und darum waren die Verbrechen für die Geschworenen erwiesen. Das Gemüt der Geschworenen war von dem Beweis durchdrungen und gänzlich beherrscht; doch in den erwähnten Fällen, die die Fehlbarkeit festgestellter Beweise zeigen, sandten die Geschworenen unschuldige Mitmenschen in einen unrühmlichen Tod.

Wir verweisen hier nur auf Gerichtshöfe, weil das Argument dort recht klar und offensichtlich ist. Wenn auch hier eine Verurteilung Unschuldiger vorkommt, wieviel häufiger leiden doch Unschuldige in Angelegenheiten des täglichen Lebens! Diese letzteren Fälle ereignen sich mit erschreckender Häufigkeit, man möchte sagen, sogar täglich. Von dem, was wir sehen, von dem, was wir hören, von dem, was wir wissen oder glauben, wird durch die Einwirkung unserer Vorurteile und auf allerlei Weise unser Gemüt beeinflußt, unsere Urteilskraft beherrscht und unser Unterscheidungsvermögen einseitig, so daß unsere Instinkte des Mitleids keinen Raum mehr haben, in welchem sie sich frei auswirken können, und wir verdammen. Wir haben das Gefühl, der Fall ist erwiesen, und es mögen Jahre darüber hingehen, bis wir endlich einsehen, daß wir falsch geurteilt haben trotz unseres aufrichtigen und ernsthaften Wunsches, uns vorschneller und unfairer Schlußfolgerungen zu enthalten. Solche Fälle waren für uns erwiesen, sonnenklar erwiesen, wie man so sagt, und doch finden wir später heraus, daß wir völlig im Irrtum waren.

So wollen wir uns denn nicht nur vor einem ungütigen Herzen und einem voreingenommenen Sinn hüten, sondern ebenfalls vor bloßem 'Beweis', welcher auf Herz und Sinn so starken Einfluß hat. Es gibt nur einen wahren Führer im Leben, und dieser Führer ist die innere Stimme, welche durch Kultivierung und Übung stärker und immer nachdrücklicher wird und die uns sagt: "Dies ist wahr, jenes ist falsch." Anfänglich hören wir diese stille Stimme und erkennen ihren klaren Weckruf nur schwach und nennen sie eine Ahnung oder eine Intuition, die sie auch wirklich ist. Nichts außer unserer eigenen Dummheit und unserem arroganten Bewußtseinszustand, den wir lediglich aufgrund unserer eigenen festgefaßten Meinungen haben, hindert uns daran, diesen edelsten der inneren Mahner vollkommener zu kultivieren, als wir es tun. Egoismus und Eitelkeit sind zwei der schrecklichen Hindernisse in der Kultivierung dieser wunderbaren inneren Quellen der Geist-Seele, aus welcher der Strom der Intuition fließt. Diese Quellen gehören unserem unpersönlichen und daher rein selbstlosen Teil an. Ihr Strom, der dem schnellen, stillen Kommen des Lichtes gleicht, will uns zunächst wie die Ankündigungen oder Intuitionen von dem Kommen eines Boten erscheinen, dessen Tritte auf den fernen Hügeln wir zunächst nicht hören können, obgleich wir im Innern wissen, daß er kommt, immer näher kommt. Dann endlich sehen wir die herankommende Wahrheit gegenwärtig und erkennen ihre Weisungen, eine Wahrheit, die uns unsere innere Natur in unversiegbaren Strömen zuführt.

Dieses ist, was man in Wirklichkeit unter 'wahrem Glauben' versteht. Wie der Paulus der Christen sagt: "Glaube (oder instinktives Wissen) ist die Wirklichkeit von Dingen, die wir erhoffen (intuitiv erkennen), die Gewißheit über Dinge, die man nicht sieht" (in dem ihm zugeschriebenen Brief an die Hebräer, Kap. XI, 1, eigene Übersetzung). Es ist nicht blinder Glaube. Blinder Glaube ist bloßes Fürwahrhalten, glauben, was einem gesagt wird, nur weil jemand es sagt, vielleicht jemand, dem man traut, oder vielleicht, weil es einem zufällig gerade paßt. Es gibt ein sehr berühmtes Beispiel für das Wirken blinden Glaubens in den Schriften des feurigen Kirchenvaters Tertullian. Indem er Marcion schmäht, der ein ganz hervorragender gnostischer Lehrer war, äußert er sich folgendermaßen:

> "Das einzig mögliche Mittel, das ich habe, unverschämt erfolgreich und glücklicherweise auch ein Narr zu sein, besteht in meiner Verachtung der Scham. Zum Beispiel glaube ich, daß der Sohn Gottes starb; dies ist eine Sache, die akzeptiert werden muß, weil sie eine monströse Absurdität ist; ferner behaupte ich, daß er, nachdem er begraben war, wieder auferstand; und dies halte ich für unbedingt wahr, weil es unbedingt möglich ist."
>
> "De carne Christi", Kap. V

Erklärungen dieser Art würden nun in der Tat keinerlei Wirkung auf ein wohlausgeglichenes Gemüt haben, wenn nicht die Tatsache bestände, daß in ihnen eine schweigende oder unausgesprochene Berufung auf die Unvereinbarkeiten und Widersprüche und erstaunlichen Überraschungen im Leben enthalten ist, die nur darum entstehen, weil wir nicht unter dem wohltätigen und segensreichen Einfluß unserer höheren Natur stehen. Wäre dies der Fall, würden alle diese Unvereinbarkeiten und Widersprüche, die uns zuweilen an unserer eigenen Vernunft und unserem gesunden Menschenverstand zweifeln lassen, und das ganze übrige Rüstzeug des niederen Selbstes überhaupt nicht in Erscheinung treten. Solche höchst unlogischen Widersprüche wie jene, von denen Tertullian sich hinreißen ließ, würden nicht einen so leichten Einfluß auf gläubige Gemüter haben. Wenn ein Mensch sagt, daß eine Sache, weil sie absolut unmöglich ist - das ist das gleiche, als wenn er sagt, daß sie absolut unwahr ist-, darum absolut wahr sei, so spielt er einfach Katz und Maus mit seinem eigenen Verstand und mit den Quellen seines inneren Bewußtseins; die Dreistigkeit der absurden Erklärung ist ihre einzige Stärke.

Läßt ein ehrlicher Mensch zu, daß seine Urteilskraft so verbogen und so abgelenkt wird, daß sein Sinn dadurch zu einem Kampffeld sich widerstreitender Theorien und Gefühle wird, die er trotzdem durch eigensinnige Willenskraft zusammenzuhalten vermag, so befindet er sich - intellektuell - in einem erbarmungswürdigen Zustand; und dies ist das unwandelbare Resultat bloßen blinden Glaubens. Wahrer Glaube dagegen ist die intuitive und klare Erkenntnis der Wirklichkeit, die innere Wahrnehmung von Dingen, die für das physische Auge unsichtbar sind.

Die Zeit wird unausweichlich kommen - wir können dem nicht entgehen -, da das ganze Menschengeschlecht diese erhabene Wahrheit kennt. In jenen Tagen werden die Menschen, welche die Bahn der Evolution schneller durchlaufen haben als ihre Mitmenschen, als Meister des Lebens mit bewußter Kenntnis der Wahrheiten des Seins dastehen und hinfort als wirkliche, bewußte Helfer in der kosmischen Arbeit wirken. Fortan werden sie nicht länger nur das bloße von den Wellen hin und her getriebene Strandgut auf dem Ozean des Lebens sein, was die meisten Menschen heute tatsächlich sind. Kein Wunder, daß Pythagoras von letzteren als von 'lebenden Toten' sprach, die zwar in den niederen Prinzipien ihrer Konstitution leben, jedoch für das Spirituell-Göttliche tot sind.

Ein anderes Beispiel menschlicher Leichtgläubigkeit, das auf der unsicheren Grundlage 'der Zweck heiligt die Mittel' zu einer falschen Information anderer führt, wie man vielleicht sagen könnte, und das gleichfalls die moralischen oder mentalen Raffinessen zeigt, mit denen unser Verstand arbeitet, ist das folgende. Es ist den Schriften eines anderen und diesmal eines für groß gehaltenen christlichen Kirchenvaters entnommen, der möglicherweise einer der größten dieser Gemeinschaft war, gleichzeitig auch ein Heiliger, nämlich Augustin, der seinerzeit Bischof in Hippo Regius in Nordafrika war. In seinem dreiunddreißigsten Sermon leistet er sich ganz unbekümmert die folgende erstaunliche Behauptung:

> "Ich war schon Bischof von Hippo, als ich mit einer Anzahl Dienern Christi nach Äthiopien ging, um daselbst das Evangelium zu predigen. In diesem Lande sahen wir zahlreiche Männer und Frauen, die keine Köpfe hatten, aber zwei große Augen auf der Brust; und in noch südlicher gelegenen Ländern fanden wir ein Volk, das nur ein Auge hatte, und dieses befand sich mitten auf der Stirn."
>
> Serm´on, XXXIII

Es ist schade, daß unsere Geologen und Anthropologen keine Spuren von diesen kopflosen Rassen und zyklopischen Völkern gefunden haben. Wir werden wohl sagen müssen, Augustin hat geträumt und eine Vision gehabt. Er war zeitweilig ein ziemlich hitziger heidnischer Philosoph; aber seine späteren Schriften zeigen auch, daß er mehr als leichtgläubig war, wofür das soeben gegebene Zitat ein Beweis zu sein scheint, obwohl er sagt, er hätte selbst diese wunderlichen, aber gänzlich unbekannten Rassen 'gesehen'. Da er früher an die mystischen und mythologischen Lehren seines Zeitalters und vorausgegangener Zeitalter geglaubt hat, muß er wohl Bescheid gewußt haben über die alten heidnischen Allegorien und Legenden, wie zum Beispiel über die von der Zyklopen-Rasse, die nur ein Auge hatte, und zwar mitten auf der Stirn. Man wird sich erinnern, daß Odysseus in Homers Odyssee mit seinen Gefährten dadurch, daß sie sich unter dem Bauch der Hammel und Schafe der Herde des Riesen festhielten, aus der Höhle in der Nähe des Ätna entkam, wo der Zyklop Polyphem, der ein Menschenfresser gewesen sein soll, sie für seine zukünftigen Mahlzeiten aufbewahrt hatte. Polyphem war nach der mythologischen Geschichte der Sohn des Poseidon und der Nymphe Thoosa. Gemäß der esoterischen Geschichte war er ein Repräsentant einer früheren titanischen Rasse, die unserer Menschheit voranging, und er wird in der Erzählung gewöhnlich dargestellt als ein gigantisches, quasi-menschliches Ungeheuer von mehr oder weniger menschlicher Gestalt mit einem mitten auf der Stirn sitzenden Auge, den Göttern trotzend und, wie die Sage der Alten berichtet, von kannibalischen Neigungen.

Ich vermute, daß Shakespeare diesen Bericht Augustins im Sinn hatte und wahrscheinlich darauf Bezug nahm, wenn er Othello, als dieser erklärt, wie er Hand und Herz der schönen Desdemona gewann, folgendermaßen sprechen läßt:

"Wobei von weiten Höhlen, wüsten Steppen,
. . . . . . . . . . . . . . . . . . . . . . . . . . . . . .
von Kannibalen, die einander fressen,
Anthropophagen, Völkern, deren Kopf
wächst unter ihrer Schulter. Das zu hören
war Desdemona eifrig stets geneigt."

Othello, 1. Akt, 3. Szene

Es scheint kaum fraglich, daß die einzige Grundlage dieses sehr abenteuerlichen Berichtes Augustins die verschiedenen Legenden und Geschichten waren, die im römischen Reich umgingen und in den intellektuell degenerierten Zeiten, in denen Augustin lebte, allgemeine Annahme fanden. Unter anderen möglichen Informationsquellen, aus denen Augustin wahrscheinlich das Material für seine angeblichen Anthropophagen und Zyklopenvölker schöpfte, dürfen wir vielleicht die Historia Naturalis des großen Plinius erwähnen, oft Plinius der Ältere genannt, der in seiner sehr interessanten, wenn auch weitschweifigen Geschichte eine Reihe Anspielungen auf Wunder in den verschiedenen beschriebenen Ländern macht (Historia Naturalis, Buch VI, Kap. XXXV, u. a.).

Diese beiden Illustrationen menschlicher Leichtgläubigkeit und Liebe zum Wunderlichen, nämlich die soeben von Tertullian und Augustin herangezogenen Beispiele, zeigen, daß bloßes Fürwahrhalten oder Glauben, sei es nun ehrlich und aufrichtig oder unehrlich und unaufrichtig, nicht genügt, um ein sicherer Führer im Leben zu sein, weder in der Lebensführung noch im Wissen; denn solche blinde Leichtgläubigkeit ist im Grunde identisch mit blindem Glauben. Andererseits kann ein Glaube sehr ehrlich sein, mit Aufrichtigkeit und Glut vertreten werden und dennoch unwahr sein. Aus diesem Stoff sind teilweise die Fanatiker geprägt. Von der letzteren Art war der Glaube und waren die Überzeugungen, die Mohammed und seine Reiterscharen über die Ebenen und Wüsten des nahen Orients verbreiteten mit dem Koran in der einen Hand und dem Schwert in der anderen, und allen, die sie trafen, wurde die Wahl gegeben zwischen drei Dingen: Tribut, Koran oder Tod! Eben solcher Art war die Natur der bemitleidenswert blinden Überzeugungen und unterschiedlichen Glaubensformen verschiedener religiöser Gruppen, die während der ganzen langen Jahrhunderte europäischer Religionsgeschichte im Mittelalter so viele hochherzige Männer und Frauen in einen schrecklichen, unzeitigen Tod schickten.

Die gesamte Richtung der modernen Erziehung - zu schweigen von moderner Belehrung - lehnt die Annahme der Idee ab, daß der Mensch ungenutzte und gewöhnlich unerweckte Fähigkeiten in sich hat, durch deren Übung und Anwendung er Naturwahrheiten, sichtbare wie unsichtbare, erfahren kann, und zwar durch tiefe intellektuelle Durchdringung und scharfe Genauigkeit instinktiven Fühlens, denn sie sind in überhaupt keiner anderen Weise zu erlangen. Die alten Völker, die sich hierin von uns, den modernen, unterscheiden, kannten ohne Ausnahme diese jetzt vergessene Wahrheit. Sie wußten, daß aller Beweis letzten Endes im Menschen selbst liegt, sie wußten, daß Beurteilung und Erkenntnis der Wahrheit in ihm sind und nicht von außen kommen, und aus diesen Gründen waren sie weit mehr introvertiert als wir. Dabei setzen wir unseren Stolz auf die moderne Idee, ja rühmen uns ihrer sogar, daß das Extrovertiert-Sein oder Nach-außen-Blicken der einzige Weg zu Wahrheit sei. Diese moderne Auffassung ist völlig verkehrt, weil sie ganz einseitig ist. Das Erfahren der Wahrheit geschieht für das Individuum in beiden Richtungen, in dem Sinne nämlich, daß wir, während wir die Fähigkeit des Nach-außen-Blickens kultivieren sollten, um die Tatsachen der Natur zu erkennen, diese Tatsachen nur verstehen können, indem wir die Kraft des Verstehens und des Unterscheidens, des Urteils und der intellektuellen Analyse anwenden; und diese Kraft des Verstehens und Begreifens liegt nicht außerhalb von uns, sondern in uns, was klar genug sein dürfte.

Mit der Erkenntnis dieser inneren Kraft des Verstehens sollte man sich den Lehren der Esoterischen Philosophie nähern. Unter ihren Studierenden gilt sogar als Grundsatz: "Glaube nichts, wovon dein Gewissen dir sagt, daß es falsch ist, einerlei, woher es kommt. Wenn die Gottheiten selbst zur Erde kämen und in Herrlichkeit auf den Bergeshöhen lehrten, glaube nichts von dem, was sie dir sagen, wenn deine eigene Geist-Seele dir sagt, daß es eine Lüge ist."

Diese Regel lehren wir jedoch als eine Klugheitsnotwendigkeit für inneres Wachstum und als eine unschätzbare Übung für Geist und Intellekt, die durch ihr Suchen nach Erkenntnis geschult werden und dadurch ein Mittel haben, sich mit stets wachsender Kraft zu manifestieren. Andere unserer Lehren sagen uns aber - und wir versuchen, diese Regel mit gleicher Treue zu befolgen, weil wir ihren Wert erprobt haben -: "Seid aufgeschlossenen Sinnes! Seid vorsichtig, auf daß ihr keine Wahrheit zurückweist und euch von etwas abwendet, was von unschätzbarer Wohltat und Hilfe sein würde, und zwar nicht nur für euch, sondern auch für diejenigen, die ihr liebt, und somit für eure Mitmenschen." Diese beiden Regeln ergänzen sich nicht nur gegenseitig, sondern sie halten sich auch in ihren Funktionen im Gleichgewicht, indem die eine Leichtgläubigkeit vermeidet und verhindert, die andere intellektuellem Egoismus zuvorkommt und ihn mit der Wurzel ausreißt.

Es besteht kein Widerspruch, keine Unvereinbarkeit zwischen diesen beiden Haltungen oder intellektuellen Zuständen, weder dem Sinne noch dem Empfinden nach. Es ist für einen ehrlichen, Wahrheit suchenden Menschen das Logischste und Natürlichste auf der Welt, diesen zwei Regeln zu folgen, um Kenntnis von der Wahrheit zu erlangen. Wie kann ein Mensch anständigerweise das lehren, wovon er glaubt, daß es falsch ist? Wie kann er es annehmen? Wie kann ein Mensch ablehnen zu glauben, was er in seinem Innern als Wahrheit erkennt?

Mit diesen in ihm erwachenden inneren Fähigkeiten sollte jeder ehrliche Mensch an die Weisheit der Zeitalter herantreten. Dieses erhabene Gedankensystem ist weder auf blindem Glauben gegründet noch auf dem, was irgend jemand 'gesagt' hat, auch basiert es nicht auf der ebenso blinden Versicherung unserer eigenen intellektuellen Selbstgenügsamkeit. Die Weisheit der Zeitalter wird von großen Adepten, Initiierten oder Meistern des Lebens in heiligster Hut bewahrt. Es ist erstaunlich, daß europäische und amerikanische Gelehrte, die mit den verschiedenen Weltliteraturen mehr oder weniger vertraut sind, nicht selbst entdeckt haben - zum mindesten intuitiv -, daß diese Wahrheit der Zeitalter als ein zusammenhängendes Lehrgebäude existiert, welches auf der inneren und äußeren Struktur der Natur und ihren Wirkungen gegründet ist. Die Erklärung für ihre Blindheit in diesen Dingen ist allerdings einfach: Sie haben niemals geglaubt, daß eine solche systematische Formulierung der Weisheit der Zeitalter existiert oder überhaupt je existiert hat; "sie sehen", wie das alte Sprichwort sagt, "den Wald vor lauter Bäumen nicht." Sie sehen so viele Einzelbeispiele hohen und edlen Denkens in diesen alten Literaturen, daß sie nicht zu erkennen vermögen, daß hinter diesen Verschiedenheiten in den mannigfaltigen Religionen und Philosophien, wie wir sie in den Literaturen finden, ebenfalls ein ihnen allen gemeinsames universales System steht, das durch die Formen und Methoden der Darstellung, in die ein jedes dieser alten Systeme gekleidet ist, vor rein oberflächlicher Betrachtung verhüllt wird.

Wie können diese Verschiedenheiten mit ihrem gemeinsamen Hintergrund einer mit ihnen identischen Universallehre anders erklärt werden, als es oben geschah, wenn man sich erinnert, daß alle Systeme menschlichen Denkens, die religiösen sowie die philosophischen und wissenschaftlichen, die Erzeugnisse der menschlichen Seele und des menschlichen Geistes sind? Man nehme irgendeine Wahrheit, irgendeine Naturtatsache und setze zehn Menschen daran, eine Erklärung dieser Wahrheit oder dieser Tatsache zu geben. Während sie alle ihre Gedanken auf denselben Hintergrund bewiesener Tatsachen richten, wird doch jeder der zehn Menschen eine andere Version der Wahrheit geben, die er beobachtet; und so geschieht es, daß das Rahmenwerk, der Umriß, in welchem diese dem Wesen nach zusammenhängende, zusammengesetzte Weisheit der Zeitalter enthalten ist, dieses archaische System nämlich, in der voneinander abweichenden Art und Weise ausgedrückt ist, die in den verschiedenen großen Weltreligionen und Weltphilosophien existiert.

Unsere auf dem Gebiet der alten Religionen und Philosophien wohl unterrichteten abendländischen Gelehrten und Forscher haben, wie oben gesagt, vor lauter Bäumen den Wald nicht gesehen. Sie befinden sich in dem Wald und sehen nur die Bäume, die unmittelbar ihren eigenen Gedankenbereich, ihr eigenes Forschungsgebiet umgeben. Aber sie haben keinen allgemeinen Überblick über das Ganze; und da sie keinen solchen (allgemeinen Blick) haben, können sie notgedrungen das ungeteilte Ganze nicht sehen, von dem diese verschiedenen Abschnitte oder Fragmente nur Teile sind. Wenn der Schüler aber einmal den wundervollen Schlüssel zur Interpretation hat, den die Weisheit der Zeitalter, mit anderen Worten die Esoterische Philosophie gibt, dann wird er selbst imstande sein, die hier zuvor gemachte Behauptung selbst als richtig zu erkennen, daß nämlich eine systematische Formulierung spiritueller und natürlicher Gesetze und spiritueller und natürlicher Wahrheiten in der Welt existiert, die heute in ihrer äußeren Form Theosophie genannt wird, aber auch mit anderen Namen bekannt ist: die Alte Weisheit, die Weisheit der Götter oder die Weisheitsreligion der archaischen Zeitalter, die Esoterische Tradition und mit dem Namen, der diesem vorliegenden Werk seinen Titel gegeben hat - die Esoterische Philosophie.

Aus dieser Alten Weisheit oder Esoterischen Philosophie sind zu verschiedenen Zeiten in der Weltgeschichte die großen Weltreligionen oder Weltphilosophien hervorgegangen, die entweder einmal existierten und wieder verschwunden sind oder die in mehr oder weniger degenerierter und unvollkommener Form noch heute bestehen. Wenn der Studierende wenigstens etwas von dieser Esoterischen Philosophie oder Weisheit der Zeitalter versteht, so hat er damit den Hauptschlüssel, der jene geheimnisvollen und fest verschlossenen Portale erschließt, die in das archaische Denken des Menschengeschlechts führen. Intuitive Schüler nehmen diese Portale bei ihrem Studium hin und wieder undeutlich wahr, aber ihre Existenz wird nur widerstrebend zugegeben.

Jene Ur-Wahrheit, aus der alle großen Religionen und Philosophien ursprünglich hervorgingen, kann der ernsthaft Studierende für sich selbst entdecken - wenn er will. Dann wird er wissen, daß Wahrheit zeitlos und todlos ist und doch ihren Aufenthalt in jedem ernsten Menschenherzen nimmt, wo sie Erkenntnis erwartet, um ihren Lichtstrom in das harrende Gemüt zu ergießen. In jedem Zeitalter wird den Völkern der Erde von den Hütern dieser Weisheit der Zeitalter und durch sie eine neue Offenbarung dieser todlosen Wahrheit gegeben. Eine jede solche 'Offenbarung', wenn man sie mit diesem viel mißbrauchten Wort benennen darf, enthält dieselbe alte Botschaft, die auch frühere Offenbarungen der Welt gebracht hatten, wenngleich die 'neue' Verkündigung in eine spätere und andere Sprache gekleidet sein mag und in neuere Ausdrucksformen, die von den in ihrer letzten Offenbarung angewandten abweichen. Darum steht hinter all den mannigfaltigen Religionen und Philosophien - dies wird ausdrücklich erklärt - eine geheime oder esoterische Weisheit, die Gemeingut der ganzen Menschheit ist, zu allen Zeitaltern bestanden hat und in der einen oder anderen Form stets offenbart wird, während die Jahrhunderte langsam zyklisch dahinziehen und im Ozean der Vergangenheit versinken. Diese Weisheit ist Religion an sich, unverfälschte Naturphilosophie und unpersönliche Wissenschaft, die Struktur und Gepflogenheiten des Universums erklären: diese Weisheit ist universal und unpersönlich, und ihre menschlichen Verkünder, wie bedeutend sie auch immer sein mögen, sind nur die Stimme, die sie der Menschheit von Zeitalter zu Zeitalter bekannt gibt.

Es ist darum einleuchtend, wenn zwischen Religion, Philosophie und Wissenschaft auf der einen Seite und Religionen, Philosophien und Wissenschaften auf der anderen Seite ein wichtiger Unterschied gemacht wird. In den letzten hundert oder hundertfünfzig Jahren ist es im Abendland üblich geworden, von dem 'Konflikt zwischen Religion und Wissenschaft' zu sprechen. Diese mutmaßliche Feindschaft zwischen zwei

Dingen, die in Wirklichkeit unbedingt miteinander identisch sind, ist sowohl unglückselig als auch unwahr, denn in der Tat kann es keinen solchen natürlichen Konflikt, keine Unstimmigkeit zwischen zwei von ihnen oder allen dreien geben, das heißt zwischen Religion, Philosophie und Wissenschaft. Aber unglücklicherweise können Konflikte zwischen den Gehirnverstand-Ideen des einen Menschen und denen eines anderen Menschen bestehen, weil der Gehirnverstand im wesentlichen ein materielles Organ ist, so nützlich er auch sicherlich ist, wenn er für den Gebrauch des intuitiven Geistes gehörig diszipliniert und trainiert ist. Ja, daß zwischen Religionen und Wissenschaften oder zwischen einer von diesen beiden Gruppen und Philosophien viele Konflikte bestehen können, ist wohl möglich, und zwar aus dem schon dargelegten Grund: Die großen Religionen und Philosophien sind von ihrer ursprünglichen Reinheit degeneriert und infolgedessen mißverstanden worden, und gegenwärtig sind von ihnen nichts als psychologische Grabhügel oder Grüfte und Spekulationen sowie unter den Gelehrten keine sichere Kenntnis der inneren Bedeutung übriggeblieben. Infolgedessen herrscht bei uns modernen Menschen über Religion, Philosophie und Wissenschaft die allgemeine Ansicht, daß sie wesentlich verschiedene Dinge seien und sich häufig in unversöhnlichem, natürlichem Konflikt befänden. Sie werden als mehr oder weniger künstliche Systeme betrachtet, die sich außerhalb der wesentlichen Operationen des Spirituellen und Psychologischen im Menschen befinden, anstatt als Ausdruck dreier verschiedener Tätigkeiten der menschlichen Seele und Mentalität, was sie tatsächlich sind.

Die populäre Anschauung von diesen drei fundamentalen Tätigkeiten der menschlichen Seele ist gänzlich falsch; für den Schüler der Esoterischen Philosophie sind Religion, Philosophie und Wissenschaft im Grunde nur eine Sache, die sich auf dreierlei Weise manifestiert. Sie sind nicht drei Dinge außerhalb des Menschen, die ihm fremd sind und die er in genau derselben Weise lernen muß, wie er lernt, daß viereckige Dinge nicht rund sind. Im Gegenteil, sie sind Tätigkeiten der psychologischen und spirituellen Natur im Menschen. Während sie als drei verschiedene Wege betrachtet werden können, um zu Wahrheit, zur Wirklichkeit oder an das Herz der Dinge zu gelangen, so ist dies doch nur eine bequeme Ausdrucksweise. Sie gleichen den drei Seiten eines Dreiecks: wenn eine Seite oder zwei Seiten fehlen, würde die Figur offenbar zu einem Drittel oder zu zwei Dritteln unvollkommen sein. Religion, Philosophie und Wissenschaft müssen sich vereinigen, und zwar gleichzeitig, wenn wir zu den tatsächlichen Wahrheiten der Natur gelangen wollen. Denn unser Verstand begreift die Wahrheiten durch diese seine drei Haupttätigkeiten, die dem Wesen nach eins sind, weil sie der einheitlichen Fähigkeit des Verstehens entspringen, die der Mensch besitzt. Sie sind nur die drei Aspekte oder die drei Operationen des menschlichen Verstandes bei seiner Weiterleitung und Gestaltung der Inspirationen, die aus der spirituellen inneren Sonne, die jeder Mensch im Arkanum seines Wesens ist, in ihn einfließen, genauer gesagt: er ist tatsächlich das Kind oder der unvollkommen entwickelte Strahl dieser spirituellen Sonne.

Einige sagen, die Religion der Zukunft müsse eine wissenschaftliche Religion sein; andere, die wissen, wie sehr religiöse, emotionale Gefühle die Menschenherzen ansprechen, sagen: "Nein, die Wissenschaft wird ihren Tag haben; sie wird irgendeine neue Form religiösen Denkens sein; sie wird vielleicht nicht auf den alten Formen der Vergangenheit beruhen, vielleicht aber doch; dann aber wird sie auf jeden Fall ein neues religiöses Gefühl sein." Wieder andere glauben, die Religion der Zukunft werde in ihrem Charakter eher philosophisch sein. Emerson zum Beispiel sieht nur die halbe Wahrheit, wenn er sagt:

> "Was die Religion, welche die gegenwärtigen und die kommenden Zeitalter führen und erfüllen soll, auch sonst sein mag: sie muß intellektuell sein. Der wissenschaftliche Sinn verlangt einen wissenschaftlichen Glauben.
>
> Es wird eine neue, auf moralischer Wissenschaft fundierte Kirche geben, die zuerst kalt und nackt sein wird, wiederum ein Kindlein in einer Krippe, die Algebra und Mathematik des ethischen Gesetzes, die Kirche der Menschen der Zukunft ohne Schalmeien und Harfen und Posaunen; aber sie wird Himmel und Erde zu Balken und Dachsparren haben, die Wissenschaft als Symbol und Illustration, und bald genug wird sie Schönheit und Musik, Malerei und Poesie an sich ziehen."
>
> The Conduct of Life, VI, 'Worship'

Das sind schöne Gedanken, schöne Worte, und zweifellos sind sie zum Teil auch wahr; aber dennoch könnte man wohl fragen: Warum aus der Religion etwas machen, was gleich dem Unkraut auf den Gefilden des menschlichen Denkens wächst und was im Laufe der Zeit, und zwar mehr oder weniger wahllos, die edelsten Aspekte menschlichen Denkens an sich ziehen muß? Wenn das alles ist, dann ist Religion wahrlich nur ein menschliches Unkraut. Nein, das Wirken des menschlichen Geistes ist in sich selbst erhaben; er erkennt die Wahrheit augenblicklich, und alles ist in ihm enthalten. Wahre Religion entspringt ihm wie Athene dem Haupte des Zeus. Eine Religion dagegen, die nur aus dem Zusammenschluß bevorzugter Dinge hervorwächst, verfällt der Entartung - einmal durch Verlust, ein andermal durch Verderb. Dies ist denn auch die Geschichte entarteter Religionen in der Vergangenheit gewesen infolge der Zusätze, welche törichte und ehrgeizige Menschen dem spirituellen Kern hinzufügten, den die großen Religionsgründer ihren spirituellen Kindern gegeben haben; aber es hätte nicht so zu sein brauchen.

Tatsache ist, daß unsere westlichen Völker wirklich nicht verstehen, was Religion an sich ist. Sie übernahmen von dem alten römischen Weltreich ein gewisses System religiöser Tradition und entstellten dieses überlieferte System beträchtlich. Sie verstanden es nicht, ja, sie fürchteten sich vor einem großen Teil desselben, denn die alten Religionen der Griechen und Römer waren zu einem System zeremonieller Rituale und zu sogenannten 'Gebeten' an die Götter entartet. Aber Religion an sich ist vielleicht der edelste, der höchste Instinkt der menschlichen spirituellen Seele. Sie ist etwas jenseits aller Formen, aller Zeremonien, aller Rituale; sie ist wirklich und wahrhaftig eingeborenes und intuitives Bewußtsein von der Natur des Seins. Sie ist ein visionäres Erkennen der Wirklichkeit, ja, sie ist eine wachsende Weisheit. Sie ist somit gleichfalls ein Wissen, denn sie ist intuitive Weisheit.

Die Kristallisation von Ideen um einen erhabenen Kern herum verursachte die Geburt dogmatischer Religion. Irgendeine große primäre Wahrheit oder ein System von Wahrheiten, das von der erhabenen Bruderschaft der großen Seher und Weisen aller Zeiten herrührt, wird zu zyklischen Zeiten in der menschlichen Geschichte verkündet, und damit hat dann eine neue Religion begonnen. Solange der ursprüngliche Verkünder mit seinem glänzenden Geist und seiner hohen, intuitiven Fähigkeit noch lebt, um die Werke und die

Verbreitung der Bewegung zu führen und zu leiten, gedeiht sie gut; wenn er aber dahinscheidet, aus dem Angesicht der Menschen verschwindet, treten kleinere Menschen auf die Bildfläche: weniger intuitive, in ihren Ansichten weniger tiefe, in ihrer Vision weniger scharfsinnige und oft ehrgeizige und vielleicht solche, die das Ihre suchen. Sie lehren dann auch und fügen den primären spirituellen Wahrheiten Zusätzliches aus ihrer eigenen Phantasie bei. Aber ihre Lehren sind nicht erhaben und inspirierend, wie die des ursprünglichen Verkünders. Die Folge davon ist klerikales oder religiöses Dogma in modernem Sinne, und daraus entsteht dann für die Getreuen äußerste Enttäuschung und herzzerbrechender Jammer, denn der Mensch klammert sich, weil er im Grunde ein religiöses Wesen ist, sehr fest an seine religiösen Ideen, da seine eigene innerste Natur nicht nur mit unzerbrechbaren Banden an den kosmischen Geist gebunden, sondern selbst ein Strahl dieses kosmischen Geistes ist. Des Menschen Instinkt ist es, unpersönlich religiös zu sein, aber es liegt nicht in seinem Instinkt, in dogmatischem Sinne religiös zu sein. Alle klerikalen Dogmen sind Geistesprodukte von Menschen, die tief unter dem großen Seher stehen, welcher diese oder jene der großen Welt-Philosophien oder Welt-Religionen gegründet hat.

Der Schüler der Esoterischen Philosophie kann sich folglich nicht damit einverstanden erklären, daß man die Betätigungen der menschlichen Konstitution in drei angeblich gänzlich verschiedene und wesentlich voneinander getrennte Dinge einteilt, denn der Mensch kann nicht im Widerspruch zu sich selbst geteilt werden. Der Mensch ist seinem Wesen nach eine innere Harmonie, und sofern nicht Herz, Verstand und Geist in Harmonie miteinander arbeiten, hat er weder innere Ruhe noch inneren Frieden. Ursprüngliche, fundamentale (nicht in dem absurden modernen religiösen Sinne, sondern im etymologischen Sinne), grundlegende Dinge sind die, welche im Geiste des Menschen enthalten sind, aus dem sie hervorkommen, denn der Geist des Menschen ist der Vater aller menschlichen Werke.

Darum stellen Religion, Philosophie und Wissenschaft an sich, das heißt die Dinge an sich, wirklich Wahrheit dar, und zwar in dem Maße, wie diese drei Operationen oder Funktionen des menschlichen Geistes nicht durch mentale oder emotionale Hindernisse oder Schleier gehemmt werden. Denn Wahrheit an sich, so wie der Mensch sie verstehen kann, ist nur eine in systematische Form gebrachte Formulierung der Operationen oder Funktionen der Natur. Hierbei bedeutet Natur nicht nur die physische Natur, die unser Auge wahrnehmen kann, über die uns unser Ohr informiert oder über die uns unsere anderen Sinne noch weitere Vorstellungen vermitteln. Vielmehr bedeutet Natur hier die ungeheuren Reiche der inneren Welten, die angestammte Heimat für uns als spirituelle Wesen und Denker, welche Streben und Hoffnung, Begeisterung und intellektuellen Scharfsinn und andere ähnliche Fähigkeiten besitzen, die alle menschliche, erklärende Weiterleitungen der Kräfte aus dem Herzen des Seins sind.

Immer weniger vernünftige Menschen glauben heute noch an die alte materialistische und jetzt im Aussterben begriffene Vorstellung, daß die edelsten Tätigkeiten des menschlichen Geistes oder auch irgendwelche sonstigen Energien der menschlichen Konstitution - seien diese nun intellektuell, psychisch oder emotional - die bloßen Produkte zufälliger oder sinn- und regelloser Bewegungen zwischen den Atomen des physischen Gehirns seien, mit anderen Worten, daß alles Fühlen, ethischer Sinn und Bewußtsein die Ergebnisse molekularer Veränderungen in der Gehirnrinde seien. Den unsterblichen Göttern sei Dank, daß diese überspannte Anschauung jetzt als überlebte Marotte eines toten Materialismus angesehen wird, denn sie war wirklich niemals etwas anderes als eine völlig ungestützte Theorie. Es gab niemals auch nur den geringsten wirklichen Beweis, auf den sie sich stützen konnte, sie war vielmehr eine nur aus einem verzweifelten Versuch erwachsene Theorie, tiefgehende Fragen zu beantworten, die von denkenden Menschen unausbleiblich gestellt wurden. Weil nun diese Theorie derartige Fragen niemals befriedigend beantwortet hat, lebt sie ihr kurzes törichtes Dasein, streckt alle viere von sich und stirbt.

Wie entstand diese Theorie? Vor etwa hundertfünfzig Jahren empörten sich denkende Menschen gegen alles dogmatische und kristallisierte Denken in Religion sowie in Philosophie und suchten blindlings da nach Wahrheit, wo die neuen Wege des Forschens und Experimentierens zu sein schienen, welche die wißbegierige europäische Wissenschaft so rapide erschloß. Jene Revolution war in mancher Hinsicht, zum mindesten in ihren Anfängen, ein schönes und edles Bemühen um intellektuelle Freiheit. Aber gleich allen einseitigen, wenn auch noch so begeisterten Bewegungen der Menschenseele und des Menschengeistes gingen die Erneuerer, die später zu Zerstörern wurden, in ihrem Werk zu weit über die Grenzen der Vernunft und gesicherten Tatsachen hinaus. In ihrem Eifer zu zerstören, was sie ehrlicherweise für falsche Idole, für Unwahrheiten hielten, schafften sie sogar auch manches ab, was ethisch und gut war. Heute verstehen es die Menschen besser und sind gemäßigter in ihrem Urteil. Die Zeit hat ihnen Weisheit und einen geläuterten Sinn gebracht, große Toleranz und einen viel weiteren Horizont für ihre Vision.

Dennoch haben die Menschen der abendländischen Welt von heute trotz der großen und höchst anerkennenswerten Leistungen der Physik kein völlig umfassendes und somit kein befriedigendes System intellektueller und spiritueller Normen. Normen, an denen sie im Vertrauen, zu Wahrheit zu gelangen, jedwede neue Entdeckung prüfen könnten, welche etwa in der Natur, die uns umgibt, gemacht wird, sei es in ihren unsichtbaren oder sichtbaren physischen Teilen. Nun besaßen aber die Alten ein solches umfassendes System von Normen, das aus den drei vorher erwähnten Tätigkeiten der menschlichen Seele bestand. Dieses System war gleichzeitig religiös, philosophisch und wissenschaftlich und gewährte aus diesem Grunde einen ausreichenden Prüfstein, eine genügende Erklärung für die auf der Suche nach Wahrheit gemachten Entdeckungen, weil es die drei wesentlichen Tätigkeiten oder Fähigkeiten menschlichen Verstehens in sich schloß.

In unserer abendländischen Welt scheinen die meisten Menschen zu denken, Religion sei etwas, das nur für einen Teil oder Bereich des Lebens existiere; Philosophie sei ein anderer Zweig menschlichen Denkens, der nur als ein mehr oder weniger vornehmer intellektueller Zeitvertreib existiere und aus einem mehr oder weniger erfolgreichen Bemühen entsteht, die kausale und zweckentsprechende Struktur und die Verhältnisse des uns umgebenden Universums intellektuell zu durchdringen. Ebenfalls scheinen die meisten zu denken, die Wissenschaft sei nur ein Erforschen der physischen Natur, in der wir als physische Menschen leben, sowie die sich ergebende Klassifikation und Aufzeichnung der verschiedenartigen Resultate dieser Forschung. Bei dieser Art, jene drei Funktionen des Menschengeistes zu betrachten, muß der zugrundeliegenden Annahme widersprochen werden, Religion, Philosophie und Wissenschaft seien drei innerlich voneinander getrennte Dinge, die keine innerlich natürlichen und koordinierenden Beziehungen oder untrennbaren Zusammenhänge haben.

Die Esoterische Philosophie sagt: Diese drei sind grundsätzlich abgeleitete Funktionen des menschlichen Bewußtseins und daher fundamental eins. Sie entspringen dem menschlichen Verstehen und sind Kinder des menschlichen Geistes. Sie sind sozusagen nur drei Methoden oder Wege, auf denen das Selbst, das denkende Selbst, das bewußte Selbst, die Wurzel unseres Seins, sich bemüht, das auszudrücken, was es erkennt, und zwar, was es als Wahrheit erkennt. Wissenschaft, Philosophie und Religion sind die Kinder des Menschen; genauer genommen sind sie spirituelle und mentale Kinder großer Menschen, der Gründer der verschiedenen Religionen und philosophischen Systeme der antiken Welt und geschichtlich auch unserer modernen Welt. Diese großen Weisen stellten grundlegende oder fundamentale Prinzipien auf, die auf der Natur, auf natürlichem Gesetz basieren - nicht allein auf der physischen Natur, sondern ganz besonders auf der inneren Natur -, das heißt auf den Wurzeln der Dinge; auf inneren, unsichtbaren und für uns nicht berührbaren Substanzen, Energien und Gesetzen, Potenzen, Kräften, Gewalten und Tugenden, welche die Welt durch ihre Tätigkeit von innen nach außen regieren und so unter anderem die Sterne in ihren Bahnen halten.

So bilden Religion, Philosophie und Wissenschaft eine Art dreigestaltiger Methode zum Verständnis. Wessen? Der 'Natur' der Natur, der universalen Natur und ihres vielgestaltigen und vielfältigen Wirkens. Nicht eine dieser drei Tätigkeiten des menschlichen Geistes kann von den beiden anderen getrennt werden, wenn wir ein wahres Bild von den Dingen an sich gewinnen wollen. Denn die Wissenschaft ist eine Operation des Höhergeistigen im Menschen in seinem Bestreben, das W i e der Dinge zu verstehen - jedoch nicht irgendeine besondere Wissenschaft, sondern das Ding an sich, Wissenschaft per se -, geordnetes und klassifiziertes Wissen, das sich auf Forschung und Experiment gründet. Philosophie ist das gleiche Bemühen des menschlichen Geistes, jedoch nicht nur das Wie der Dinge zu verstehen, sondern das Warum der Dinge, warum die Dinge so sind, 'wie' sie sind. Und Religion endlich ist das gleiche Streben des menschlichen Geistes nach Vereinigung mit dem kosmischen All, was eine endlos wachsende selbstbewußte Identifikation mit den darin enthaltenen kosmischen Realitäten in sich schließt, die von den Menschen normalerweise und so leichthin 'Gott' oder 'Götter' genannt werden.

Diese drei Kinder - Funktionen und Aktivitäten - der Geist-Seele des Menschen haben alle eine Tendenz, eine Richtung, weil sie auf ein Ziel hinarbeiten. Dieses ist, das Herz der Dinge, Wahrheit und Wirklichkeit zu erreichen und damit vereinigt zu werden. Der Wissenschaftler sucht nach Wahrheit; der Philosoph forscht nach Wirklichkeit; der religiöse Mensch sehnt sich nach Vereinigung mit dem Göttlichen - sind aber diese drei nicht im wesentlichen eins? Besteht irgendein wesentlicher Unterschied zwischen Wahrheit, Realität und Vereinigung mit göttlicher Weisheit und Liebe? Nur in den Methoden, das Ziel zu erreichen, unterscheiden sich die drei voneinander. Ihr Ziel ist nur eines. Außerdem sollte nun völlig klar sein, daß die Wissenschaft ebenso spirituell und philosophisch ist, wie die Philosophie religiös und wissenschaftlich und die Religion wissenschaftlich und philosophisch ist.

Welchen Ursprungs nun ist das Wort 'Religion'? Das Forschen nach etymologischen Wurzeln wirft oft ein helles Licht auf die Funktion des menschlichen Bewußtseins. Unter modernen Europäern ist es üblich, das Wort 'Religion' von dem lateinischen Verb 'religare' abzuleiten, das 'zurückbinden' oder 'befestigen' bedeutet. Aber es gibt eine andere und vielleicht bessere Ableitung, nämlich die, welche der große römische Staatsmann, Dichter und Philosoph Cicero wählte. Selbst ein Römer und Gelehrter, hatte er fraglos eine tiefere Kenntnis von seiner Muttersprache, ihrer Feinheiten in der Wortbedeutung, als selbst der fähigste Gelehrte heutzutage. Diese andere Ableitung kommt von einer lateinischen Wurzel, welche 'auslesen', 'auswählen' bedeutet, von welcher, nebenbei bemerkt, ebenfalls das Wort 'lex' = 'Gesetz' herkommt, jene Art der Führung oder Richtschnur des Handelns, welche als die beste auserwählt worden ist und deshalb befolgt wird: mit anderen Worten jene Richtschnur des Handelns, die in ihrer Art die beste ist, wie durch Wahl, Versuch und Beweis ermittelt wurde. In der Idee ist dies auch noch typisch wissenschaftlich.

In seinem Buch "Über die Natur der Götter" spricht Cicero während des Verlaufes einer Diskussion über Philosophie und Religion in der Wohnung seines Freundes Cotta durch den Mund des eminenten Philosophen Quintus Lucilius Balbus von der Stoischen Schule und schreibt folgendermaßen:

> "Seht ihr nicht, wie also aus den Schöpfungen der Natur und den segensreichen Erfindungen der Menschen imaginäre und falsche Götter entstanden sind und daß diese zur Grundlage falscher Meinungen, verwirrender Irrtümer und fast altweibischen Aberglaubens geworden sind? Was die Götter betrifft, so wissen wir, daß ihre verschiedenen angeblichen Gestalten sowie Al-

ter, Kleidung, Schmuck, Familien, Heiraten, verwandtschaftliche Beziehungen, kurz alles, was zu ihnen gehört, Beispielen menschlicher Schwäche folgen und mit menschlichen Leidenschaften dargestellt sind. Gemäß den Mythen führten die Götter Kriege und schlugen Schlachten, geleitet von Schmerz, Begierde und Kränkungen, und dies nicht allein wie bei Homer, wo Götter auf der einen wie auf der anderen Seite der feindlichen Heere stehen; sondern sie führten auch gegen Titanen und Riesen auf eigene Faust Kriege. Solche Dinge zu erzählen wie zu glauben, zeugt von der größten Torheit, und sie sind voller Nichtswürdigkeit und höchster strafbarer Unüberlegtheit.

Indes, wenn man auch diese Fabeln verachtet und verwirft, die Gottheit durchdringt doch alle Teile der Natur: in bezug auf feste Dinge unter dem Namen von Ceres, in bezug auf flüssige unter dem Namen von Neptun; anderswo unter anderen Namen. Aber was die Götter auch sein mögen, was für einen Charakter und welche Neigung sie auch haben mögen und welche Namen ihnen aus Gewohnheit gegeben sind, wir sollten sie verehren und anbeten.

Die edelste, reinste, heiligste und frömmste Verehrung der Götter ist aber die, sie immer mit reinem, schuldlosem und aufrichtigem Herzen und Munde zu verehren. Unsere Vorfahren wie auch die Philosophen haben den Aberglauben von der Religion geschieden. Diejenigen, welche den ganzen Tag beteten und opferten, damit ihre Kinder sie überleben würden, wurden abergläubisch genannt, ein Wort, das später mehr einen allgemeinen Sinn bekam; aber diejenigen, welche sorgfältig ihre Pflichten erfüllten, welche zur Verehrung der Götter gehören, und sozusagen beständig lasen und das Gelesene praktizierten, wurden religiosi, religiös genannt, von dem Wort 'relegendo' = das Wiederlesen oder Anwenden. Eine Ableitung ist 'elegantes' = die Erlesenen; gemeint sind die 'Auswählenden', eine gute Wahl Treffenden; oder 'diligentes' = die Fleißigen, die sorgfältig unserer Auslese folgen; oder 'intelligentes' = die Intelligenten, infolge des Verstehens. Alle diese Bedeutungen sind von demselben Wurzelwort abgeleitet. So erhielt das Wort Aberglaube eine beschämende und Religion eine ehrenwerte Bedeutung.

Ich erkläre also, daß das Universum in allen seinen Teilen ursprünglich durch die Vorsehung der Götter geschaffen und seitdem ohne Unterbrechung von ihr gelenkt worden ist."

De natura deorum, Buch II, Kap. XXVII

Niemals hat ein christlicher monotheistischer Kritiker gegen die Irrtümer eines degenerierten Polytheismus in stärkeren Ausdrücken gesprochen als dieser alte römische Philosoph und Polytheist gegen den Irrtum und die Pietätlosigkeit, die göttlichen, spirituellen und ätherischen Wesen, welche das Universum inspirieren, beaufsichtigen und durch ihre inhärente Gegenwart lenken, so anzusehen, als seien sie nur wenig besser oder erhabener als nur wenig fortgeschrittene Männer und Frauen. Kein Kirchenvater hat je gegen die abergläubische und unedle Art und Weise, diese göttlichen, spirituellen und ätherischen Wesen zu betrachten, eine nachdrücklichere oder stärkere Sprache geführt, als es der große römische Philosoph und Staatsmann hier tat, und als Varro und Empedokles, Epikur und Demokrit,

Plato und viele andere große Männer der griechischen und römischen Welt es taten.

Man braucht nur die schneidenden, beißenden Worte des griechischen Satirikers Lucian zu lesen, um zu erkennen, daß die Auflehnung gegen Aberglauben und degenerierte Religion in alten Zeiten so weit verbreitet und so stark in Umlauf war wie nur je in irgendeinem späteren Zeitraum, unsere eigene Zeit mit eingeschlossen.

So bedeutet also das Wort 'Religion' aus dem lateinischen 'religio' und der etymologischen Ableitung Ciceros zufolge eine sorgfältige 'Auslese' fundamentaler Glaubensformen und Motive durch den höheren oder spirituellen Intellekt, durch die Urteils- und Verständnisfähigkeit und folglich ein sich daraus ergebendes freudiges Verweilen bei dieser Auslese, wobei das Ganze einen Lebenslauf und eine Lebensführung zur Folge hat, die in jeder Hinsicht den Überzeugungen entsprechen, zu denen man gelangt ist. Das ist religiöser Geist.

Die Philosophie ist ein anderer Teil der Tätigkeit des menschlichen Bewußtseins. So wie Religion den mystischen, intuitiven und hingebungsvollen Teil unserer inneren menschlichen Konstitution darstellt, erweist sich Philosophie als koordinierender, in Wechselwirkung stehender und prüfender Teil unseres intellektuell-psychologischen Apparates. Es sollte für den Nachdenkenden offensichtlich sein, daß dieselbe Fähigkeit der Unterscheidung oder dessen, was im vorigen Abschnitt mit Bezug auf die Religion 'Auslese' genannt ist, in diesem Gedankenbereich genauso stark wirksam ist wie in jenem, aber mit einem anderen inneren Organ der menschlichen Konstitution, nämlich durch die Mentalität. Wird die Religion von der intellektuellen Fähigkeit getrennt, wird sie zu Aberglauben oder übertriebener Gefühlsschwärmerei. Genauso wird die Philosophie zu leerem Wortgepränge, in ihren Prozessen vielleicht logisch, aber weder tief noch inspirierend, wenn sie von dem intuitiven oder unterscheidenden Teil in uns getrennt wird. Wenn Philosophie, wie Pythagoras gesagt haben soll, die Liebe zur Weisheit oder 'sophia' bedeutet, dann darf man doch wohl ehrlicherweise sagen, daß die Philosophie gleich der Religion, aber in einem anderen Bereich menschlichen Verstehens, ebenfalls die Elemente enthält, die wir als die Liebe zur Weisheit qualifizieren können - eines der wesentlichen oder inhärenten Attribute oder Qualitäten der instinktiven Religion des menschlichen Geistes.

Ebenso und dem Wissen nach in derselben Weise ist es die Wissenschaft, wenn die inneren Fähigkeiten unserer Konstitution derart wirksam sind, daß sie das Wissen klassifizieren und registrieren, welches sie aus instinktiver Liebe zur Erkundung und Erforschung der Natur gesammelt haben, und die Tatsachen und Vorgänge, welche die Natur alsdann dem menschlichen Intellekt darbietet, der Nachmessung und Einordnung unterziehen. Hier sehen wir wieder, daß Wissenschaft ebenso wie Philosophie und Religion universal, unpersönlich und von gleicher spiritueller und intellektueller Würde ist, wie die beiden ersteren es sind. Alle drei sind nur vereinigte, doch verschiedene, in ein formales System gekleidete Interpretationen der inhärenten, zwingenden und unwiderlegbaren Beziehungen des Menschen zum Universum, von dem er nicht nur ein Kind, sondern ein integraler, untrennbarer Teil ist. Zeigt nicht die Bedeutung des Wortes Wissenschaft, welches Wissen bezeichnet und unter dem dieser Zweig menschlichen Verstehens bekannt ist, klar und deutlich seinen Ursprung im menschlichen Verstehen, einem wesentlichen Teil der menschlichen Konstitution?

Es sollte also klar sein, daß gerade darum, weil der Mensch mit dem Universum, in dem er lebt und webt und sein Dasein hat, untrennbar verbunden ist, alles und jedes in diesem Universum sowohl an Energie als auch an Substanz in ihm vertreten ist. Ebenso offensichtlich ist, daß der Mensch, wenn er dem Geheiß des delphischen Orakels "Mensch, erkenne dich selbst!" gehorcht, nicht nur die Natur und die charakteristischen Merkmale, die Strukturen und Funktionen seiner eigenen Konstitution kennenlernt, sondern daß er auch aufgrund der durch Denken und Schulung erfolgten Ausweitung seines wahrnehmenden Bewußtseins in die gleichen Energien und Substanzen der Großen Mutter, der universalen Natur, eintreten und sie verstehen kann. Weil also der Mensch, der Mikrokosmos des Makrokosmos, ein integraler und untrennbarer Teil des kosmischen Ganzen ist, kann er, wenn er die geheimnisvollen Reiche und die geheimnisvolle Struktur seiner eigenen inneren Konstitution betritt, aufgrund dieser Tatsache mit wachsender Erkenntnis in die sichtbaren und unsichtbaren Reiche des kosmischen Ganzen eintreten, und zwar in dem Maße, wie seine eigene innere Konstitution erwacht ist. Wenn dies durch hochentwickelte Menschen, durch Initiierte und große Adepten geschieht, dann wird das, was bei diesen wunderbaren Erlebnissen an Ort und Stelle gelernt wird, von diesen Forschungs-Erlebnissen zurückgebracht und in systematische Formulierungen menschlichen Denkens gegossen und in ihrer Gesamtheit Theosophia - die Weisheit der Götter oder göttliche Weisheit genannt. Es ist die Absicht des vorliegenden Werkes, diese Weisheit der Zeitalter als Esoterische Philosophie dargeboten zu studieren, die in Anbetracht ihrer Weitergabe von Generation zu Generation der großen Seher und Weisen durch die Zeitalter hindurch und seit undenkbarer Zeit in der Vergangenheit mit

Recht und in Wahrheit auch die Esoterische Tradition genannt werden kann.

Verstehen wir also die Natur und das Wirken unseres eigenen spirituell-intellektuellen Bewußtseins, so haben wir einen unfehlbaren Test oder Prüfstein, durch den wir alles, was unsere Aufmerksamkeit erregt, der Prüfung und dem Versuch unterziehen können. Die Esoterische Philosophie ist wahrlich ein solcher auf höchst wunderbare Weise in ein für Menschen verständliches System gebrachter 'Prüfstein'. Mit ihrer Hilfe und durch ihr gewissenhaftes Studium sind wir in der Lage, mit Sicherheit das Falsche vom Wahren, Tatsachen der Natur von menschlicher Phantasie und die bloße Einbildung von jenen Verkündigungen immerwährender natürlicher und spiritueller Wahrheit zu scheiden. Dies sind die Resultate des Wirkens des menschlichen spirituellen Bewußtseins, die von den zuvor erwähnten großen Weisen in philosophische, religiöse und wissenschaftliche Systeme gegossen worden sind.

Die Menschen sollten sich einmal die Kraft der Wahrheit vorstellen und empfinden, daß wahre Religion, Philosophie und Wissenschaft im Innern entspringen, der höheren Natur des Menschen entspringen, und daher zwar verschiedene, doch sehr ähnliche Pfade auf des Menschen intellektueller Reise zu Wahrheit sind. Dann wird der Mensch instinktiv nach umfassenderem Wissen über die vereinigende spirituell-intellektuelle Macht suchen, die hinter, innerhalb und jenseits dieser drei Funktionen seines Bewußtseins steht. Er wird nicht rasten, bis er eine größere Vertrautheit mit diesem gottähnlichen System erworben hat, das die essentielle Einheit dieser drei als Derivate von einer gemeinsamen Quelle zeigt - nämlich der universalen Natur in ihren unsichtbaren sowie ihren sichtbaren Hierarchien von Sphären. Um bei diesem Suchen zu helfen, dazu ist das vorliegende Werk geschrieben worden, welches darauf hinweist, daß dieses formulierte Wissen der Alten, das hier die Esoterische Philosophie oder auch die Esoterische Tradition genannt wird, in der Welt tatsächlich existiert.

Der Zweck dieses vorliegenden Buches ist es ferner, den Menschen Hilfe zu leisten bei der Suche nach tieferer Wahrheit. Wie klein auch dieser Beitrag zu jenem wirklich erhabenen Ziel sein mag - so möge der Leser doch den guten Willen erkennen, während er das Ergebnis studiert.

Gleich den anderen Büchern oder wenigstens gleich den meisten, deren Verfasser der Schreiber dieses Buches ist, ist das jetzt dem Leser vorliegende Werk auf demselben allgemeinen Prinzip aufgebaut, welches das Leitmotiv bei der Entstehung der früheren, demselben Zweck dienenden literarischen Beiträge des Verfassers gewesen ist, nämlich einem fortschreitenden Studium vom Einfacheren zum weniger Einfachen, von den leichteren zu den schwierigeren gedanklichen Themen. Dies möge der Leser im Gedächtnis behalten, während er dem Verfasser in jene faszinierenden Gefilde des Forschens und Suchens folgt, welche die Esoterische Philosophie der ehrlichen und tiefschürfenden Forschung in so reichem Maße eröffnet.

KAPITEL I

# ESOTERISCHE PHILOSOPHIE: DIE MUTTER DER RELIGIONEN, PHILOSOPHIEN UND WISSENSCHAFTEN

Seit unvordenklichen Zeiten ist in allen Menschenrassen - besonders in den mehr als durchschnittlich empfänglichen und nachdenklichen Gemütern - die beharrlich fortdauernde Intuition lebendig gewesen, daß es irgendwo in der Welt ein System erhabener Lehren geben müsse, das allen zugänglich ist, die geeignet sind, es zu empfangen und seine würdigen Bewahrer zu werden. Diese Intuitionen gleichen jenen vagen, doch immer wieder auftretenden Gerüchten in allen religiösen und philosophischen Literaturen von der Existenz geheimnisvoller Persönlichkeiten, die für kurze Zeit erscheinen und dann wieder verschwinden und deren Namen in den Annalen der Weltgeschichte in schwach erkennbaren individuellen Charakterzügen aufblitzen, um sich dann wieder im Nebel der Zeit in nicht mehr zu unterscheidenden Spuren zu verlieren. Ebenso sind in den Annalen der Geschichte und der Sage immer wieder Andeutungen von der Existenz einer erhabenen Weisheitslehre anzutreffen. Doch diese Intuitionen oder Andeutungen unterscheiden sich von denen der gerade erwähnten Persönlichkeiten dadurch, daß sie, statt zu verschwinden, häufig in Legende und Mythos eingekleidet und dadurch in den verschiedenen religiösen und philosophischen Urkunden des Menschengeschlechts sorgsam aufbewahrt worden sind.

Es besteht wohl keine einzige Gruppe religiöser und philosophischer Werke, die nicht eine offen ausgesprochene oder nur vage angedeutete Kunde von der Existenz dieser Weisheitslehre enthält. Es gehört zu den interessantesten literarischen Arbeiten, diese verstreuten und gewöhnlich unvollkommenen Berichte, die man allenthalben finden kann, aufzuspüren und zu sammeln. Durch das Aneinanderreihen dieser Berichte entdeckt man dann in ihnen den deutlichen, leicht erbringbaren Beweis, daß sie tatsächlich Fragmente einer dem ganzen Menschengeschlecht gemeinsamen archaischen Weisheit sind. Literarhistoriker, Mythologen und Anthropologen wissen um das Vorhandensein dieser verstreuten Fragmente archaischen Denkens; weil sie aber völlig außerstande sind, etwas Zusammenhängendes, Sinnvolles darin zu erkennen, so schreiben sie diese ganz fälschlicherweise dem erfinderischen Genius des sogenannten 'primitiven' Menschen zu: Er soll Mythen und legendäre Erzählungen um natürliche Phänomene, die sich zugetragen hätten, gewoben haben. Denn Angst und Grauen, die ihr Auftreten im Gemüt des primitiven Menschen erregt hätte, ließen sie diese als Werke der Götter und Dämonen betrachten, von denen einige ihnen freundlich, andere feindlich gesinnt wären. Das ist die gewöhnliche, unsagbar abgedroschene und phantasielose Erklärung, die man diesen überall gefundenen, jedoch zusammenhanglosen Überbleibseln antiken menschlichen Denkens gibt.

Genau entgegengesetzt ist die Lehre, die H.P. Blavatsky der westlichen Welt wiedergebracht hat. In ihren wunderbaren Büchern zeigte und bewies sie das wirkliche, ständige Vorhandensein eines solchen Systems von Weisheitslehren in der Welt. Diese Lehren sind durchaus vollständig und zusammenhängend; sie sind zufriedenstellend und bilden in ihrer Gesamtheit ein wunderbares System sehr schwieriger Lehren. Das System enthält Informationen, die nicht nur von kosmogonischen Dingen, also von den Noumena und Phänomenen des Universums handeln, sondern sie bieten auch eine vollständige historische Geschichte von Ursprung, Natur und Schicksal des Menschen, da ja letzterer natürlich in diese Ganzheit mit eingeschlossen ist.

Dieses große System von Lehren, die Esoterische Tradition, ist seinen Schülern heute unter den Namen "Esoterische Philosophie", "Weisheitsreligion", "Geheimlehre", "Alte Weisheit" oder "Theosophie" und anderen bekannt - und so war es auch in früheren Zeitaltern.

H. P. Blavatsky sagt in der Einleitung zu ihrer "Geheimlehre":

"Die Weisheitsreligion ist das Erbe aller Völker des Erdenrunds ... **Die Esoterische Philosophie** allein ist in unserem Zeitalter des krassen, unlogischen Materialismus imstande, den wiederholten Angriffen auf alles und jedes, was der Mensch in seinem inneren, spirituellen Leben für das Teuerste und Heiligste erachtet, Widerstand zu leisten ... Ferner versöhnt die Esoterische Philosophie alle Religionen, entkleidet jede ihrer äußeren, menschlichen Gewänder und zeigt die Wurzel einer jeden als identisch mit jeder anderen großen Religion. Sie beweist die Notwendigkeit eines absoluten göttlichen Prinzips in der Natur ...

Zeit und menschliche Einbildungskraft machten kurzen Prozeß mit der Reinheit und Philosophie dieser Lehren, nachdem sie einmal aus dem geheimen, geheiligten Kreise verpflanzt worden waren ... Diese Lehren wurden geheim - vielleicht zu geheim - im Heiligtume aufbewahrt ...

Das ist vielleicht der wahre Grund, warum jetzt die Erlaubnis gegeben wurde, nach Jahrtausenden tiefsten Stillschweigens und Geheimhaltens den Umriß einiger weniger fundamentaler Wahrheiten aus der Geheimlehre der archaischen Zeitalter ans Licht zu bringen. Ich sagte mit Bedacht 'einige wenige Wahrheiten'; denn das, was ungesagt bleiben muß, fände auch in hundert ... Bänden keinen Platz, noch könnte es der gegenwärtigen Generation von Sadduzäern mitgeteilt werden. Aber selbst das wenige nunmehr Gegebene ist besser als gänzliches Schweigen über diese Lebenswahrheiten. Die Welt von heute mit ihrem wahnwitzigen Rennen nach dem Unbekannten ... schreitet rapide auf dem der Spiritualität entgegengesetzten, dem materiellen Plan vorwärts. Sie ist eine weite Arena, ein wahres Tal der Zwietracht und des ewigen Streites geworden, eine Totenstadt, in der die höchsten und heiligsten Bestrebungen unserer Geist-Seele begraben liegen. Diese Seele wird mit jeder neuen Generation mehr gelähmt und atrophisch ... Es gibt jedoch eine nicht geringe Minorität ernster Schüler, die berechtigt sind, die wenigen Wahrheiten, die ihnen jetzt gegeben werden dürfen, kennenzulernen.

Der wesentliche Teil der veröffentlichten Lehren findet sich verstreut in Hunderten und Tausenden von Sanskritmanuskripten, von denen einige bereits übersetzt sind - in ihrer Auslegung aber, wie üblich, entstellt -, andere jedoch warten, bis die Reihe an sie kommt ...

Die Mitglieder verschiedener esoterischer Schulen, deren Hauptsitz sich jenseits des Himâlaya befindet und deren Zweige in China, Japan, Indien, Tibet und selbst in Syrien, ja auch in Südamerika anzutreffen sind, behaupten, die Gesamtheit aller heiligen und philosophischen Werke in Manuskripten oder gedruckt in ihrem Besitz zu haben: ja, alle Werke, die jemals geschrieben worden sind - in welcher Sprache und Schriftart es auch sei -, seit die Kunst des Schreibens begonnen hat, von den ideographischen Hieroglyphen herab bis zum Alphabet des Kadmus und des Devanâgari.

Die Geheimlehre war die allgemein verbreitete Religion der alten und der prähistorischen Welt.

Beweise für ihre Ausbreitung, authentische Aufzeichnungen ihrer Geschichte, eine vollständige Kette von Dokumenten, die ihren Charakter und ihr Vorhandensein in jedem Lande zeigen, sowie die Lehren aller ihrer großen Adepten befinden sich bis zum heutigen Tage in den verborgenen Krypten der im Besitz der Okkulten Bruderschaft befindlichen Bibliotheken ...

Sie ist weder eine Religion, noch ist ihre Philosophie neu; denn wie bereits gesagt, ist sie so alt wie der denkende Mensch. Ihre Lehrsätze werden jetzt nicht zum ersten Mal veröffentlicht, sondern sie sind mehr als einem europäischen Initiierten vorsichtig bekanntgegeben und von ihm gelehrt worden.

Doch bleibt selbst unter so verstümmmelten Aufzeichnungen noch genug übrig, uns zu rechtfertigen, wenn wir behaupten, daß in ihnen alles nur mögliche Beweismaterial von der tatsächlichen Existenz einer Ur-Doktrin enthalten ist. Bruchstücke haben geologische und politische Umwälzungen überlebt, um davon zu berichten, und jedes überlebende liefert den Beweis, daß die jetzt geheime Weisheit einstmals der e i n e Brunnen, die stetige, immer sprudelnde Quelle war, aus der alle ihre kleinen Ströme - die späteren Religionen der Völker - gespeist wurden."

Man könnte wohl kaum treffender zum Ausdruck bringen, was unter Charakter und Natur der Esoterischen Philosophie zu verstehen ist, als die obigen Zitate von H.P. Blavatsky. Eine erschöpfende und kritische, in völlig unpersönlichem und unparteiischem Geist durchgeführte Überprüfung dessen, was von den religiösen und literarischen Überbleibseln der Antike noch vorhanden ist, überzeugt uns, daß die in den vorausgehenden Abschnitten gemachten Aussagen auf Wahrheit und Tatsachen beruhen. Bei dem unparteiischen Schüler wächst die Überzeugung, daß es geradezu ein Wunder ist, daß Gelehrte so blind sein konnten, die tatsächliche Existenz einer Esoterischen Tradition, der Esoterischen Philosophie, so lange nicht wahrzunehmen und zu entdecken. Was wir ganz augenscheinlich nötig haben, ist mehr Intuition und weniger bloße Analyse von Daten und Namen, Grammatik und Schreibweise durch den Gehirnverstand; denn so wichtig diese auch sein mögen und es wirklich oft sind, so lenken sie doch allzu häufig den suchenden Geist von der darunterliegenden Fundgrube der Wahrheit ab und wenden ihn den darüberliegenden Einzelheiten literarischen Gerölls und geschichts-literatischer Trümmer zu.

Wahrlich, Intuition ist das, was wir benötigen!

I

Intuition, ob aktiv oder relativ inaktiv, ist die Quelle allen menschlichen Verstehens der Wahrheit. Sie lebt im Herzen des Menschen, das heißt im Kern seines Wesens, und die Aktivität der Intuition ist es, die ihm alle seine höchsten und besten Ideen hinsichtlich der Natur des Menschen und des Universums gibt. Zweifellos hat ein jeder schon einmal gedacht: Im Namen alles dessen, was heilig ist, gibt es denn keine Wahrheit im Universum, die ein denkender Mensch finden und verstehen kann? Gibt es wirklich gar nichts anderes als Ungewißheit, vage Vermutungen und Spekulationen ohne Zahl, die sich auf bloßes Untersuchen von Naturtatsachen gründen, wenn dieses auch noch so ehrlich betrieben wird? Die Antwort darauf kommt gleich der 'stillen, feinen Stimme' und sagt: In einem Kosmos der Ordnung, in einem Universum, das von 'Gesetz' und Konsequenz reguliert und regiert wird, muß es doch irgendein Mittel geben, um zu einer völlig zufriedenstellenden Erklärung dieses Universums zu gelangen; denn es ist ja e i n s und muß mithin ganz und gar mit sich selbst in Einklang stehen.

Wo aber kann man denn wohl die Wahrheit über das Universum finden? Wo eine befriedigende Erklärung der D i n g e, w i e s i e w i r k l i c h s i n d?

Es kann nur e i n e Wahrheit geben; und wenn wir eine Formulierung dieser Wahrheit in logischer, zusammenhängender und folgerichtiger Form finden, dann müssen wir sie selbstverständlich auch verstehen oder jedenfalls, unserem Fassungsvermögen entsprechend, Teile davon begreifen können. Die Esoterische Tradition, die man heute Esoterische Philosophie nennt, ist nachweislich diese Formulierung der Wahrheit. Zwar ist sie in unserem gegenwärtigen Zeitalter dem spirituell-intellektuellen Stil der Zeit angepaßt, aber nichtsdestoweniger übermittelt auch sie die uralte Botschaft der Weisheit und der kosmischen Realität.

Die Themen, mit denen sie sich befaßt, handeln von dem Universum und dem Menschen in seiner Gesamtheit als einem Sprößling des Universums. Sie sagt uns, was der Mensch ist, wie seine innere Konstitution aufgebaut ist und wie diese in kohärenter Einheit zusammengehalten wird, woher sie kommt und was aus ihren verschiedenen Prinzipien und Elementen wird, wenn der große Befreier Tod die gefangengehaltene Geist-Seele frei macht. Außerdem lehrt sie uns, die Menschen richtig zu verstehen. Wenn wir sie nämlich verstehen, sind wir fähig, hinter den Schleier der äußeren Erscheinungen und unter die Oberfläche des Scheins in die Bereiche der Realität einzudringen. Gleichzeitig belehrt sie uns auch über die Natur der Zivilisationen, der Schöpfungen des Menschen: wie sie entstehen und worauf sie sich gründen und wie aus Herz und Sinn des Menschen Energien hervorgehen, wirken und Zivilisationen aufbauen. Überdies bietet sie eine Erklärung dessen, was für den Materialisten die ungelösten und unlösbaren Lebensrätsel sind, eine Erklärung, die gänzlich auf jener Mutter Natur basiert, welche Quelle und Hintergrund all unseres Seins ist.

Esoterische Philosophie ist keine Erfindung; sie ist nicht entdeckt worden; sie ist auch nicht von irgendeinem hoch-intellektuell-spirituellen Denker zusammengestellt oder aufgebaut worden. Ebensowenig ist sie ein bloß synkretistisches Aggregat philosophischer und religiöser Lehren, die man etwa Stück um Stück den verschiedenen Religionen und Philosophien der Welt entnommen hätte. Einige Menschen haben diese absurde Theorie aufgestellt und damit versucht, das Erscheinen der Theosophie und der Esoterischen Philosophie in der modernen Welt zu erklären. Die intellektuellen Erkenntniskräfte waren bei diesen Menschen weit schwächer als ihr Wunsch anzuschwärzen. Wahrscheinlich entstand diese Theorie, weil man in der Theosophie und der Esoterischen Philosophie Lehren fand, die mit Lehren in den verschiedenen antiken Religionen und Philosophien parallellaufen, ihnen ähnlich und in einigen Fällen sogar mit ihnen identisch sind. Sie nahmen diese wohlbekannte Tatsache als Erklärung für das ganze System oder behaupteten es wenigstens. Man sah nicht, daß die umgekehrte Erklärung, daß nämlich die Religionen und Philosophien ursprünglich von diesem mystischen archaischen theosophischen System, der Esoterischen Tradition des Altertums herstammen, ebenso vernünftig, ja sogar noch viel vernünftiger ist und daß man diese - wenn man die Sache überprüft - als die einzig mögliche Erklärung erkennt. Man sah nicht, daß die Esoterische Philosophie jene Originalformulierung der Wahrheit, jenes Mutter-System ist, von dem alle großen Religionen und Philosophien der Antike ihren Ursprung genommen haben.

Der nicht orientierte Leser fragt vielleicht: "Was ist denn diese Esoterische Philosophie nun eigentlich, die da behauptet, die Quelle der Weltphilosophien und Weltreligionen zu sein? Diese Ansprüche erscheinen uns größer und bei weitem umfassender als die ehrgeizigen Ansprüche, die je ein Theologe oder ein Philosoph gestellt hat."

Soweit der wahrhaft unbegrenzte Gedankenbereich, über den sich die archaische Esoterische Tradition erstreckt, in Betracht kommt, sind ihre 'Ansprüche', die auf beweisbaren Tatsachen beruhen, wirklich größer als irgendwelche, die je von einem exoterischen Theologen oder Philosophen erhoben worden sind. Aber es sind keine unbegründeten Ansprüche, die unrechtmäßigerweise erhoben werden für eine rein synkretistische Philosophie-Religion-Wissenschaft, das heißt für ein erfundenes System. Es sind keine Ansprüche, die für ein Gedanken- und Glaubenssystem erhoben werden, das von einem großen Denker oder mehreren solchen Denkern Stück für Stück aus Teilen der verschiedenen Religionen oder Philosophien zusammengesetzt worden wäre, die ihm zeitlich voraufgingen. Niemals würde ein wahrer Schüler der Esoterischen Philosophie diese erhabene Philosophie in einer solchen Weise erklären, da dies nicht der Wahrheit entspräche.

Wir behaupten - und gründen unsere Behauptungen auf beweisbare Tatsachen -, daß diese majestätische Weisheitsreligion, die man heute unterschiedslos Theosophie, die Esoterische Tradition und in ihren tieferen Aspekten die Esoterische Philosophie nennt, so alt ist wie der denkende Mensch, viel älter als die sogenannten ewigen Berge. Denn Rassen denkender Menschen haben schon in so fernen Zeiten der Vergangenheit gelebt, daß seitdem Kontinente im Wasser der Ozeane versunken und neue Länder aufgetaucht sind, um die Stelle jener einzunehmen, die verschwunden sind. Diese geologischen Umwälzungen fanden viel später statt als das erste Auftreten des Homo sapiens auf unserer Erdkugel. Wie jeder Gebildete heutzutage weiß, berichtet uns die Geologie etwas über die wunderbare Geschichte der Felsen und Meere: wie Kontinente an die Stelle von Meeren und Ozeanen traten, die ihrerseits jetzt wieder ihre Wasser dahinrollen, wo sich ehedem weit ausgedehnte Ebenen und Gebirge befanden und, fügt die Esoterische Philosophie hinzu, Länder, welche die Wohnplätze hochzivilisierter Menschenrassen waren.

Ja, diese Weisheit der Zeitalter, diese antike Lehre, diese Esoterische Philosophie wurde den ersten menschlichen Protoplasten, den ersten denkenden menschlichen Wesen auf dieser Erde von hochintelligenten, spirituellen Wesenheiten aus höheren Sphären übermittelt. Sie ist von ihren Hütern anderen Hütern und wieder anderen Hütern übergeben worden bis herab auf unsere Zeit. Jene Hüter haben ferner Teile dieses ursprünglichen, majestätischen Systems zu verschiedenen Zeitperioden an verschiedene Rassen in verschiedenen Teilen der Welt ausgegeben, und zwar dann, wenn die Menschheit einer neuen Erweiterung und zyklischen Erneuerung spiritueller Wahrheiten bedurfte.

Wer sind nun diese Hüter der Weisheit der Zeitalter? Es sind jene, die wir als die 'Älteren Brüder' des Menschengeschlechtes oder auch mit anderen Namen bezeichnen. Sie sind in jedem Sinne des Wortes M e n s c h e n, keine exkarnierten Geister. Doch sind sie, relativ gesprochen, völlig evolvierte oder vervollkommnete Menschen, Menschen, die den evolutionären Lauf erfolgreicher ausgeführt haben als wir bisher und die sich infolgedessen jetzt an einem Punkt spiritueller und intellektueller Größe befinden, den wir erst nach langen Zeitaltern erreicht haben werden.

Um es kurz zu sagen: Es hat in der Welt seit geradezu unzähligen Zeitaltern ein vollständig zusammenhängendes und allumfassendes System einer philosophisch-wissenschaftlichen Religion gegeben, das von Zeit zu Zeit den Menschen übermittelt wurde, wenn die Welt einer weiteren Enthüllung spiritueller Wahrheit bedurfte, als sie zu der Zeit besaß. Zudem hat sich dieses wunderbare System während all jener vergangenen Zeitalter in der sicheren Hut der oben erwähnten relativ vervollkommneten Menschen befunden. So ist auch die gegenwärtige Theosophische Bewegung eine solche vollständigere Enthüllung oder Erneuerung jenes wunderbaren Systems; denn die Zustände in der Welt rechtfertigen ihr Erscheinen in unserem Zeitalter. H. P. Blavatsky war die Sendbotin, die der Welt diese neue Offenbarung der uralten Wahrheit von der geheimen Bruderschaft dieser Hüter oder Meister oder Älteren Brüder überbrachte, die man allgemein auch mit dem Sanskritwort "Mahâtmans" benennt, was Große Selbste oder Große Seelen bedeutet.

Dies bedeutet ebenfalls, daß eine jede der großen Weltreligionen und Weltphilosophien des Altertums ursprünglich von dieser Bruderschaft der Weisen oder Hüter herrührt und daß folglich diese Religionen und Philosophien in ihrem innersten Kern das Gedankensystem der Esoterischen Philosophie enthalten. Diese Behauptung kann jeder ernste, zielbewußte Schüler für sich selbst nachprüfen, und zwar so gründlich, wie er es wünschen mag, indem er die Lehren studiert und ausgiebig darüber nachdenkt.

So könnte man denn sagen, daß es drei Quellen - oder besser, eine einzige Quelle, die man in drei Arme teilen kann - gibt, aus denen die Wahrheit über das Leben und somit über den Menschen in die Welt einströmt:

1. Die uranfängliche 'Offenbarung' - wenn man die-

ses viel mißbrauchte Wort benutzen darf -, die der ersten Menschheit von Wesen aus höheren Sphären übermittelt wurde. Diese Wesen waren mit großartigen spirituellen und intellektuellen Fähigkeiten und Kräften ausgestattet. Sie inspirierten und belehrten die damals jugendliche Menschheit und zogen sich schließlich wieder in ihre eigene Sphäre zurück, während sie die höchsten und besten ihrer Schüler, die sie aus erlesenen Individuen der jugendlichen Menschheit auserwählt hatten, zurückließen.

2. Die Älteren Brüder, die Lehrer oder Meister, welche die besonderen und speziellen Hüter und Übermittler dieser Urweisheit an die Menschen sind, wann immer es die Zeiten erlauben, daß der Welt ein neuer Impuls spiritueller und intellektueller Unterweisung gegeben wird.

3. Die esoterischen oder verborgenen Bedeutungen der Fundamentalsätze der großen Weltreligionen, die alle verschiedene Aspekte der Wahrheit in bezug auf das Universum und den Menschen enthalten. Doch sind diese inneren Bedeutungen praktisch nicht faßbar, wenn der Schüler nicht den esoterischen Schlüssel besitzt, der es ihm ermöglicht, diese esoterischen Lehrsätze richtig zu lesen.

## II

Die Theosophie wird von ihren Schülern häufig als Esoterizismus oder Esoterische Philosophie bezeichnet, wenn auf ihre tieferen, geheimeren und schwierigeren Lehren Bezug genommen wird. Man benutzt diese Art der Qualifizierung mit der Absicht, diese Teile von den exoterischen oder äußeren Formen religiösen, philosophischen oder wissenschaftlichen Fürwahrhaltens oder - vielleicht - Glaubens zu unterscheiden, die in der Welt zu verschiedenen Zeiten existiert haben und auch heute existieren. Esoterizismus ent-schleiert die Wahrheit; Exoterizismus, das heißt die äußere populäre Formulierung religiöser und philosophischer Lehren ver-schleiert die Wahrheit. Die Selbstsicherheit der Unwissenheit aber, sei es nun gelehrte Unwissenheit oder bloße Torheit, schmäht stets die Wahrheit. Diese Erfahrung haben die Pioniere des Denkens in allen Zeitaltern machen müssen. Dabei ist so manches Menschenherz unter den grausamen Verunglimpfungen von seiten der Unwissenden zerbrochen. Doch die Größeren der Menschheit, die Seher, sind stetig durch die Zeiten vorwärtsgeschritten und haben die Fackel der Wahrheit von Rasse zu Rasse weitergereicht. So ist sie auch auf unsere Zeit herabgekommen als Theosophie und Esoterische Philosophie, die sich in der Obhut und Pflege dieser großen Seher befindet, die heute die 'Große Weiße Loge' bilden, wie sie von Schülern der Esoterischen Philosophie mit einer gewissen liebevollen Vertrautheit genannt wird.

Damit aber nun kein Mißverständnis aufkommt und man nicht auf den Gedanken verfällt, die Gesamtheit der Lehren der Weisheit der Zeitalter wäre der Welt jetzt öffentlich übergeben worden, so möge es hier ein für allemal gesagt sein, daß sich diese Annahme sehr weit von der Wahrheit entfernt. Die vollständige Entschleierung oder Preisgabe der Weisheit der Zeitalter könnte, ganz abgesehen von anderen Gründen, schon einfach ihres Umfanges wegen nicht erfolgen. Darum wird nach der alten Tradition der Zurückhaltung ein bestimmter, sehr heiliger Teil dieser Lehren in Verwahr gehalten. Er wird für diejenigen aufgespart, die sich durch ihr Leben und selbstloses Arbeiten für die Menschheit als fähig erwiesen haben, ihn wenigstens teilweise zu verstehen, und die Gewähr bieten, ihn nicht für persönliches Fortkommen oder individuellen Nutzen zu mißbrauchen.

Diese Zurückhaltung beruht nicht auf irgendwelchem Geist der Selbstsucht, sondern nur auf den Erfordernissen der Situation. Kein gewissenhafter Chemiker - nur um ein einfaches Beispiel zur Erläuterung anzuführen - würde gefährliche Geheimnisse in bezug auf Explosivstoffe jedem ersten besten mitteilen. Die Lage ist schlimm genug, wie sie heute ist, da einige der letzten Entdeckungen auf diesem edlen Gebiet der Wissenschaft im Kriege und anderweitig zur Zerstörung von Leben und Eigentum mißbraucht werden. Nur denjenigen, die sich als würdig und als spirituell und intellektuell fähig erwiesen haben, diese verborgeneren, schwierigeren Lehren zu erfassen, werden sie von ihren Hütern anvertraut. Diese Männer und Frauen sind nicht nach Gunst, sondern aufgrund wirklicher Verdienste auserwählt worden. Sie haben sich durch ihr Leben und ihre unpersönliche Arbeit für ihre Mitmenschen als würdige Bewahrer dieses heiligen Vertrauens erwiesen. Wissen an sich ist nichts Unrechtes; es ist der Mißbrauch des Wissens, der soviel Unheil in der Welt anrichtet. Alles Wissen an sich ist etwas Heiliges; aber es kann zum wahren Instrument höllischer Dämonen gemacht werden, wenn es von gewissen Männern und Frauen zu selbstsüchtigen Zwecken benutzt wird.

Die würdigen Bewahrer dieses heiligen Wissens würden es nicht mißbrauchen noch verkehrt anwenden. Sie würden kein Geld daraus schlagen, noch würden sie es zu selbstsüchtigen Zwecken als Instrument benutzen, um üblen oder bösen Einfluß auf die Gemüter ihrer Mitmenschen zu gewinnen.

Leider ist eine solche verkehrte Anwendung, der Mißbrauch des Wissens, nur zu oft vorgekommen, allen Sicherungen zum Trotz, welche die Hüter dieser Weisheit um sie herum aufgebaut haben. Die Geschichte berichtet von vielen Fällen, wo sogar schlichte religiöse Lehren mißbraucht worden sind, zum Beispiel in der beklagenswerten Geschichte der Zeiten religiöser Verfolgung, in denen weitreichend Macht und Einfluß über die Gemüter derer gewonnen wurde, welche dieses Wissen nicht besaßen und erbärmlich und hilflos gelitten haben, weil sie glaubten, andere besäßen mehr religiöse Weisheit als sie selbst.

Tatsache ist, daß jede Religion oder Philosophie im Verlauf der Zeitalter von ihrem ursprünglich reinen Zustand herabsank und mehr oder weniger vollständig degenerierte, so daß eine jede von ihnen in späteren Zeiten einer neuen Auslegung bedurfte, die durch weniger große Menschen als ihre ursprünglichen Gründer vorgenommen wurde. Das Resultat ist, was wir heute um uns her sehen: Religionen, aus denen das Leben und die innere Bedeutung mehr oder weniger entwichen sind, und Philosophien, deren Appell an den menschlichen Intellekt und an das Menschenherz nicht mehr so gebieterisch stark ist wie ehedem.

Wenn wir jedoch die in den Literaturen dieser verschiedenen Religionen und Philosophien eingeschlossenen Urkunden durchforschen, dann finden wir trotz dieser universalen Degeneration unter den Worten, in die sie gefaßt sind, und hinter den Ausdrücken, die einstmals ihre volle, lichte Bedeutung vermittelten, überall auf dem Antlitz der Erde und bei allen Menschenrassen dieselben fundamentalen Wahrheiten. Wir finden dieselbe Botschaft, ja die gleichen Botschaften, die den Menschen dieser oder jener historischen Periode als Inspiration und Führung gegeben wurden zu ihrem Labsal und Frieden und zur Tröstung und Inspirierung des Herzens auf allen Wegen höheren menschlichen Strebens, die es je einschlagen mag.

Wohl ändern sich die Worte und Ausdrücke, in denen, dem Zeitalter und der intellektuellen Eigenart der Menschen entsprechend, der innere Sinn verborgen liegt, welchen die ursprünglichen Wahrheiten verkündeten; doch die hinter den Worten und Ausdrücken stehende Botschaft ist dem Wesen nach überall die gleiche: e i n e religiöse, philosophische und wissenschaftliche Lehre. Im Grunde ist es immer dasselbe Moralsystem, sind es immer dieselben Wahrheiten, die auf Struktur und Operationen der sichtbaren und unsichtbaren Natur basieren und die von Generationen von Sehern durchforscht und überprüft worden sind.

Überprüft man ferner die Religionen und Philosophien aller vergangenen Zeitalter, soweit wir sie aus ihren auf unsere Tage herabgekommenen Literaturen kennen, so wird man finden, daß sie alle ausnahmslos von einer geheimen Lehre sprechen und Andeutungen machen, daß es ein esoterisches System gibt, das ein wunderbares, heiliges Lehrgebäude enthält, das von großen Menschen, den Stiftern dieser Religionen und Philosophien, ausgegeben worden ist. Man wird außerdem finden, daß diese Weisheit in jeder Rasse als ihr heiligster und kostbarster Besitz von einer Generation zur anderen weitergereicht wurde.

Im alten Griechenland und in den Ländern unter Roms Oberherrschaft findet man zum Beispiel, daß während vieler Jahrhunderte die größten Menschen in unzweideutiger und direkter Sprache Kunde davon hinterlassen und sie in einer Weise formuliert haben, die niemals von der einen Denkrichtung abweicht, daß es tatsächlich ein solches esoterisches System gibt. In den griechischen und lateinischen Ländern war dieses esoterische System unter dem Namen 'die Mysterien' bekannt. Diese wurden höchst sorgfältig gehütet, als äußerst heilig betrachtet und auf diejenigen Männer - und in gewissen Fällen auch auf Frauen (denn in Griechenland und im Römischen Reich hatten die Frauen eigene und besondere für ihr Geschlecht vorgesehene esoterische Mysterien) - beschränkt, die sich als würdige Träger jenes heiligen Vertrauens erwiesen hatten. Sie wurden für würdig befunden, Gefäße jenes ursprünglichen, jenes majestätischsten Systems zu sein, das die Welt je gekannt hat und das, weil es universal war, ebenso gut wie in den Mittelmeerländern auch in anderen Teilen des Erdballs das spirituelle Erbe der Initiierten gewesen ist.

In Indien, dem 'Mutterlande der Religionen und Philosophien', wie man es so oft nennt, findet sich dieselbe Tradition, dasselbe System von Lehren: eine wunderbare, heilige, geheim und esoterisch gehaltene Lehre. Wie in Griechenland und Rom wird sie daher auch hier 'ein Mysterium' genannt, nicht etwa in dem Sinne von etwas, was niemand richtig versteht, wie das Wort 'Mysterium' heute in den europäischen Sprachen gewöhnlich gebraucht oder mißbraucht wird, sondern im ursprünglichen antiken Sinne, den das griechische Wort 'mysterion' hatte: nämlich etwas, was den 'mystai' oder Mystikern, den Eingeweihten der Mysterienschulen zum Studium vorbehalten war und dem sie als der höchsten ethischen Führung im Leben zu folgen hatten.

In Hindustan ist alle religiöse und philosophische Unterweisung seit undenkbaren Zeiten in zwei Teile geteilt gewesen: den für die Massen und den für die 'Zweimal-Geborenen', die Eingeweihten. Diese innere, geheime, sakrale Lehre wurde von der gedankenlosen Menge mit Fug und Recht ferngehalten und nur würdigen Bewahrern, die um ihrer Verdienste willen aus der Menge auserlesen waren, übergeben. Dieses heilige Lehrsystem wurde in Indien रहस्य (rahasya) genannt, ein Sanskritwort, welches "Esoterische Lehre" oder "Mysterium" bedeutet. Beispiele literarischer Werke, in welche diese Lehren eingekleidet wurden, sind die Hindû-Upanishaden; 'upanishad' ist ein zusammengesetztes Sanskritwort, das wörtlich 'dem Niedersetzen gemäß' oder 'auf das Niedersetzen folgend' bedeutet. Die ganze Wortverbindung hat demnach die Bedeutung 'zufolge oder gemäß den Lehren, die wir empfangen haben, als wir zu Füßen des Lehrers saßen'. Dieser bildhafte Ausdruck bezieht sich also auf die Schüler, die nach orientalischer Sitte zu Füßen des Lehrers saßen, der sie im geheimen und in strenger Abgeschlossenheit lehrte, und das in Formen und Ausdrucksweisen, die später schriftlich fixiert wurden und heute noch in der durch die universale Tradition üblich gewordenen Weise zu privater Lektüre ausgegeben werden.

Jeder große Lehrer oder Seher, der von der Bruderschaft der Weisen in die äußere Welt der Menschen gekommen und öffentlich aufgetreten ist, hat einen inneren Kreis gegründet, eine innere Schule, wenn man so will, das heißt, er hat eine auserwählte Schar würdiger Schüler gesammelt und diese Schüler der inneren Schule die Lösung der Rätsel über Universum und Menschenleben in unverhüllterer Form gelehrt, als es der Außenwelt gegenüber geschah.

Dies sagt dem Sinne nach auch das christliche Neue Testament, aus dem wir einen Ausspruch Jesu, des Avatâra, des initiierten Syriers zitieren:

"Euch ist's gegeben, zu wissen das Geheimnis des Reiches Gottes; den andern aber in Gleichnissen, daß sie es nicht sehen, ob sie es schon sehen, und nicht verstehen, ob sie es schon hören." (gem. Lukus, 8,10)

Wie grausam klingt doch der zweite Teil dieses Zitates für oberflächliche Ohren - "daß sie es nicht sehen, ob sie es schon sehen, und nicht verstehen, ob sie es schon hören"! Wenn man jedoch die Bedeutung versteht, so wird man sogleich merken, daß nichts Grausames, kein selbstsüchtiges Zurückhalten in diesen Worten steckt. Es ist klar ersichtlich, daß die Ausdrucksweise nur verhüllende Sprache ist, die eine verborgene Wahrheit ausdrückt. Der Gedanke ist der, daß von den Mysterien gewisse Lehren genommen werden könnten und sollten, um sie in angemessenen Zeitperioden der Masse des Volkes zu ihrer großen Hilfe und als Inspiration zu geben, aber auch dann nur in verhüllender Sprache. Eine unverhüllte Erklärung der vollen Bedeutung aber würde dem Verrat der Mysterienlehren an jene gleichkommen, die nicht dazu erzogen sind, sie zu verstehen, und die Schritt für Schritt zu Gedanken, Taten und Praktiken geführt würden, die nicht nur ihnen selbst schädlich wären, sondern auch denjenigen, mit denen sie täglich Umgang haben.

Den Jüngern Jesu, die von ihm im geheimen unterwiesen worden sind, wurden die Geheimnisse 'des Reiches Gottes', wie Jesus es ausgedrückt haben soll, gegeben; den anderen aber wurde dieselbe Wahrheit in Parabeln oder Metaphern dargeboten; denn sie waren nicht dazu erzogen, sie zu verstehen. Darum: ob sie schon sahen, schauten sie nicht mit dem inneren Auge und verstanden nicht; und ob sie schon die Worte hörten und ein wenig Hilfe dadurch empfingen, so vermittelten sie ihnen doch aufgrund ihres relativen Mangels an Schulung in der Mysteriensprache kein esoterisches Begreifen der geheimen Lehre hinter den Worten. Das beruht auf uralter Überlieferung; es war unvermeidlich und konnte der Sicherheit wegen nicht anders sein. "Euch, 'ihr Kleinen', 'meine Kinder'", sagte Jesus dem Sinne nach, "euch sage ich offen heraus die Geheimnisse des Himmelreiches."

Man muß verstehen, daß diese symbolische Redeweise auch die Sprache der griechischen Mysterien ist. Solche Worte wie 'Kleine' oder 'Kinder' waren technische Bezeichnungen in den Mysterien und bezogen sich auf solche Menschen, die in den geheimen Lehren neu geboren waren oder begonnen hatten, den Pfad dieser Lehren zu beschreiten. Selbst das Wort 'Mysterien' ist direkt von den griechischen esoterischen Riten und Lehren übernommen. Im ursprünglichen Griechisch, wie es sich bei Lukas im christlichen Neuen Testament findet, wird das Wort 'Mysterien', als von Jesus gebraucht, angewandt; während der Ausdruck 'das Himmelreich' eine Redewendung ist, die dem esoterischen System des Nahen Ostens angehört. Dies sind Worte und Redewendungen, die neben anderen religiöse und philosophische Gemeinplätze waren zu der Zeit und für die Leute, zu welchen Jesus, dieser große Weise, damals sprach oder zu denen er dem Neuen Testament zufolge gesprochen haben soll. Das alles beweist, daß sogar auch das Christentum eine solche innere oder esoterische Lehre besaß, diese aber nun schon seit Jahrhunderten nicht mehr besitzt, wenigstens nicht als anerkannten Zweig oder als besonderes Gebiet christlichen Studiums.

III

Es wird nun zwar nicht allgemein anerkannt, beruht aber auf Wahrheit, daß die ersten Lehren, die das christliche System während der ersten Jahrhunderte seiner Existenz der Welt verkündete, von den neuplatonischen und neupythagoreischen Lehren nicht sehr weit entfernt waren, die unter den Griechen und Römern jener Zeit so allgemein verbreitet waren. Doch während die Jahre dahingingen und eins nach dem anderen ins Meer der Vergangenheit versank, wurde die wahre Bedeutung dieser neupythagoreischen und neuplatonischen Lehren in dem christlichen System stark verdunkelt, und buchstäbliche Auslegung und blinder Glaube traten mit zunehmender Schnelligkeit an die Stelle des ursprünglichen Idealismus. Schließlich ersetzten dann bei den frühen Christen bloße Metapher und buchstäbliche Interpretation das intuitive Gefühl und vielfach auch das Wissen, daß es hinter den Schriften, die in der christlichen Kirche als kanonisch - oder auch apokryph - in Geltung standen, tatsächlich eine verborgene Wahrheit gab.

In den ersten Jahrhunderten hat es eine Anzahl in ihrer Art beachtenswerte Männer gegeben, die diese Flut wachsender Kristallisation des religiösen Denkens aufzuhalten suchten. Sie bezweckten, soweit sie konnten, eine spirituelle, das heißt eine doktrinär-spirituelle Versöhnung herzustellen zwischen den höchsten Lehren der Philosophien und Religionen der Völker um das Mittelmeer mit dem neuen religiösen System, welches zu Teilen dieser Völker gekommen war und das man in späterer Zeit das Christentum nannte.

Ein solcher Mann war zum Beispiel Klemens von Alexandria, der im 2. Jahrhundert christlicher Zeitrechnung lebte. Ein anderer war der sehr berühmte Origenes, der ebenfalls der Alexandrinischen Schule angehörte. Er lebte im 2. und 3. Jahrhundert derselben Zeitrechnung. Ein dritter war der neuplatonische christliche Bischof Synesius, der im 4. und 5. Jahrhundert christlicher Zeitrechnung lebte.

Auf welche Weise Synesius es fertigbrachte, seine strengen neuplatonischen Überzeugungen mit dem neuen christlichen Schema und den Pflichten seiner bischöflichen Stellung in Einklang zu bringen, das ist etwas, was dem Historiker ein interessantes Beispiel mentaler und psychologischer Gymnastik bietet. Aber er tat es und brachte es anscheinend fertig, sich dadurch den Respekt auf allen Seiten zu erhalten. Denn im Grunde seines Herzens scheint er, wie man sagt, ein guter, aufrichtiger Mensch gewesen zu sein. Synesius blieb jedenfalls zeit seines Lebens ein Neuplatoniker. Er war und blieb immer der warme Freund der edlen Philosophin Hypatia, mit deren tragischem

Ende der englische Romanschriftsteller Charles Kingsley die Masse der Leser in englischsprachigen Ländern so gut bekannt gemacht hat. Hypatia war sogar des Synesius erste Lehrerin in Philosophie.

Der alexandrinische Gelehrte und Kirchenvater Origenes, der dem Synesius um zwei Jahrhunderte vorausging, lehrte mancherlei, was den Lehren der Esoterischen Philosophie in gewisser Beziehung so merkwürdig ähnlich ist, daß man wahrscheinlich in diesen besonderen origenistischen Lehren viel von der Esoterischen Philosophie finden könnte, wenn man Namen und Ausdrucksweisen ändern würde.

Was war es nun eigentlich, was im Laufe der Zeit mit der neuen christlichen Religion vorging und die Entartung oder Abnahme im mystischen, esoterischen Denken zuwege brachte, welches bei den ganz frühen christlichen Schriftstellern in gewisser Beziehung, wie zum Beispiel Justin dem Märtyrer und anderen, so stark vorgeherrscht hatte? Es war der Verlust des Schlüssels zur esoterischen Sinndeutung der christlichen Schriften; und gerade dieser esoterische oder geheime oder mystische Sinn war das Beste und Heiligste in ihnen. Origenes kämpfte sein ganzes Leben dafür, wenigstens einige dieser esoterischen Schlüssel in den Lehren seiner Kirche und deren Auslegung zu erhalten, auf daß sie als lebendige spirituelle Kraft in Herz und Sinn der Christen wirkten. Solange er lebte und persönlich die Bewegung leitete, deren glänzender Führer er war, gab es in der christlichen Kirche immer eine Anzahl Männer und Frauen, die diesen inneren Lehren hingebungsvoll folgten. Sie fühlten, daß dieser tiefere Sinn dem Ruf ihrer Seele nach einer umfassenderen und größeren Offenbarung der Wahrheit entgegenkam, als sie gewöhnlich in den äußeren, buchstäblichen Worten ihren Ausdruck fand.

Aber im Jahre 538 - es kann auch 540, ja sogar 542

gewesen sein, es bestehen nämlich Meinungsverschiedenheiten in bezug auf dieses Datum -, also etwa 200 Jahre oder mehr nach dem Tode des Origenes, wurde in Konstantinopel die sogenannte Endemische (d. h. einheimische) Synode abgehalten, die einem kaiserlichen Erlaß zufolge unter dem Patriarchen Mennas zusammenkam. Diese von Kaiser Justinian erlassene Verordnung brachte offiziell die Klagen zur Sprache, die in den kaiserlichen Palast gedrungen waren und behaupteten, daß gewisse, dem Alexandriner Origenes zugeschriebene Lehren ketzerisch seien. Der kaiserliche Erlaß verlangte weiter: Wenn das von ihm zusammengerufene Konzil tatsächlich feststellen sollte, daß das so wäre, dann müßten diese Lehren von der erwähnten Synode unter Bann und Verbot (kirchliches Anathema) gestellt werden.

In dieser unter Mennas, sagen wir, im Jahre 538 zu Konstantinopel abgehaltenen Endemischen Synode wurden dann die Lehren, über die Klage geführt worden war, gründlich dargelegt und heiß umstritten. Nach langem, giftigem Disput war das Resultat der Beratungen, daß die spezifizierten Lehren des Origenes, gegen die so stark Einspruch erhoben worden war, endgültig und formell verdammt und das Anathema darüber ausgesprochen wurde.

Es ist beachtenswert, daß selbst während der Zeit, da diese Kontroverse über die angeblichen origenischen Ketzereien stattfand, und zwar von einem der oben erwähnten Synode voraufgehenden Tage an, ein neuer Zweig spiritueller Unterweisung von ganz ähnlichem Typus wie die von dieser Endemischen Synode als ketzerisch erklärten origenischen Lehren in die zunehmende Kristallisation des christlichen Dogmas Eingang zu finden suchte und tatsächlich im Laufe der Zeit erfolgreich darin einging. Diese neuen Lehren, die dann in populär-kirchlichen und theologischen Kreisen

Aufnahme fanden, waren in den Schriften der Persönlichkeit enthalten, die die Gelehrten heutzutage den Pseudo-Dionysios Areopagita nennen.

Wie oben gesagt, gelang es diesen dionysischen Lehren wirklich, in Herz und Sinn der Christen der folgenden Jahrhunderte festen Fuß zu fassen. Sie waren so geschätzt und theologisch populär, daß sie mit der Zeit ganz allgemein als zumindest quasi-kanonisch und orthodox angenommen und die Quelle, wenigstens die wichtigste Quelle wurden, aus der die größten der späteren christlichen Theologen ihr Material für religiöse Auslegung schöpften.

Viele Gelehrte sagen, daß auch auf dem 5. Ökumenischen oder Allgemeinen Konzil der christlichen Kirche im Jahre 553 gleichfalls aufgrund eines Erlasses des Kaisers Justinian über Origenes Fluch und Bann ausgesprochen wurde. Wahrscheinlich hat diese 2. Anathematisierung und Verdammung auf dem 5. Allgemeinen Konzil der christlichen Kirche tatsächlich stattgefunden. Sicher ist, daß Origenes' Name in Verbindung mit seinen angeblich ketzerischen Lehren in den Verhandlungsberichten jenes 5. Allgemeinen Konzils erwähnt wird; aber zuerst wurde er, wie schon gesagt, wegen dieser bestimmten, spezifizierten sogenannten Ketzereien auf der Haussynode etwa um 538 in aller Form verdammt.

Gegen die Lehre des Origenes wurden insgesamt 15 Anathemata ausgesprochen, und zwar u. a. gegen die folgenden Lehren:

1. Die Präexistenz der Seele vor ihrem jetzigen Erdenleben und ihre endliche Wiederherstellung in ihrer ursprünglichen spirituellen Natur und Beschaffenheit.
2. Die Abstammung aller vernunftbegabten Wesenheiten von hohen spirituellen Wesen, die anfänglich unkörperlich und immateriell waren, jetzt

aber in absteigenden Graden der Substantialität im Universum existieren und in mannigfache Ordnungen differenziert sind, die man Throne, Fürstentümer, Gewalten nennt, oder auch in andere Grade und Ordnungen, denen man andere Namen beilegt.

3. Daß Sonne, Mond und Sterne und die anderen Himmelskörper sichtbare Behausungen von Geistern wären, die jetzt von ihrer früheren hohen Beschaffenheit und ihrem hohen Zustand mehr oder weniger degeneriert seien.
4. Daß der Mensch jetzt einen materiellen oder physischen Körper habe als Vergeltung oder Strafe für böses Tun, das nach dem Versinken der Seele in die Materie erfolgte.
5. Wie diese spirituellen Wesen einstmals in die Materie hinabsanken, so können und werden sie sich schließlich wieder zu ihrem ehemaligen spirituellen Zustand erheben.
10. Der Körper Christi war bei der Auferstehung kugelförmig oder sphärisch, und auch unsere Körper werden am Ende so sein.
11. Das kommende Gericht ist das Verschwinden des materiellen Körpers; eine materielle Auferstehung wird es nicht geben.
12. Alle niederen Ordnungen von Wesenheiten in der ungeheuer großen Hierarchie des Seins (einerlei, ob solche Wesen dem Himmel oder der Erde angehören) stehen mit dem göttlichen Logos in ebenso enger Vereinigung wie das Göttliche im Menschen. Das Reich Christi wird ein Ende nehmen, wenn alle Dinge wieder aufgelöst sind in die Göttlichkeit.
13. Daß die Seele Christi präexistiert habe gleich den Seelen aller Menschen und daß Christus dem Typ nach allen Menschen an Kraft und Substanz

ähnlich sei.

14. Alle intelligenten Wesen, wo sie auch sein mögen, werden am Ende eingehen in die göttliche Einheit, und materielle Existenz wird dann verschwinden.
15. Daß das zukünftige Leben aller spirituellen Wesen ihrer ursprünglichen Existenz ähnlich und daher das Ende aller Dinge dem ursprünglichen Zustand ähnlich sein werde.

(Diese Anathemata sind vom Verfasser summarisch aufgeführt worden.)

Alle diese Lehren des Origenes finden ihre vollkommene und zufriedenstellende Erklärung in den wunderbaren Lehren der Esoterischen Philosophie, wo sie natürlich viel gründlicher durchgearbeitet und entwickelt sind und somit die vollkommene Universalität und philosophische und religiöse Anwendbarkeit des Systems illustrieren. Dieses System ist ein wahrer spiritueller Prüfstein, an dem wir, wenn wir geschickt genug dazu sind, die Realität und Wahrheit der Lehren eines jeden religiösen oder philosophischen Systems nachprüfen können, das Menschengeist, so groß und erhaben er auch sein mag, auf dieser Erde formuliert hat.

## IV

In der Religion, die gewöhnlich - jedoch zu Unrecht - als die Hauptquelle des Christentums betrachtet wird, nämlich in den Lehren der Juden, lassen sich deutliche Spuren derselben esoterischen Unterweisung finden, die auch sonst überall existieren. Im Judaismus ist sie hauptsächlich in der 'Tradition' oder 'Geheimlehre' enthalten, wie die jüdischen Eingeweihten sie nannten. Das hebräische Wort für 'Tradition' ist 'Kabbala' (von der hebräischen Verbwurzel 'quabal', was 'empfangen', 'nehmen', 'herabreichen' bedeutet). Kabbala bedeutet also etwas, was durch traditionelle Überlieferung von Generation an Generation weitergereicht oder weitergegeben wird.

In diesem Zusammenhang möchte ein kurzer Auszug aus dem Buche, das man als das wichtigste Buch der Kabbala bezeichnen könnte, zweckdienlich und nützlich sein. Dieses Buch heißt 'Zôhar', ein hebräisches Wort mit der Bedeutung 'Glanz'. Folgendes ist der Auszug:

"Wehe dem Menschensohn, der da sagt, die Thora (das sind die ersten fünf Bücher der hebräischen Bibel) enthalte alltägliche Aussprüche und gewöhnliche Geschichten! Wenn dem so wäre, dann könnten wir heute ein Lehrsystem aus der profanen Literatur zusammenstellen, das größere Hochachtung erwecken würde. Wenn das Gesetz nur Alltägliches enthielte, dann gäbe es in den profanen Literaturen weit edlere Gedanken. Wenn wir dann hingingen und aus diesen eine Auswahl zusammenstellten, könnten wir einen bedeutend höherstehenden Lehrkodex aufstellen. Nein, jedes Wort des Gesetzes enthält eine erhabene Bedeutung und ein wahrhaft himmlisches Mysterium ... So wie die spirituellen Engel genötigt waren, sich in irdische Gewänder zu kleiden, als sie zur Erde niederstiegen, und so wie sie, ohne solche Kleider anzulegen, nicht auf Erden hätten bleiben noch verstanden werden können: s o a u c h i s t e s m i t d e m G e s e t z. Als das Gesetz zu uns kam, mußte es auf irdische Weise eingekleidet sein, um von uns verstanden zu werden. Diese Kleidung besteht in eben diesen Geschichten ... Jene, die verstehen, schauen darum nicht auf diese Gewänder (die bloßen Erzählungen), sondern auf den daruntersteckenden Körper (die innere Bedeutung), während die Weisen, die Diener des himmlischen Einen, ... nur auf die Seele blicken."

Nun bestand die jüdische Kabbala fraglos - trotz plausibler gegenteiliger Argumente - als traditionelles Lehrsystem, lange bevor ihre gegenwärtigen Manuskripte und deren literarische Vorfahren geschrieben worden sind; denn ihre Entstehung ist verhältnismäßig spät, sie datiert wahrscheinlich aus der Zeit des europäischen Mittelalters. Ein Beweis für diese Behauptung liegt in der Tatsache, daß man mehrere Kirchenväter der christlichen Religion in den ersten Jahrhunderten christlicher Zeitrechnung Redewendungen gebrauchen sieht, die nur der hebräischen Theosophie, das heißt der hebräischen Kabbala entnommen sein können. In einigen Fällen sind die Ausdrücke die gleichen; in allen Fällen aber ist der Gedanke derselbe.

Die Völker des Altertums, als da sind Griechen, Hindûs, Perser, Ägypter und Babylonier, bedienten sich verschiedener Sprachen, benutzten verschiedene Ausdrucksweisen, häufig sogar voneinander abweichende Sprachsymbole. Immer aber waren die esoterischen Botschaften identisch. Dieses hinter den äußeren Gewändern verborgene esoterische System ist die Esoterische Tradition, die Esoterische Philosophie, die Mutter der großen Weltreligionen und Weltphilosophien.

In jedem Zeitalter, in welchem es notwendig wird - und diese Notwendigkeit tritt aufgrund der Umdrehungen des Lebensrades zyklisch auf -, geht von jener großen Bruderschaft eine neue 'Offenbarung', eine neue Enthüllung oder Entschleierung aus, die von einer spirituellen und mentalen Revolution in Herz und Sinn der Menschen begleitet ist. Diese Bruderschaft setzt sich aus jenen Weisen zusammen, die u.a. auch 'Meister' genannt werden, da sie wirkliche Meister des Lebens und der Weisheit sind. Diese Meisterschaft ist durch Entfaltung der spirituellen und intellektuellen

Kräfte und Fähigkeiten gewonnen worden, die allen Menschen eingeboren sind, jedoch der Entwicklung oder Entfaltung bedürfen. Letztere wird durch selbstauferlegte Schulung wie auch durch Belehrung in den Einweihungskammern erreicht.

Die menschliche Mentalität zeigt in den einzelnen Individuen starke Abweichungen. Das liegt an der unterschiedlichen individuellen Evolution, weil ein jeder seinen eigenen individuellen Pfad verfolgt. Dennoch geht die menschliche Mentalität einer gemeinsamen Betätigungsweise nach, verfolgt eine gemeinsame Bahn des Handelns; denn als Menschen sind wir alle eng miteinander verwandt. Aufgrund dieser Tatsache tendiert unser Gemüt durch die natürlichen eigenen Denkvorgänge, die uns erst zu Menschen machen, auf ein gemeinsames Ziel hin. Die universale Zustimmung der Menschen in aller Welt gewissen fundamentalen doktrinären Prinzipien gegenüber, die auf dem Wirken der Natur in der menschlichen Konstitution beruhen, ist bis zu einem gewissen Grade ein tatsächlicher Beweis dafür, daß jedes Gedankensystem, welches von allen Menschen anerkannte, fundamentale Wahrheiten enthält, eine wahrheitsgemäße Darstellung der elementaren Wirksamkeiten der Natur sein muß. Dies gilt natürlich nur, soweit der menschliche Intellekt diese Wirksamkeiten verstehen und in menschliche mentale Systematisierung übertragen kann. Diese elementaren, ja auch die komplizierteren und entwickelteren Naturvorgänge oder, was auf dasselbe herauskommt, diese natürlichen Grundsätze des universalen Seins sind, was wir *Wahrheit* nennen, mit anderen Worten: *Dinge* und *Wesen, wie sie an sich sind.*

Das menschliche Gemüt ist, wenn rein und klar und durchsichtig, ein Spiegel, der imstande ist, die Gedanken und Impulse, die Inspirationen und Intuitionen genau zu reflektieren, die im Menschengeist auftauchen und von dort durch das Gemüt hindurchfließen, um als eingeborene Ideen und intuitive Erkenntnis von Wahrheiten Gestalt anzunehmen und sich schließlich als Wahrheitslehren zu manifestieren. Andererseits aber kann das menschliche Gemüt diese Inspirationen und Intuitionen entstellen, wenn es unvollkommen entwickelt oder so mit mentalen oder leidenschaftlichen Bildern angefüllt ist, daß es nicht mit Treue und Genauigkeit und völlig der Wahrheit entsprechend übersetzen und weiterleiten kann. Es gibt keine Wahrheit, die nicht auf die universale Natur gegründet ist. Unter Natur verstehen wir nicht allein die Schale der Dinge, die das physische Universum ausmachen, sondern vielmehr meinen wir damit den ungeheuren Bereich der inneren Sphären des Seins, von welchen der äußere physische Kosmos, das äußere physische Universum, nur das lebendige, unbeständige, mehr oder weniger treue Gewand oder Abbild ist.

Die Esoterische Philosophie, dieses Lehrgebäude, das für würdige Bewahrer aufgehoben und zurückgehalten wird, zuweilen aber, und zwar in zyklischen Intervallen, zum allgemeinen menschlichen Wohle veröffentlicht wird, hat in der ganzen Welt zu allen Zeitaltern existiert. Sie ist der gemeinsame Besitz der Menschheit und ist das, wie schon gesagt, immer gewesen. Folglich finden sich in den großen Religionen und Philosophien fundamentale Prinzipien, die man, wenn sie einander gegenübergestellt werden, leicht als im wesentlichen identisch erkennen kann. Dieses Wesentliche ist die Esoterische Philosophie, die Mutter der Religionen, Philosophien und Wissenschaften. Da ein jedes dieser fundamentalen Prinzipien essentieller Religion oder essentieller Philosophie in allen Weltreligionen oder Weltphilosophien enthalten ist, wenn auch verkleidet und geheimgehalten unter mehrdeutiger Formulierung, so wird klar, warum alle diese

Weltreligionen und Weltphilosophien die Gesamtheit dieser Fundamental-Prinzipien enthalten, die in jedem einzelnen Fall als integraler Teil dieser Systeme mehr oder weniger deutlich ausgedrückt und entwickelt sind.

Keine dieser Weltreligionen oder Weltphilosophien hat jemals auch nur in einem einzigen Falle die Gesamtheit der Lehren, die ihren innersten Kern ausmachen, in Vollständigkeit und klarer und bestimmter Form der Öffentlichkeit übergeben. Die eine Religion legt besonderen Nachdruck auf eines oder mehrere dieser Fundamentalprinzipien; eine andere Religion oder Philosophie betont wieder andere dieser Prinzipien, während die übrigen im Hintergrund bleiben und in der Formulierung relativ verschleiert sind. Hierin liegt ohne weiteres der Grund dafür, daß die verschiedenen Weltreligionen und Weltphilosophien im Typus und in ihren charakteristischen Merkmalen variieren und dem oberflächlichen Gemüt oft wenig Gemeinsames zu enthalten scheinen und daß die eine den anderen vielleicht zu widersprechen scheint. Eine andere Ursache dieser Mannigfaltigkeit in Form und Erscheinung ist die voneinander abweichende Art, in welcher jede Religion oder Philosophie ursprünglich der Welt gegeben oder verkündet worden ist. Die Form, die eine jede annahm, war für die Zeitperiode, in welcher sie verkündet wurde, die beste. Jede Religion oder Philosophie nimmt in der Zeit ihren eigenen Platz und ihre eigene Periode ein und stellt in ihren späteren Formen die verschiedenen Gemütsarten der Menschen dar, die ihre Lehren entwickelt oder sozusagen für diese Welt in diese oder jene besondere Form übersetzt haben.

Diesen Manierismus des Denkens können wir, wenn wir wollen, beiseite lassen; denn hier handelt es sich um die hinter jeder großen Religion oder großen Philosophie stehenden fundamentalen Prinzipien, die Universallehre, die Esoterische Philosophie oder Tradition, auf die hier hingewiesen wird. In dieser Universallehre liegt das geheime Kraftfeld einer jeden großen Religion oder Philosophie in dem Sinne, der auf diesen Seiten soweit schon dargelegt worden ist.

V

Vollkommene Unwissenheit ohne die geringste Intuition von der Existenz dieses mystischen Hintergrundes, dieses geheimen Kraftfeldes esoterischer Weisheit, welches doch das Herz der großen religiösen und philosophischen Systeme der Welt bildet, hat einige Menschen veranlaßt zu sagen, die Esoterische Philosophie enthalte nichts als alte, abgestandene religiöse und philosophische Theorien, die vor fünfhundert, tausend, zweitausend, fünftausend oder mehr Jahren populär waren. Leute, die gern kritisieren, sagen: "Es ist unnütz und töricht, bei unserem Suchen nach Wahrheit auf die Alten zurückzugehen; nur das Neue ist für unser Zeitalter von Wert." Oder sie sagen: "Wir wollen uns der Zukunft zuwenden und es der toten Vergangenheit überlassen, ihre Trümmer und ihre vermoderten Knochen zu begraben." Was für eine wunderbare, seelenbewegende Erklärung - vielleicht für Leute, die selbst nicht wirklich denken! Diese Menschen stehen noch völlig unter dem Einfluß der jetzt in raschem Abnehmen begriffenen Anschauung unserer unmittelbaren Vorfahren, daß die ganze Vergangenheit, die zu kennen der Mühe wert ist, die sterbende Vergangenheit der europäischen Länder sei und alles zukünftige Wissen, das der Rede wert ist, aus der Erforschung der physikalischen Natur, der bloßen Bekleidung der Wirklichkeit, gewonnen werden könne, um noch andere verborgene Kräfte für den praktischen, wirtschaftlichen Gebrauch des Menschen zu finden. Außerdem ist das Gemüt durch den wissenschaftlichen Mythos - denn um einen solchen handelt es sich tatsächlich - gefesselt, daß sich der Mensch, relativ gesprochen, erst vor kurzer Zeit aus einem Affenvorfahren entwickelt habe oder aus einem nem halbtierischen Vorfahren, der beiden, Menschen und Affen, gemeinsam ist, der die geruhsamen Zeiten seines Freiseins von jeglicher moralischer und intellektueller Verantwortung damit hinbrachte, daß er sich auf einem tropischen Baum von einem Ast zum anderen schwang und zwischendurch Früchte und Insekten kaute. Unsere ganze Zukunft läge demnach in dem, was kommen soll, und die Vergangenheit enthielte nichts von Wert; es wäre also nur eine enorme Zeitverschwendung, sie anders als in der mehr oder weniger akademischen Weise des Archäologen zu studieren.

Was für eine unglaubliche Torheit! Was für ein halsstarriges Anrennen gegen alle Tatsachen der Geschichte sowie auch der neuesten wissenschaftlichen Entdeckungen! Immer neue Entdeckungen werden angehäuft und deuten mit wachsendem Nachdruck auf die nunmehr klarerkannte Tatsache hin, daß die Anfänge des Menschengeschlechts weit in die Nacht vergangener Zeiten zurückreichen. Was man auch heute Gegenteiliges vorbringen mag, es ist eine ebenso deutlich erkannte Tatsache, daß jene dunklen Gänge und Kammern der in Vergessenheit versunkenen Vergangenheit uns tatsächlich, wenn sie je wieder geöffnet werden sollten, enthüllen könnten, was die Esoterische Philosophie als Tatsache lehrt, daß nämlich jene ferne, langvergessene Zeit große, mächtige Zivilisationen auf Erden sah, und zwar auf Kontinenten, die einstmals dort existiert haben, wo jetzt die wirbelnden Wasser der gegenwärtigen Ozeane ihre melancholischen Wogen dahinrollen.

In Architektur, Technik und Kunst, in Philosophie, Religion und Ethik, in abstrakter Wissenschaft und Technik - mit anderen Worten, in allem, was das Leben wertvoll macht und es verfeinert in allen Dingen, welche die Grundlage unserer Zivilisation bilden: in all diesen verschiedenen Gegenständen, die wir auch heute noch so eifrig kultivieren, ja, die wir mit Hilfe unseres eingeborenen Genius verbessern -, in ihnen allen finden wir antikes Denken und antike Arbeit vorliegen. Diese sind die Grundlage unserer eigenen Zivilisation und unseres eigenen Denkens und der bisher noch unerkannt gebliebenen, durch Erbschaft und Übermittlung erworbenen Inspiration des Besten, was wir besitzen.

Wo haben wir zum Beispiel irgend etwas erbaut, was der Größe feinster technischer Kunst, der Erhabenheit der Planung und dem Wunder der Ausführung der großen Pyramide Ägyptens vergleichbar wäre? So erstaunlich ist sie in ihrer kolossalen Masse, so exakt nach astronomischen Punkten orientiert, so genau in der Schichtung ihres Mauerwerkes, so prachtvoll in der idealen Planung, der sie ihre Entstehung verdankt, daß unsere modernen Ingenieure, Techniker und Gelehrten staunend - ihrer eigenen Geschicklichkeit entsprechend - davorstehen und in Verwunderung offen aussprechen, daß wir, wenn wir die äußersten Hilfsquellen moderner Technik und Geschicklichkeit auf ein ähnliches Werk anwenden würden, es zweifellos nicht besser machen könnten, möglicherweise sogar kaum etwas Gleichwertiges zustande brächten.

Was hat es mit dem Nagkon Wat in Kambodscha auf sich, von welchem man dasselbe sagen könnte, wenn auch in geringerem Grade? Und die gigantischen, Erstaunen erregenden megalithischen Monumente in Peru und Mittelamerika? Ja sogar die bemerkenswerten archaischen Bauwerke, die in Yucatán, in Teilen Mexikos und in anderen Teilen der Welt bestehen? Was ist mit dem schönen Tempel von Boro-Budur auf Java? Er ist eine der relativ neueren Anhäufungen von anscheinend massiven Bauten, die jetzt noch, nach Verlauf von vielen Jahrhunderten, trotz der zerstörenden Einflüsse von Erdbeben und Witterung in wunderbarer Schönheit dastehen - buchstäblich bedeckt mit einem Reichtum an Bildwerk, das teilweise so zart und fein ausgeführt ist, daß es aussieht, als ob das Werk mit einer Nadel ausgestochen wäre. Stellenweise sieht es aus wie Spitzenarbeit aus Stein.

Wie ist es mit dem wundervollen Tempel von Karnak in Theben in Ägypten, der vom archäologischen Standpunkt aus gesehen gar nicht so alt ist und von welchem heute nur Portale und Säulen und Pfeiler in mehr oder weniger ruinenhaftem Zustand übriggeblieben sind, der aber als Ganzes den Beschauer noch mit Ehrfurcht und Staunen erfüllt? Ein moderner Schriftsteller sagte einmal so plastisch: "Die Alten bauten wie Riesen und vollendeten wie Juweliere."

Wir sind stolz auf unser Glas; aber die Römer hatten Glas, das sich, wie die römischen Schriftsteller berichten, mit Hammer oder Schlägel in jede gewünschte Form modellieren ließ. Man bedenke nur, was solches Glas für die technischen Künste unserer modernen Industrie bedeuten würde! Die Mittelmeervölker des südlichen Europa besaßen im Altertum auch eine Methode, Kupfer zu härten, so daß es, wenn wir den alten Berichten Glauben schenken dürfen, die Härte unseres guten Stahls hatte und sich wie dieser schleifen ließ.

Heutzutage kennen wir keins der beiden technologischen Geheimnisse.

Wir heizen unsere Häuser neben anderen Methoden mit heißem Wasser oder heißer Luft; aber so heizten auch schon die Römer ihre Häuser in den Tagen Ciceros. Wir benutzen Mikroskop und Teleskop und sind mit Recht stolz auf unsere Geschicklichkeit im Gebrauch dieser Instrumente. Aber wir wissen auch, daß die Alten, die Babylonier zum Beispiel, in Gemmen so feine zierliche Linien und Muster einschnitten, daß sie das bloße Auge nicht klar erkennen kann und wir ein Mikroskop oder eine Lupe benutzen müssen, um Zeichnung und Linienwerk deutlich zu sehen. Wie hätten die Alten ohne Vergrößerungsmöglichkeiten so etwas fertigbringen können? Waren ihre Augen so viel schärfer als die unsrigen? Diese Annahme ist absurd, und es liegt auch keinerlei Beweismaterial dafür vor.

Was können wir also anderes annehmen, als daß sie wirklich eine Art Vergrößerungsapparat aus Glas oder anderem Material besaßen? Wie kommt es, daß die alten Astronomen nicht nur von anderen Planeten gewußt haben sollen, welche allerdings in den meisten Fällen auch mit unbewaffnetem Auge gesehen werden konnten, sondern daß von gewissen Gelehrten behauptet wird, sie hätten deren Monde gekannt? Von letzteren wissen wir mit unseren vervollkommneten astronomischen Instrumenten erst seit ein paar Jahrzehnten. Wir lesen in den alten Werken, daß der römische Kaiser Nero eine Art Vergrößerungsglas benutzte - wir würden es ein Opernglas nennen -, um die Schauspiele in den römischen Theatern zu beobachten. Die Sage berichtet, er habe dieses Vergrößerungsglas auch benutzt, um das furchtbare Schauspiel, nämlich den Brand der Hauptstadt des römischen Weltreiches, zu betrachten.

Wie ist es mit der Kurzschrift, der Tachygraphie? Die Reden Ciceros und auch anderer, die auf dem römischen Forum und anderwärts gehalten wurden, sind, wie man weiß, in Kurzschrift festgehalten worden, und zwar im Falle Ciceros von seinem Freigelassenen, seinem geliebten Tiro, der später auch der Biograph des großen

Römers wurde. Und seit wann gebrauchen wir Europäer dieses äußerst nützliche Mittel, um den getreuen Wortlaut menschlicher Rede wiederzugeben?

Wir hören auch, daß Numa, einer der frühesten und den Berichten nach größten und weisesten der römischen Könige, auf dem Janustempel in Rom Blitzableiter angebracht hat. Wie die Tradition sagt, hat Numa in den ersten Jahren Roms gelebt, also Jahrhunderte vor der Bildung der Republik.

Wie ist es mit der Proportionslehre in der Kunst, die die alten Griechen angewandt haben? Man vergleiche ihre vorzügliche, inspirierte Kunst mit unserer besten, die von ihr abstammt und von ihr inspiriert ist. Dann aber wende man sich unseren modernen künstlerischen 'Grillen' zu, wie dem Kubismus und Futurismus und anderen, die, wenn man sie betrachtet und dabei zu verstehen versucht, womit unser Auge geplagt wird, in uns den Eindruck erwecken, man schaue, wie nicht recht gescheit, ins Astrallicht. Welches ist nun im Grunde der fundamentale Kanon, dem die Mehrzahl unserer Künstler und Techniker heute nicht nur in der Architektur, sondern auch in der Bildhauerkunst folgt? Es ist der griechische Kanon, wie wir ihn verstehen. Woher kam denn ursprünglich das Beste in der modernen europäischen Religion? Wo nahm es seinen Anfang? Bei den alten Griechen und Römern - von uns zwar mehr oder weniger modifiziert, das ist vollkommen richtig, letzten Endes aber doch von ihnen. Sie gaben uns alle grundlegenden Ideen, die in jüngerer Zeit durch die noch edleren Ideen und weit größeren Prinzipien modifiziert wurden, die aus dem Fernen Osten kamen und hauptsächlich aus den Urkunden des alten religiösen und philosophischen Indiens stammen. Aus derselben Quelle leiten wir Modernen unsere universal anerkannten ethischen und moralischen Grundsätze und deren Anwendung auf menschliches Denken und Verhalten her.

Thukydides, der griechische Historiker, lehrte die modernen Europäer, wie man Geschichte schreibt, das heißt den allgemeinen Stil und Typ historischen Schreibens, den Thukydides selbst anwandte. Dieser hat jahrhundertelang nach ihm für alle späteren Geschichtsschreiber als Exempel und Modell gedient. Es stimmt schon, daß eine Anzahl Historiker und Kritiker Einwendungen machen, und zwar sehr starke, gegen die Art der Geschichtsschreibung, die Thukydides verfolgte, nämlich bloße Berichte über Schlachten und deren militärische Konsequenzen usw. zu geben. Sie erheben den Anspruch, daß Geschichte sich mehr um die Errungenschaften von Herz und Sinn der Menschen zu kümmern habe, die in der Zivilisation ihren Ausdruck finden, besonders um die sozialen, religiösen und philosophischen, die moralischen und künstlerischen Elemente. Einer von diesen war der zu seiner Zeit hervorragende Kritiker Graf Leo Tolstoi - wenn er auch aus Mangel an breiterem Wissen in seiner Schaukraft begrenzt blieb. Dieser bedeutende russische Schriftsteller sagte mit viel Berechtigung, Geschichte sollte nicht nur ein Berichten von Schlachten sein und von Regierungsdaten von Männern, von denen viele alles andere als weise waren, sondern sie sollte vielmehr eine Beschreibung der Werke des menschlichen Genius sein, der sich in der Zivilisation zum Ausdruck bringt. Darin kann man mit ihm völlig übereinstimmen, doch viele, vielleicht die meisten, tun das nicht. Sie klammern sich noch an die alte griechische Auffassung der Geschichtsschreibung. Jedenfalls hat Thukydides die Europäer gelehrt, Geschichte zu schreiben, während Plato und Aristoteles sie lehrten, wie man über Philosophie schreibt und wie man wissenschaftlich arbeitet.

Man denke auch an das heliozentrische System unserer Sonne und ihrer Planeten, das astronomische

System, das uns sagt, daß die Sonne im Mittelpunkt ihres Bereiches steht, welches uns ferner sagt, daß die Planeten, jeder in seiner eigenen Bahn, um die Sonne kreisen und daß die Erde eine als Planetenkörper in den Raum gestellte Kugel sei. Europäische Denker und Entdecker brauchten angesichts großer Verfolgungen und auf Kosten des Lebens vieler großer Menschen lange Zeit, um ihre weniger intuitiven und gedankenloseren Mitmenschen zur Erkenntnis dieser natürlichen Tatsache zu führen. Aber die größten unter den alten Griechen haben das alles schon gelehrt - Pythagoras, Philolaus, Ekphantos, Hiketas, Heraklit, Aristarch und andere. Es hätten auch noch mehr Männer von mindestens gleicher Größe das alles gelehrt, wenn nicht das heliozentrische System unserer solaren Welt eine auf die Mysterien beschränkte Lehre gewesen wäre und nur einige wenige es wagten, mehr zu sagen, als nur gerade darauf hinzuweisen.

Wie ist es ferner mit Archimedes von Syrakus, einem der größten Physiker und Entdecker, die zwischen seiner und unserer Zeit gelebt haben? Wiederum findet man 'Vimânas' oder Flugzeuge in sehr alten Sanskritschriften der archaischen Hindûs erwähnt, zum Beispiel in dem Mahâbhârata und dem Râmâyana, den beiden größten epischen Dichtungen Indiens. Trotzdem stimmt es, daß von diesen luftigen Vehikeln auch als von den 'Vehikeln der Götter' gesprochen wird, wenn sie durch die Luft fliegen - eine Angabe, die nicht wörtlich genommen werden sollte, sondern als auf Menschen bezogen, die in ihrer intellektuellen und somit wissenschaftlichen Bildung gottähnlich waren. Denn Menschen auf diese Art Göttlichkeit zuzusprechen ist als eine der allgemeinsten Tatsachen in der archaischen Hindûliteratur wohlbekannt.

Wenn wir uns also unserer Tüchtigkeit in der Wissenschaft, unserer Entdeckungen und Erfindungen rühmen, so tun wir wohl daran, nicht zu vergessen, daß Bescheidenheit eine Tugend ist.

Es gibt auch noch andere Kritiker von ganz anders gearteter mentaler Fähigkeit und Lebensanschauung, die von einem ebenso aggressiven wie auch törichten Groll durchdrungen sind und sich einbilden, Theosophie sei eine ausländische, neuaufgeputzte Religion. Tatsache ist, daß die Theosophen weder moosbedeckte Konservative einerseits, noch lärmende Erneuerer phantastischer Theorien andererseits sind. Denn Theosophie und, wie schon gesagt, in ihren tieferen Aspekten die Esoterische Philosophie ist die wahre, authentische Mutter von Religionen, Philosophien und Wissenschaften, die große zentrale systematische Quelle, aus der letztere in vergangenen Zeitaltern ursprünglich hervorgegangen sind. Darum ist sie auch ihr Interpret; denn sie interpretiert die verborgene Bedeutung und geheime Symbolik aller dieser antiken Systeme.

Ja wahrlich, die unter äußeren, oft sehr variierenden Formen verborgene Mysterienlehre war für die Initiierten vorbehalten, das heißt für diejenigen, welche sie verstehen konnten und, w e i l sie sie verstehen konnten, geeignet waren, sie zu empfangen, und die sie niemals zu niedrigen und unedlen Zwecken mißbraucht haben würden. Sie wurde für das Heiligste gehalten, das die Menschen ihren Nachfahren überliefern konnten; denn es erwies sich, daß die Offenbarung dieser Mysterienlehre an würdige Empfänger unter geeigneten Vorbedingungen wunderbare Veränderungen in deren Leben bewirkte. Sie machte die Menschen besser und anders, als sie waren, ehe sie diesen spirituell-intellektuellen Schatz erhielten. Wie kommt das? Die Antwort kann in allen alten Religionen und Philosophien - wenn man diese ehrlich studiert - unter demselben Bild, demselben Gleichnis, derselben Redewendung gefunden werden: dem Gleichnis der Neugeburt, einer Geburt zur Wahrheit. Es war wirklich ein spirituelles und intellektuelles Erwachen der geistigen Kräfte des Menschen und konnte darum mit Recht eine Wiedergeburt der Seele zu spirituellem Bewußtsein genannt werden. Wenn dies vor sich geht, dann nennt man solche Menschen Initiierte oder Wiedergeborene. In Indien wurden solche Wiedergeborenen, wie schon gesagt, 'Dvijas' genannt, ein Sanskritwort, das 'zweimal geboren' bedeutet. In Ägypten wurden die Initiierten oder Wiedergeborenen 'Söhne der Sonne' genannt. In anderen Ländern gab man ihnen andere Namen.

H.P. Blavatsky schrieb in ihrer Eigenschaft als Sendbotin der Großen Bruderschaft von Sehern, als die sie der modernen Welt die Weisheit der Zeitalter aufs neue verkündete, folgendes:

"Die Gnosis (oder Weisheit), die durch das christliche Schema verdrängt wurde, war universal. Sie war das Echo der ursprünglichen Weisheitsreligion (oder Theosophie), die einstmals das Erbe der ganzen Menschheit gewesen ist. Darum kann man mit Recht sagen, daß der Christus-Geist (der göttliche Logos) in seinen rein metaphysischen Aspekten in der Menschheit von ihren Anfängen an immer gegenwärtig gewesen ist. Der Verfasser der 'Clementinischen Homilien' hat recht: Das Christus-Mysterium - von dem man jetzt annimmt, Jesus von Nazareth habe es gelehrt - 'war identisch' mit dem, was von Anfang an 'denjenigen, die würdig waren', mitgeteilt wurde ... Wir können aus dem Evangelium nach Lukas lernen, daß die 'Würdigen' diejenigen waren, die in die Mysterien der Gnosis (oder der Weisheit) eingeweiht waren und die als 'würdig befunden' wurden, jene 'Auferstehung von den Toten' (Initiation) in diesem Leben zu erfahren, ... 'jene, die da wußten, daß sie nicht mehr sterben konnten, da sie als Söhne Gottes und Söhne der Auferstehung den Engeln gleich waren.' "

(Die Zitate aus dem frühchristlichen Werk, den "Homilien", die H.P. Blavatsky hier anführt, sind in halbe Anführungszeichen gesetzt.)

"Sie waren, um es anders auszudrücken, die großen Adepten aller Religionen.

Die Worte jedoch richten sich an alle, die, ohne Eingeweihte zu sein, danach streben und durch persönliche Anstrengungen dahin gelangen, 'das Leben zu leben' und durch die Vereinigung ihrer Persönlichkeit - des Sohnes - mit dem 'Vater', ihrem individuellen göttlichen Geist, dem Göttlichen in ihnen, sich ganz natürlich ergebende, spirituelle Erleuchtung zu empfangen. Diese 'Auferstehung' kann nie und nimmer von den Christen monopolisiert werden, denn sie ist das spirituelle Geburtsrecht eines jeden mit Seele und Geist begabten Menschen, einerlei, welcher Religion er auch angehören mag. Ein solcher Mensch ist zu einem

C h r i s t u s - M e n s c h e n

geworden."

"Lucifer", "Der esoterische Charakter der Evangelien", Bd. I, S. 180, Nov. 1887 (engl.)

## KAPITEL II

# ALLEGORIE UND MYSTISCHER SYMBOLISMUS

Das im vorliegenden Kapitel zum nachdenklichen Studium dargebotene Thema ist die Fortsetzung des im vorhergehenden Kapitel behandelten allgemeinen Themas. Es ist für den interessierten Leser oder für den Studierenden von äußerster Wichtigkeit zu wissen, daß in allen äußeren, exoterischen Schriften jeder großen Religion und Philosophie ein tiefer Kern mystischer Lehren existiert, der ihre eigentliche Substanz bildet. Diese in ein äußeres, exoterisches literarisches Gewand gekleideten Lehren sind dadurch jedoch allzu häufig verschleiert und verborgen worden. Tatsächlich bilden sie den Kern der esoterischen Lehre, der niemals öffentlich bekanntgegeben wurde. Diese Zurückhaltung und Verschwiegenheit ist weder auf spirituelle oder intellektuelle selbstsüchtige Motive zurückzuführen noch darauf, daß der zurückgehaltene Teil auch nur im geringsten von den veröffentlichten Teilen in bezug auf Authentizität oder Tatsächlichkeit abweicht. Der Grund liegt vielmehr darin, daß niemand diesen geheimen Teil ohne hinreichendes, anhaltendes Studium richtig zu verstehen in der Lage ist. Er ist daher notwendigerweise dem Gebrauch jener Schüler vorbehalten, die gewillt sind, sich dem Studium ganz zu widmen und die nötige Zeit und persönliche Interessen zu opfern, um ihn zu verstehen.

Indessen kann jeder aufrichtige Mensch den verborgenen Teil entschleiern, insbesondere, wenn er ein Mitglied der Theosophischen Bewegung ist und sich hierdurch im Besitz der Schlüssel zum Verständnis dieser geheimen Lehren befindet und den rechten intellektuellen Gebrauch davon macht. Dies gilt vor allem für einen Schüler, der das Leben so führt, wie es notwendig ist, um die inneren Schleier des Bewußtseins zu läutern oder zu lichten, so daß sich an ihm das alte Wort bewahrheitet: 'Man muß das Leben leben, wenn man die Lehre verstehen will.'

Die Tatsache, daß es einen Kern esoterischer Lehren gibt, der denjenigen zu Nutzanwendung und Studium vorbehalten ist, die sich als würdig und wohlqualifiziert erweisen, ist nichts Neues in der Geschichte der Religion und Philosophie. Ja, es ist in der Wissenschaft eine Binsenwahrheit, daß die großen alten Religionen und Philosophien eine esoterische Seite besaßen und in einigen Fällen auch heute noch besitzen, das heißt ein System geheimer Lehren, die nur denjenigen übermittelt werden, die sich als würdig und fähig erwiesen haben, sie zu empfangen und zu verstehen. Auch von dem syrischen Weisen, dem Avatâra Jesus, wird im christlichen Neuen Testament berichtet, er habe seine Jünger gewisse Dinge geheim gelehrt, wohingegen den Vielen dieselben Wahrheiten oder wenigstens Teile davon, je nachdem, nicht offen, das heißt in unverschleierter Form, gegeben wurden, sondern in Gleichnissen und mystischen Symbolen. Nach kurzem Nachdenken wird es jedem einleuchten, daß diese Maßnahme wirklich notwendig ist; denn es ist nicht möglich, jemanden, dem die Elemente eines Studiums unbekannt sind, dessen tiefere Gebiete zu lehren, bevor er sich nicht wenigstens durch ein Mindestmaß an moralischer und intellektueller Schulung in den Stand gesetzt hat, sie zu verstehen.

Dies ist besonders dann der Fall, wenn die geheimen Lehren von den tiefsten religiösen, wissenschaftlichen und philosophischen Wahrheiten handeln. Die Kenntnis dieser Lehren wird der Öffentlichkeit nicht darum vorenthalten, weil sie an sich der intellektuellen Gesundheit oder der moralischen Festigkeit gefährlich wären. Im Gegenteil, sie sind im höchsten Grade wunderbar hilfreich und in jeder Hinsicht erleuchtend und inspirierend. Doch in bezug auf diejenigen, die nicht geeignet sind, die Lehren zu empfangen, und sie unterschiedslos irgendwann, irgendwo und ohne gebührende Vorbereitung an alle weitergeben würden, ist es ganz richtig, folgendes festzustellen: Aufgrund ihrer unvorbereiteten Gemütsverfassung könnten sie möglicherweise wirklichen Schaden anrichten, würde man ihnen diese Lehren zugänglich machen.

Wer hat nicht von religiösen Fanatikern gehört, von dem Unheil und der Verwirrung, die sie über ihre Mitmenschen gebracht haben? Schon dieses einzelne Beispiel zeigt, was schlecht verdautes und oft mißverstandenes religiöses, ja auch philosophisches Denken in schwachen oder unvorbereiteten Gemütern anrichten kann und in der Regel auch tatsächlich anrichtet. Versteht ein Mensch eine erhabene Lehre nicht richtig und relativ vollkommen, kann seine unvorbereitete Urteilskraft von der wirklichen Schönheit und Tiefe der Lehre so fasziniert und irregeleitet werden, daß er vielleicht von seinem normalen mentalen Ankerplatz herkömmlicher ethischer Grundsätze sozusagen losgerissen wird. Der Strom der Gefühlserregungen eines solchen unvorbereiteten Menschen, der der Führung und dem Drang, den diese Lehren auf ihn ausüben, sympathetisch und automatisch folgt, könnte ihn in einem Augenblick mentaler oder moralischer Schwäche leicht veranlassen, einem anderen Menschen seelischen Schaden zuzufügen, ganz abgesehen von allgemeineren Schädigungen. Wie uns die Geschichte des religiösen Fanatismus deutlich zeigt, könnte er hierdurch auch leicht zur Ursache für intellektuelle und ethische Schädigungen dieses Menschen werden, und zwar in nicht geringem Grade. Aus diesem Grunde ist es allen Schülern der Esoterischen Philosophie streng zur Pflicht gemacht worden, zu vermeiden, Mitschuldige an derartigen Vorkommnissen zu werden.

Einige der religiösen und philosophischen Lehren, die heute öffentlich ausgegeben werden, waren in vergangenen Zeiten esoterisch, sie wurden damals unter dem Schleier von Allegorie und mystischen Symbolen gelehrt. Für die Menschen unseres aktiven, sachlichen Zeitalters ist es nicht leicht zu verstehen, warum diese Verschwiegenheit in religiösen, philosophischen und wissenschaftlichen Dingen beachtet werden sollte; denn es ist heute eine allgemeingültige Redensart, daß die Wahrheit etwas Heiliges sei und zu allen Zeiten und an allen Orten nur Gutes wirken könne, oder auch, daß Naturtatsachen Gemeingut der Menschheit seien und daß in der Mitteilung von Wissen durch einen Menschen, der es besitzt, an andere, die es nicht besitzen, keine mögliche Gefahr liege. Jedoch gibt es bestimmt keinen phantastischeren Trugschluß, keine größere Unwahrheit als diese. Wem ist nicht bekannt, daß Wissen von seiten selbstsüchtiger, eigennütziger Individuen auf die abscheulichste Weise gebraucht und mißbraucht werden kann und wird? Auch unsere Wissenschaftler fangen heute an einzusehen, daß die Mitteilung aller Naturwahrheiten an jedermann ohne gewisse vorbereitende Schutzmaßnahmen ein Verfahren voll schlimmer, verborgener Gefahren eigener Art ist, und zwar nicht nur für den einzelnen, sondern auch für die Masse der Menschen.

Zwei Lehren, die jetzt durch die Theosophische Bewegung öffentlich verkündet werden, in gewissen Zeitperioden der Vergangenheit aber esoterisch oder geheim waren, sind die Lehren von Karman und Wiederverkörperung. Karman ist ein Wort, das gebraucht wird, um jene majestätischen, gleichsam automatischen Naturvorgänge, die sogenannten Naturgesetze, kurz zu beschreiben, die in dem Ausspruch des Apostel Paulus der Christen dargelegt sind: "Denn was der Mensch säet, das wird er ernten" (Galater 6, 7).

Karman ist die Lehre von den Konsequenzen, den Ergebnissen, die dem Denken und Handeln unvermeidlich und unausweichlich und mit absoluter Gerechtigkeit folgen, ob diese Wirkungen oder Resultate nun zeitlich unmittelbar zum Vorschein kommen oder auf später verschoben werden.

K A R M A N ist die T o t a l i t ä t einer Seele, die durch ihr eigenes Wollen, Denken und Fühlen ins gegenwärtige Dasein gebracht wurde. Dies wirkt auf ihr Gewebe und ihre Substanz ein und bereitet somit ihr künftiges Geschick vor, so wie ihre jetzige Existenz das für sie durch ihre eigenen, vergangenen Leben vorbereitete Schicksal ist. KARMAN, der Urgrund, die Wurzel oder Essenz oder, wenn man so sagen darf, das Gesetz selbst, geht aus dem Herzen des Universums hervor, das unsterblich, unpersönlich, unendlich, ja das L e b e n selbst ist: göttliche Harmonie, aus der die sogenannten Naturgesetze in aktive Kraft treten und die mächtige 'Mutter' zu dem machen, was sie in ihrem ganzen sieben- oder zehnfachen Aufbau ist. H.P. Blavatsky sagt in ihrem Buch "Die Stimme der Stille" im Kapitel "Die zwei Pfade":

> "Wisse, daß keine Bemühung, auch nicht die geringste - sei sie richtig oder falsch - aus der Welt der Ursachen schwinden kann. Selbst verpuffter Rauch verschwindet nicht spurlos. 'Ein bitteres Wort, in vergangenen Leben gesprochen, wird nicht vernichtet, sondern kehrt immer wieder' (Vorschriften der Prasanga-Schule). Die Pfefferstaude trägt keine Rosen, die Silbersterne des lieblichen Jasmin verwandeln sich nicht in Disteln oder Dornen.
>
> Du kannst am heutigen Tage die günstigen Gelegenheiten für dein Morgen schaffen. Auf der 'Großen Reise' ('Große Reise' oder der ganze vollständige Existenzzyklus in einer Runde) zeitigt eine jede von all den Ursachen, die stündlich gesät werden, ihre Wirkungen als Ernte, denn strenge Ge-

rechtigkeit regiert die Welt. Der mächtige Schwung ihres niemals irrenden Wirkens bringt den Sterblichen Wiedergeburten in Glück und Leid, die karmischen Erzeugnisse all ihrer früheren Gedanken und Taten.

Nimm denn soviel, als deine Verdienste für dich aufgespeichert haben, o du mit dem geduldigen Herzen. Sei guten Mutes und sei zufrieden mit deinem Schicksal. Es ist dein Karma, das Karma der Kette deiner Geburten, die Bestimmung derer, die in Schmerz und Trübsal, lachend und weinend, zugleich mit dir von Leben zu Leben getragen werden, verkettet mit deinen früheren Taten ...

Wirke du für sie 'heute', und sie werden 'morgen' für dich wirken."

Dieses unbeschreiblich gerechte Prinzip der Universalnatur, von unendlichem Mitleid geleitet, aber dennoch in allen seinen Operationen unaussprechlich gerecht - ob es sich um einen Stern oder einen Glühwurm oder um einen Menschen handelt -, nennt die Esoterische Philosophie KARMAN. H.P. Blavatsky erläutert es in der "Geheimlehre" (Band I, S. 704f., neue Übersetzung) wie folgt:

"Im Westen ist - nachdem die heidnische Weisheit verworfen ist, als hervorgewachsen und entwickelt aus den dunklen Mächten, die angenommenerweise in beständigem Kriege und Widerstand gegen den kleinen stämmischen Jehova stehen - die volle und grauenhafte Bedeutung der griechischen Nemesis oder des Karma vollständig vergessen worden ..., daß Nemesis ohne Attribute ist; daß, während die gefürchtete Göttin unbedingt und unveränderlich ist als ein Prinzip, wir selbst es sind - Völker und Einzelwesen, welche sie zur Tätigkeit antreiben und den Anstoß für ihre Richtung geben. Karma-Nemesis ist die Schöpferin der Nationen und Sterblichen, aber einmal geschaffen, sind diese es, welche aus ihr entweder eine Furie oder einen belohnenden Engel machen ... Und ebenso sind jene unweise, welche glauben, daß die Göttin durch irgendwelche Opfer oder Gebete besänftigt oder zur Ablenkung ihres Rades von dem Wege, den dasselbe einmal genommen hat, bewogen werden könne ... von uns erzeugt. Es gibt keine Umkehr von den Pfaden, die sie durchläuft; aber jene Pfade sind unser eigenes Werk, denn wir selbst, kollektiv und individuell, bereiten sie vor. Karma-Nemesis ist das Synonym von Vorsehung *minus* Absicht, Güte und jeder anderen *endlichen* Eigenschaft und Qualifikation, wie sie der letzteren so unphilosophisch beigelegt werden. Ein Okkultist oder ein Philosoph wird nicht von der Güte oder Grausamkeit der Vorsehung sprechen; aber sie mit Karma-Nemesis identifizierend, wird er nichtsdestoweniger lehren, daß sie die Guten schützt und über sie in diesem sowie im zukünftigen Leben wacht; und daß sie den Übeltäter bestraft - ja bis zu seiner siebenten Wiedergeburt -, so lange in der Tat, als nicht die Wirkung davon, daß er auch nur das kleinste Atom in der unendlichen Welt der Harmonie in Störung versetzt hat, schließlich wieder in Ordnung gebracht ist. Denn das einzige Gesetz des Karma - ein ewiges und unveränderliches Gesetz, ist unbedingte Harmonie in der Welt des Stoffes, so wie sie es ist in der Welt des Geistes. Nicht Karman ist es daher, welches belohnt oder bestraft, sondern wir belohnen oder bestrafen uns selbst, je nachdem wir entweder mit, mittels und gemäß der Natur wirken, indem wir den Gesetzen, von denen diese Harmonie abhängt, gehorchen oder sie brechen.

Auch wären die Wege Karmans nicht unerforschlich, wenn die Menschen in Einigkeit und Harmonie wirken würden anstatt in Uneinigkeit und Streit. Denn unsere Unkenntnis dieser Wege - welche ein Teil der Menschheit die Wege der Vorsehung nennt, dunkel und verworren, während ein anderer in ihnen die Wirkung des blinden Fatalismus sieht und ein dritter einfachen Zufall, ohne Götter und ohne Teufel zu ihrer Leitung - würde sicherlich verschwinden, wenn wir nur alle von ihnen ihrer richtigen Ursache zuschreiben würden. ... Wäre kein Mensch dazu bereit, seinen Bruder zu verletzen, so hätte Karma-Nemesis weder Ursache, deshalb zu wirken, noch Waffen, um durch dieselben zu handeln ... Wir stehen verwirrt vor dem Geheimnis, das wir selbst geschaffen, und vor den Rätseln des Lebens, die wir *nicht* lösen *wollen*, und dann klagen wir die große Sphinx an, daß sie uns verschlingt. Aber fürwahr, es gibt kein Ereignis in unserem Leben, nicht einen mißgestalteten Tag oder ein Mißgeschick, das nicht zurückverfolgt werden könnte auf unser Tun in diesem oder in einem anderen Leben. Wenn man die Gesetze der Harmonie bricht ..., so muß man darauf gefaßt sein, in das Chaos zu stürzen, das man selber bereitet hat ...

... Karma-Nemesis ist nichts mehr, als die geistige, dynamische Wirkung von Ursachen, hervorgebracht durch unsere eigenen Handlungen und von Kräften, die von eben denselben zur Tätigkeit erweckt wurden."

In den vorstehenden flüssigen, majestätischen Abschnitten, die von der großen Theosophin H.P. Blavatsky geschrieben wurden, findet man die beste und umfassendste Definition jenes nie irrenden, universalen und nie ruhenden Prinzips oder 'Gesetzes' vom kosmischen Sein, das in der "Esoterischen Philosophie" kurz mit dem technischen Ausdruck KARMAN bezeichnet wird. Es ist einerseits eine äußerst irrige Vorstellung anzunehmen, Karman sei Fatalismus und die Menschen wären unter seinem blinden, zufälligen Walten die Opfer eines unerforschlichen, unmoralischen Geschicks blinder Zufälligkeit. Ebenso irrig ist es andererseits zu glauben, Karman wäre die Schöpfung des Handelns oder das geschaffene Gesetz des Handelns von seiten einer kosmischen Wesenheit ("Gott"), die vom Universum verschieden und abseits von ihm und darum außerkosmisch ist. Es ist ebenfalls irrig anzunehmen, daß, was auch immer einem Menschen während des äonenlangen Laufes seiner Pilgerfahrten in einer endlosen Reihe von Leben in Zeit und Raum in den sichtbaren und unsichtbaren Welten zustößt, genau genommen 'unverdient' sei oder daß ihm Ereignisse im besonderen oder im allgemeinen begegnen - unabhängig von seinem eigenen, ursprünglichen, ursächlichen Tun.

Es ist notwendig, dies zu betonen, weil einige Schüler durch gewisse Stellen in H. P. Blavatskys Werken den Eindruck bekommen haben, daß es so etwas wie 'unverdientes Karma' gäbe. Sie vergessen, daß man, um die Lehre der großen Theosophin richtig zu verstehen, jede ihrer Feststellungen über dieses Thema berücksichtigen muß und keine auslassen darf. Es gibt tatsächlich relative Ungerechtigkeit oder relatives 'unverdientes Leiden' in der Welt, hervorgerufen durch die Wechselwirkung der verschiedenen Teile der verwickelten menschlichen Konstitution, indem die höheren Prinzipien seiner Konstitution, zum Beispiel das reinkarnierende Ego, dem nur *persönlichen Menschen* im Verlauf karmischen Geschicks häufig Ereignisse zutragen, für die dieser *persönliche Mensch* selbst nicht in irgendeinem Leben direkt und absolut verantwortlich ist. Aber das reinkarnierende Ego ist voll verantwortlich, obgleich sein niederer Träger, der astrale oder persönliche Mensch, durch den es wirkt, die Gerechtigkeit der in anderen Leben verursachten Mißgeschicke und Leiden und des in anderen Leben verursachten karmischen Schicksals nicht anerkennt. Daher erscheinen diese Schicksalsschläge dem astralen persönlichen Menschen als unverdient und ungerecht. Jedoch in Wahrheit gibt es, wie H.P. Blavatsky so vortrefflich in den obenstehenden Sätzen sagt, "kein Ereignis in unserem Leben, nicht einen mißgestalteten Tag oder ein Mißgeschick, das nicht zurückverfolgt werden könnte auf unser Tun in diesem oder in einem anderen Leben".

Das ist in Verbindung mit ihren anderen Darlegungen überzeugend; lediglich ungenügendes Studium und Mangel an intellektueller Vorstellungskraft von der subtilen Logik dieser Lehre konnte je einen Menschen zu der Annahme bringen, daß er nicht selbst verantwortlich wäre für das, was er an Leid oder Sorge oder Schmerz in irgendeinem Leben erduldet. Er selbst hat in früheren Leben die Ursachen aktiviert, die später infolge strenger karmischer Gerechtigkeit die Wirkungen hervorbringen, die er im gegenwärtigen Leben beklagt und 'unverdient' nennt. Derselbe Fehler bezüglich des Mißverstehens der strengen Logik und der zarten, subtilen Beweisführung verursachte in der frühen Christenheit jene erste verhängnisvolle Abkehr von der Anerkennung der unendlichen, automatischen Gerechtigkeit in der Welt. Er führte zu der Vorstellung, daß, weil des Menschen Leiden unerklärlich zu sein scheinen, sie daher unverdient und der unerforschlichen Weisheit des allmächtigen Gottes zuzuschreiben wären, dessen Ratschluß der Mensch in Demut hinnehmen sollte, ohne die Weisheit der Vorsehung, die man zur Erklärung schuf, in Frage zu stellen.

"Reinkarnation", als weiteres Beispiel einer esoterischen Lehre, in ihrer mehr oder weniger angemessenen Erklärung nun allgemein bekannt geworden, fällt in Wirklichkeit unter die mehr allgemeine Lehre von der Wiederverkörperung, innerhalb derer sie einen 'Spezialfall' darstellt, wie die Mathematiker sagen. Es ist die Lehre von der Rückkehr des menschlichen Egos zur Erde zu einem zukünftigen Zeitpunkt nach der Wandlung, die wir Menschen Tod nennen, und einer mehr oder weniger langen Ruhepause in den unsichtbaren Reichen, dem Devachan, wie es in den Lehren der Esoterischen Philosophie genannt wird. Die Reinkarnation findet statt, damit das Ego auf unserer Erde in neuen Zeiten und neuer Umgebung neue Lektionen lernen kann. Auf diese Weise knüpft es auf unserem Erdenplan die alten Bande der Sympathie und Freundschaft oder auch die von Haß und Abneigung wieder an, die scheinbar von der Hand des Todes zerrissen waren, als die Ego-Seele unsere Sphären verließ.

Die vorstehenden sehr kurzen Darlegungen der beiden Lehren, die einst geheimgehalten oder öffentlich in mehr oder weniger unvollständiger oder verstümmelter Form verkündet wurden, sind zwei Beispiele dafür, wie esoterische Lehren von Zeit zu Zeit und aus guten, ausreichenden Gründen und wenn sich die Notwendigkeit ergibt, von der Bruderschaft der Weisen und Seher, die in der heutigen Zeit auch oft Mahâtmans genannt werden, offen dargelegt und bezüglich ihres inneren Gehaltes viel vollständiger erklärt werden. Es gibt viele solcher Lehren, deren Veröffentlichung zu gewissen Zeiten für ungeeignet gehalten wurde. Im Wandel der Zeiten jedoch schwindet die Notwendigkeit zur Verschwiegenheit oder Zurückhaltung in dem einen oder anderen Falle oder in bezug auf diese oder jene besondere Lehre. Dann hauchen einige Lehren, die einer irregeführten und vielleicht hoffnungslosen Generation von neuem dargeboten werden, ihren verfeinernden und inspirierenden Einfluß in Herz und Sinn der Menschen. Diese Lehren wandeln die Zivilisation gründlich um, weil sie die menschliche Psychologie und die spirituelle und intellektuelle Schau der Menschheit von Grund auf ändern. Wenige Menschen, so scheint es, machen sich die ungeheure, aber immer unsichtbare und stille psychologische Einwirkung der neuen Ideen auf das menschliche Bewußtsein klar. Dies ist besonders der Fall bei Lehren von spirituellem oder intellektuellem Typus oder Charakter, die einen Teil des Weisheitsschatzes der Esoterischen Philosophie bilden. Alle diese Lehren sind voll von den erhabenen Begriffen der Götter, die den Menschen zuerst die Wahrheit brachten; hierin liegt das Geheimnis der ungeheuren Macht, die Religion an sich - abgesehen von den nur degenerierten Religionen - auf den menschlichen Intellekt ausübt.

I

Es war die archaische Verkörperung dieser erhabenen Begriffe der Götter in den antiken Mysterienriten und Erzählungen, die bei den alten Völkern auf Erden die formelle Institution der verschiedenen Arten zeremonieller Einweihungen zustande brachte, von denen die Menschen in der Welt zwar sehr viel gehört haben, von denen sie aber nichts w i s s e n! Jede Nation, jedes Volk, jede Rasse hatte ihre eigene Art oder ihre eigene Auslegung desselben Systems grundlegender Wahrheiten, das heißt "der erhabenen Begriffe der Götter, die den Menschen zuerst die Wahrheit brachten". Die Griechen hatten ihre eigenen Mysterien, die in den frühesten Zeiten Staatszeremonien waren und unter gesetzlichem Schutz durchgeführt wurden, wie zum Beispiel die Einweihungs-Institutionen von Eleusis und Samothrake und anderen Orten in den verschiedenen griechischen Republiken.

Auch die Juden hatten ihre eigene, besondere Art eines Systems mystischer Forschung und Untersuchung, die mehr oder weniger vollständig in der Kabbala - ein hebräisches Wort, das 'Überlieferung' bedeutet - enthalten ist. Die überlieferte Lehre wurde von Lehrer auf Schüler weitergegeben, der seinerseits graduierte, selbst ein Lehrer wurde und sie dann als heiliges, geheimes, anvertrautes, von den 'Vätern' mitgeteiltes Gut seinen Schülern übergab - und so fort. Selbst unter den Christen haben sich bis in unsere Zeit Gerüchte erhalten von dem früheren Vorhandensein des Kernes einer geheimen Lehre in den ersten Christengemeinden. Hieronymus zum Beispiel, einer der angesehensten Kirchenväter, erwähnt die Tatsache, obzwar er in seiner Auffassung von strenger orthodoxer Loyalität mit Verachtung davon spricht - ein Beweis, wenn nichts anderes existierte, für seine Unwissenheit in bezug auf das Herzstück der Lehre seines Meisters Jesus.

Ebenfalls ist es allgemein bekannt, daß alle großen Religionen von Hindustan ihre entsprechenden Geheimschulen oder esoterischen Körperschaften besaßen, in denen die geeigneteren, fähigeren und vertrauenswürdigeren Schüler dieser verschiedenen Religionen die edle Weisheit empfingen, die sie später weitergaben. Wie unsere europäischen Anthropologen uns gezeigt haben, besitzt selbst von den sogenannten wilden, barbarischen Stämmen jeder einzelne seine besonderen, geheimen Stammesmysterien. In den meisten Fällen sind es sehr degenerierte Erinnerungen aus der Zeit, in der ihre Vorväter die führenden und zivisiertesten Rassen des Erdballs bildeten.

Die Notwendigkeit der Geheimhaltung eines gewissen Bestandes der Esoterischen Philosophie erklärt die oft schöne, doch in einigen Fällen fast abstoßende symbolische Bildersprache, in die all die alten Literaturen gegossen sind. Dieselbe natürliche Schwierigkeit der Übergabe an ungeschulte Ohren und Gemüter bestand zum Beispiel in den frühen Tagen der christlichen Kirche ebenso wie zu allen anderen Zeiten bei anderen Rassen. Es läßt sich feststellen, daß viele der ersten Kirchenväter über das sogenannte "Königreich Christi" geschrieben haben, das kommen sollte. Augenscheinlich sagten sie nicht alles, was sie davon hielten - zweifelsohne aus sehr guten persönlichen Gründen. Auch in späteren Zeiten sind viele Bücher hierüber geschrieben worden, in denen reichlich Vermutungen über die Bedeutung der ersten Schriften der Kirchenväter vorkommen. Dieses Thema hat das Denken vieler Christen beschäftigt, weil es im menschlichen Herzen einen Instinkt gibt, der uns sagt, daß die Welt in ihrem gegenwärtigen Zustande nicht vollkommen ist und daß sie sehr viel besser und ein weit vornehmerer Lebensraum sein könnte, als sie ist. Wagt etwa jemand zu sagen, daß der Mensch ein vollkommenes Wesen sei oder daß das Weltall, in dem er lebt, nicht besser sein könnte, daß es nichts Höheres in den unendlichen Räumen um uns her gäbe als diesen steinigen und schlammigen Erdball, auf dem wir unser Leben verbringen?

Ein christlicher Zeuge des Vorhandenseins einer esoterischen Lehre in den ersten Christengemeinden war Origenes, einer der weitherzigsten Väter der christlichen Kirche. Die Verdammung eines Teiles seiner Lehren zu Konstantinopel am Anfang des 6. Jahrhunderts ist schon erwähnt worden*). Origenes, in seiner Art ein wirklich großer Mann, schrieb darüber, daß zu seiner Zeit auch in den nichtchristlichen Religionen eine esoterische Lehre existiere, folgendes:

"In Ägypten besitzen die Philosophen eine äußerst erhabene geheime Weisheit bezüglich der Natur des Göttlichen, die dem Volke nur im Gewande von Allegorien und Fabeln erschlossen wird ... Alle

---

*) Origenes erwähnt die wirklich esoterische Lehre besonders in seinem Buch "Contra Celsum" ('Gegen Celsus'). Celsus war ein griechischer Philosoph, der die Ansprüche der christlichen Lehrer seiner Zeit bestritt, nämlich, daß sie so ziemlich alle Wahrheit besäßen, die die Welt enthielte.

östlichen Völker - die Perser, die Inder, die Syrer - verbergen die geheimen Mysterien unter dem Schleier religiöser Fabeln und Allegorien; die wirklich Weisen (die Initiierten) aller Völker verstehen deren Bedeutung; aber die unwissenden Massen sehen nur die Symbole und das verhüllende Gewand."

Origenes, "Contra Celsum", Buch I, Kap. XII

Die Ausdrucksweise hier erinnert stark an eine ähnliche Angabe, die im Buch "Zohar" der "Kabbala" enthalten ist (Origenes, "Contra Celsum", S. 44).

Hierdurch versuchte Origenes, die Angriffe vieler 'Heiden' gegen das christliche System zurückzuweisen, daß nämlich das Christentum nur eine Mischung oder ein Mischmasch von mißverstandenen heidnischen mythologischen Fabeln wäre. Origenes behauptete, es gäbe auch im Christentum ein ähnliches, ja gleiches esoterisches System wie in allen anderen Religionen. Was dieses e i n e Argument betrifft, hatte er recht. Doch während dieses Argument richtig ist, ist nicht einzusehen, daß es ein erfolgreicher Einspruch zur Entkräftung der Beschuldigung war, daß die Christen jener Zeit für sich in Anspruch nahmen, das einzige wirkliche Wissen über religiöse Dinge zu besitzen, das damals von wißbegierigen, denkenden und ernsten Menschen zu erlangen war.

Wenden wir uns nun den Juden zu, so können wir im "Zohar" (ein hebräisches Wort, das 'Herrlichkeit' bedeutet), dem bereits erwähnten, vielleicht größten Lehrbuch der jüdischen Kabbala, eine Angabe finden, die besagt, daß derjenige, der die hebräische Bibel dem Buchstaben nach versteht, ein Narr sei. "Jedes Wort darin", sagt das Buch Zohar in diesem Zusammenhang, "hat einen geheimen, erhabenen Sinn, den der Weise (d. h. der Initiierte) kennt."

Einer der größten jüdischen Rabbiner des Mittelalters, Maimonides (1204 gestorben), schreibt:

"Wir dürfen nie wörtlich nehmen, was im Buch der Schöpfung geschrieben ist, noch dieselben Vorstellungen davon haben wie die Menge. Wenn es anders wäre, hätten unsere gelehrten Weisen des Altertums nicht so viel Arbeit aufwenden müssen, um den wahren Sinn zu verbergen und dem Blick der unwissenden Masse den Schleier der Allegorie vorzuhalten, der die Wahrheiten, die es enthält, verbirgt. Nimmt man es wörtlich, enthält das Werk die sinnlosesten und allzu weit hergeholten Ideen vom Göttlichen. Wer auch immer den wirklichen Sinn erfassen kann, sollte sein Wissen sorgfältig bewahren und nicht enthüllen. Das ist eine von unseren Weisen gelehrte Regel, besonders in Verbindung mit dem Sechstage-Werk."

"Môre Nevôchîm" (Führer der Verwirrten),
Teil II, Kap. 29

Es ist wohl möglich, daß der Forscher beim Studium dieses alten Schrifttums vergangener Zeiten auf viele Dinge stößt, die ihm nicht gefallen. Wessen Fehler ist das? Ist es der Fehler des Schrifttums, was soviel heißt wie der Fehler der Großen, die es in jene Form gossen, die zu der Zeit, in der sie lehrten, gehörte und ihr angemessen war? Oder ist es unsere eigene Schuld, die wir die Bedeutung dessen, was diese Großen geschrieben haben, nicht richtig zu lesen verstehen?

Bevor wir also ein abschließendes Urteil fällen in Dingen, die wir nicht verstehen, ist es da nicht klüger, damit zurückhaltend zu sein? Anstatt zu sagen, die Alten wären eine Anzahl unwissender, törichter oder sinnenfreudiger Tölpel gewesen, weil sie so schrieben, wie sie es manchmal taten, sollte man lieber sagen: "Vielleicht verstehe ich nicht, was sie sagen wollten, oder ich verstehe es vielleicht nur teilweise." Der Verfasser jedenfalls hat bei seinen Studien gefunden, daß es fair und notwendig ist, um den inneren Sinn dieses alten Schrifttums zu erfassen, diese Geisteshaltung einzunehmen und sich im Urteilen zurückzuhalten. Er ist dafür wohl belohnt worden, daß er nahezu sein Leben lang mit dem so wunderbaren, erhabenen Studium der alten esoterischen, mystischen Weisheit zugebracht hat.

Verwechseln wir darum nicht das Gewand, in das diese alten Lehren gekleidet sind, mit den erhabenen Bedeutungen, die ihren Kern bilden, und mit dem wirklichen Sinn, über den der Schleier geworfen ist.

Einige der Schleier und Gewänder, in welche die alten Lehren eingehüllt sind, mögen uns in unserem modernen, sophistischen Zeitalter manchmal lächerlich erscheinen. Doch selbst einige dieser Gewänder sind in ihrer bedeutungsvollen Harmonie und ihrem symmetrischen Entwurf oft wirklich erhaben, während andererseits einige für unsere moderne Auffassung im Ausdruck wirklich grob sind und durch das, was sie andeuten, Anstoß erregen.

Vielleicht liegt die Schuld ebensosehr bei uns - und der Schreiber versichert, daß dies tatsächlich seiner Erfahrung nach der Fall ist - wie bis zu einem gewissen Grade in der Art der Darstellung dessen, was die Großen der Antike zu sagen hatten. Denn wir können weder den Geist erfassen, der jene besonderen Ausdrucksformen verlangte, noch die Bedingungen klar verstehen, unter denen sie ausgesprochen wurden, das heißt die Umstände, die jene Großen berücksichtigen mußten, als sie auf solche Weise lehrten.

Man wende sich zum Beispiel dem Neuen Testament zu. Darin findet man, was Jesus, der syrische Initiierte und Avatâra, dem Inhalt nach sagte:

"Ich komme nicht, Frieden zu bringen, sondern das Schwert."

Matth. 10, 34

Eine erstaunliche Sprache für den "Friedensfürsten", wenn wörtlich genommen! Aber sollen wir sie denn nach ihrem oberflächlichen Wert annehmen? Oder sagt uns nicht unser Instinkt, flüstert uns nicht unsere Intuition ein und sagen uns nicht alle unsere inneren Kräfte, daß es hinter dem sprachlichen Rahmen, in und hinter den bloßen Worten eine Bedeutung gibt, die noch nicht klar erkannt ist?

II

Der Kirchenvater Clemens von Alexandrien sagte, daß Jesus, als er einst gefragt wurde, wann sein Reich käme, antwortete: "Es wird kommen, wenn zwei und zwei eins sind, wenn das Äußere gleich dem Inneren und wenn es weder Weiblich noch Männlich gibt."

Zweiter Clemensbrief, Kap. XII

Viele Menschen haben sich an diesem Rätsel den Kopf zerbrochen, und soweit dem Schreiber bekannt, hat kein Christ erklären können, was Clemens damit meinte. Ein Schüler wird sich wegen einer Erklärung dieser überaus interessanten Parabel - wenn man seinen Worten diesen Namen geben darf - an die Esoterische Philosophie wenden, "die Dolmetscherin", wie viele sie gern nennen.

Wenden wir diesen wunderbaren Prüfstein an, erhalten wir folgendes Ergebnis: Diese Parabel legt in wirklich prophetischer Art dar, was nach Aussage der Esoterischen Philosophie dereinst in der Zukunft kommen wird.

Nehmen wir Satz für Satz vor. "Wenn zwei und zwei eins sind": Das menschliche Wesen ist in sieben Prinzipien aufgeteilt, in sieben Elemente, wenn man so sagen will, denen wir folgende Einteilung geben können: eine oberste Duade, die wir die spirituelle Monade nennen, weil ihre Teile wirklich untrennbar und nur in der Offenbarung zweifach sind; eine Zwischen- oder psychologische Duade und eine niedere Triade (Dreiheit). Diese niedere Triade ist das rein physische menschliche Wesen, zusammengesetzt aus seinem Körper, seiner vitalen Essenz und dem, was wir Modell- oder Astralkörper nennen, dem Linga-Sarîra, um den herum der physische Körper von der Empfängnis bis zum Tode aufgebaut oder geformt wird. Diese Triade oder diese drei zuletzt genannten Prinzipien unterliegen beim Tode völliger Auflösung, vergehen und verlassen die inneren zwei Duaden, die spirituelle und die psychologische Natur, deren jede zum leichteren Verständnis als eine Einheit betrachtet werden kann. Später einmal, in ferner Zukunft, werden diese beiden Duaden durch die Vorgänge evolutionären Wachstums zu einer Wesenheit werden, das will sagen: die psychologische oder Zwischennatur wird sich so veredelt, so entwickelt haben, wird zu einem so vollkommenen und geeigneten Träger für die Offenbarung der oberen Duade oder des inneren spirituellen Gottes geworden sein, daß sie sich mit dem letzteren vereinigen und auf diese Weise mit ihm zu einem wirklich einheitlichen Wesen werden wird.

Menschen, denen es in unseren und in vergangenen Zeiten gelungen ist, die Vereinigung der beiden Duaden zustande zu bringen - "wenn zwei und zwei eins sind" -, sind dann zu dem geworden, was man "Christi" nennen kann, sofern man einen Ausdruck aus dem christlichen System übernimmt. Die Buddhisten nennen einen solchen Menschen einen Buddha, einen "Erwachten", einen "Erleuchteten". Andere Religionen haben für diese erhabenen Menschen ebenfalls angemessene Namen. Dies ist also, ganz kurz erklärt, die wirkliche Bedeutung des ersten Satzes: "Wenn zwei und zwei eins sind."

Wir gehen nun weiter zu dem nächsten Satz: "Wenn das Äußere dem Inneren gleich ist": Der menschliche Körper war nicht immer so, wie er jetzt ist, ein undurchsichtiges, festes, grobes, physisches Werkzeug, durch das hindurch die zartesten Kräfte der Seele und des Geistes wirken müssen, wenn sie sich überhaupt zum Ausdruck bringen wollen. In ferner Zukunft wird für die inneren Fähigkeiten und Kräfte die Schwierigkeit, sich zum Ausdruck zu bringen, nicht mehr so groß sein wie jetzt; denn wie sich der innere Mensch entwickelt, so entwickelt sich auch seine physische Hülle. Diese wird mehr verfeinert, genauer ausbalanciert, wird ein empfindlicheres und rascher reagierendes Instrument werden, auf dem der innere Gott die göttlichen Melodien des Geistes spielt. Die Zunahme an Empfänglichkeit und Feinheit der niederen Teile des Menschen wird weitgehend durch Evolution erreicht, die beständig auf das Abnehmen der groben Festigkeit des Materiellen hinarbeitet und somit bewirkt, daß es sich immer mehr dem substantiellen Gewebe der Bewußtseinshüllen des inneren Menschen annähert.

So kommt es, daß im Verlaufe der Evolution das Äußere dem Inneren gleich wird, weil das Äußere beständig, wenn auch langsam, edlere und höhere Attribute und Eigenschaften entwickelt. Somit bedeutet "wenn das Äußere dem Inneren gleich ist" lediglich: wenn das lebendige, bewußte äußere Instrument oder die Hülle mehr und mehr ihrem inneren Gott, den sie umschließt, ähnlich wird, das heißt geeigneter wird, immer leichter die göttlichen und spirituellen Fähigkeiten jenes inneren Lichtes zum Ausdruck zu bringen.

Ja, in ferner Zukunft wird die Zeit kommen, wird der neue Zustand so sicher wie die Zukunft selbst kommen, in dem die physische menschliche Hülle, das Äußere, nicht länger der undurchsichtige, dichte, kompakte physische Träger sein wird, der sie jetzt ist. Sie wird dann relativ durchsichtig oder durchscheinend und leuchtend sein, ein ätherischer Körper aus tatsächlich verdichtetem Licht. Dann "wird das Äußere dem Inneren gleich sein", weil das Äußere zum Inneren geworden ist, sich beinahe gänzlich mit ihm vereinigt hat und so zum relativ vollkommenen und angemessenen Übermittler der inneren göttlichen Kräfte geworden ist.

Und nun zu dem dritten Satz: "Wenn es weder Männlich noch Weiblich gibt." Eine Lehre der Esoterischen Philosophie ist die, daß der gegenwärtige Status des Menschengeschlechts, in Mann und Frau geteilt, in Wesen von entgegengesetztem Geschlecht, in der Vergangenheit nicht immer bestanden hat, noch in weit entfernten zukünftigen Äonen bestehen wird. Die Zeit kommt, da sowohl Mann als auch Frau als solche verschwunden sind; in jenen fernen Äonen der Zukunft wird es dann weder Mann noch Frau geben, sondern nur Menschen. Denn das Geschlecht ist, wie viele andere Merkmale der menschlichen Wesenheit, eine vergängliche Entwicklungsstufe, durch die die Menschheit gegenwärtig hindurchgeht. Einst gab es kein Geschlecht, gegenwärtig besteht der geschlechtliche Zustand, und in Zukunft wird er nicht mehr existieren. Denn die Menschheit wird dann über diese Art, alle positiven und negativen Eigenschaften der psychologischen Beschaffenheit des Menschseins zum Ausdruck zu bringen, hinausgewachsen sein. Wenn das der Fall sein wird, wenn das Geschlecht verschwunden ist, wenn es weder männliche noch weibliche Wesen mehr gibt, sondern nur menschliche Wesen, die in Körpern aus strahlendem Licht wohnen, dann wird der innere Gott, der innere Christus, der immanente Christus oder, wie die orientalischen Mystiker Hochasiens es ausdrücken, der Dhyâni-Bodhisattva imstande sein, sich und seine Kräfte und Fähigkeiten relativ vollkommen zum Ausdruck zu bringen. Wenn alle Menschen in größerem oder geringerem Grade Christi sein werden, dann ist das "Reich Christi" gekommen, von dem die ersten christlichen Mystiker so viel gesprochen und geschrieben haben.

Das Studium der Esoterischen Philosophie wird die Existenz einer großen Weisheit ans Licht bringen, die in diesen mystischen Parabeln verborgen liegt, und zwar nicht nur im christlichen System, sondern gleicherweise in allen großen philosophischen und religiösen Literaturen jedweder Rasse des Erdballs. Diese unter dem Schleier von Metapher und Allegorie ausgegebenen Parabeln und mystischen Lehren sind in keinem Sinne nur erfundene, mystische Phantasien, sondern wirklich symbolische oder bildliche Darstellungen von Ereignissen, die sich in der vergangenen Geschichte des Menschengeschlechts zugetragen haben. Vielleicht sind sie auch prophetische Visionen von Ereignissen, die sich in der künftigen Geschichte des Menschengeschlechts zutragen werden. Die schnell voranschreitende Erkenntnis der Physik gibt uns heute sehr viele Hinweise auf das, was sein wird, wenn wir nur wachsam und intuitiv genug sind, diese zu verstehen. Sie sagt uns zum Beispiel andeutungsweise eine ganze Menge über das, was die Menschheit einmal werden wird. Aber natürlich sind diese wissenschaftlichen Hinweise und Anregungen in dem pragmatischen Tatsachenstil abgefaßt, der dem wissenschaftlichen Herzen so lieb ist, und darin unterscheiden sie sich grundsätzlich von dem immer mystischen, ausnahmslos metaphorischen und oft mythologischen Stil jener alten, allegorischen Parabeln.

Ein anderes Beispiel der mystischen Lehrmethode, von der dieses Kapitel insbesondere handelt, ist den Schriften des aus Gallien stammenden frühen Kirchenvaters Irenäus entnommen. Er hat ein Buch verfaßt mit dem Titel "Gegen Ketzereien". Nebenbei bemerkt schrieben diese frühen Kirchenväter sehr gern gegen die Vorstellungen und Ideen von Leuten, die an die in der kirchenväterlichen Literatur bevorzugten, besonderen religiösen Ansichten nicht glaubten. Die Kirchenväter nannten sie durchweg und stets in unfreundlicher Weise "Ketzer", und der gallische Irenäus bildete keine Ausnahme von dieser "liebenswürdigen" und damals allgemein üblichen christlichen Gewohnheit.

In diesem Werk sagt er, daß Papias - angeblich ein Schüler des Apostels und Evangelisten Johannes - die folgende Parabel oder Allegorie aus dem Munde des Johannes gehört hätte:

> "Der Herr lehrte und sagte, daß die Zeit komme, da Weinstöcke wachsen würden, von denen jeder 10 000 Reben hätte und jede Rebe 10 000 Zweiglein, jedes Zweiglein 10 000 Ranken und jede Ranke 10 000 Trauben und jede Traube 10 000 Beeren trüge, und jede Beere würde ausgepreßt 25 Gallonen Wein ergeben. Wenn nun einer der Heiligen eine Traube ergreift, dann wird eine andere Traube ausrufen: 'Ich bin eine bessere Traube, nimm mich und preise den Herrn durch mich!'"
>
> "Contra Haereses" (Gegen Ketzereien),
> Buch V, Kap. 33

Uns prosaischen Abendländern fällt es mehr als schwer, ein Lächeln zu unterdrücken, wenn wir Erzählungen oder Allegorien hören, die in ihrem blinden Glauben so simpel sind. Aber in jenen frühchristlichen Zeiten hielten zweifelsohne sehr viele diese Erzählungen für wahre prophetische Voraussagen künftiger Ereignisse und glaubten zweifellos auch, daß sie eine große Wahrheit unter einem mystischen Gewande enthielten. Eine jede solche Allegorie oder Parabel, die ihnen mit der Versicherung erzählt wurde, sie stamme der Überlieferung nach von dem großen syrischen Weisen, ihrem Herrn Jesus, wurde von ihnen entweder buchstäblich angenommen oder so, als enthielte sie eine tiefe verborgene mystische Wahrheit. Tatsächlich war dies letztere sehr oft richtig und entsprang wahrer Intuition. Es war in jenen Tagen auch in vielen anderen Ländern üblich, schwierige wissenschaftliche, religiöse oder philosophische Lehren in das Gewand von Allegorien oder Parabeln zu hüllen oder sogar in die Form zu kleiden, die heute Märchen genannt wird.

Es ist vielleicht interessant, sich mit Hilfe der Esoterischen Philosophie als 'Dolmetscherin' an eine kurze Auslegung dieser merkwürdigen Geschichte vom Weinstock und den Reben zu wagen. Im Evangelium nach Johannes, der jener Apostel ist, wird behauptet, daß Jesus gesagt habe:

> "Ich bin der rechte Weinstock, und mein Vater ist der Weingärtner ... Ich bin der Weinstock, ihr seid die Reben. Wer in mir bleibt und ich in ihm, der bringt viel Frucht; denn ohne mich könnt ihr nichts tun. Wer nicht in mir bleibt, der wird weggeworfen wie eine Rebe und verdorrt, und man sammelt sie und wirft sie ins Feuer, und müssen brennen. So ihr in mir bleibt und meine Worte in

euch bleiben, werdet ihr bitten, was ihr wollt, und es wird euch widerfahren."

Joh. XV, 1-7

Das ist das schöne christliche Gleichnis vom Weinstock und den Reben im Neuen Testament. Der Sinn ist offenkundig: Der Weinstock ist die spirituelle Natur des Menschen. In der Allegorie des Irenäus sollen die verschiedenen Reben und Zweiglein, Ranken und einzelnen Weinbeeren offenbar die großen und kleinen Jünger der Menschheitslehrer, wie Jesus zum Beispiel, darstellen. Diese kurzen Erläuterungen fassen also die wesentliche Bedeutung dieser merkwürdigen, lehrreichen und wahrhaft esoterischen Parabel oder Allegorie zusammen. Mit dem Schlüssel der Esoterischen Philosophie ist es ganz leicht und einfach, ihren Sinn zu verstehen. Sie ist dann nicht mehr eine bloße Mär, sondern man erkennt, daß sie eine wesentliche Bedeutung hat, die zugleich tief und schön ist.

Die ersten Christen waren, wie bereits erwähnt, nicht die einzigen, die diese mystische oder metaphorische Methode, geheime Wahrheiten zu lehren, in ihrer Literatur anwandten. Im Gegenteil, sie war allen Völkern eigen, und die Christen waren in diesem Fall Nachahmer und nahmen klugerweise die allgemeine Gewohnheit an. Den Juden zum Beispiel - und in diesem Fall wird besonders auf die talmudischen Schriften der Rabbiner in ihrer mittelalterlichen Schlichtheit Bezug genommen - wird von modernen gelehrten Geistlichen mit realer Denkart, die den tieferen Sinn nicht verstehen, nachgesagt, sie seien bekannt für ihre Liebe zur Übertreibung. Man sollte jedoch bedenken, daß vielleicht wir es sind, die die Einbildungskraft benutzen und unsere Phantasie spielen lassen und so Dinge sehen, die in Wirklichkeit gar nicht existieren. Es ist eine ganz allgemeine Schwäche der menschlichen Natur, sich für sehr weise zu halten (was fast immer ein Zeichen von Unwissenheit ist) und den eigenen Verstand als untrüglichen Prüfstein der Wahrheit zu betrachten. Diese allgemeine Schwäche veranlaßt uns, weil wir eine Sache nicht verstehen, zu behaupten: "Die Sache ist nur närrische Einbildung, überspannte Übertreibung, ein bloßes Spiel der Phantasie." Der Mensch, der so spricht und es unterschiedslos verallgemeinert, ist unweise, denn in vergangenen Zeiten haben genug Menschen gelebt, die Verstand besaßen, der in keiner Hinsicht geringer war als der des Kritikers, ja vielleicht hatten sie sogar viel mehr Verstand als dieser. Kritik ist keineswegs ein Zeichen der Überlegenheit. Ja, man ist geneigt anzunehmen, daß der schnell bereite Kritiker gerade derjenige ist, der aus Unwissenheit redet und oft am wenigsten versteht. Der wahrhaft Weise weiß zu viel, um sich zu erlauben, leichthin zu kritisieren.

Es gibt etwas, was jeder Gelehrte weiß und keiner zu leugnen wagt, nämlich daß alle alten Religionen, ja auch philosophischen Lehren unter dem Schleier oder dem Gewand von Symbol und Allegorie und als Gleichnis, als Metapher und andere Redefigur dargeboten wurden. So war es bei allen Völkern der Welt. Ein Mensch, der das weiß und doch dem, was er als Tatsache erkennt, vorsätzlich den Rücken kehrt und damit beginnt, kritisierend zu argumentieren - was seine eigene eingebildete Weisheit auf Kosten weit größerer Menschen bloßstellt -, dürfte wohl als Narr betrachtet werden. Es ist heute eine Binsenwahrheit, zu der sich wirklich große Gelehrte auch bekennen, daß mystische Schriften geheime oder verborgene Wahrheiten in sich schließen und daß alle großen Weltlehrer, wahrscheinlich ohne eine einzige bekannte Ausnahme, ihre mehr esoterischen Lehren in dieser Form dargeboten haben.

Der Buddha, der Christus, Plato, Apollonius von Tyana, Pythagoras, Empedokles, Zoroaster von Persien, sie alle lehrten auf diese Art. Man könnte fortfahren, Namen zu nennen, und eine lange Liste jener Großen anfertigen, die wahrhaft wunderbare Gedanken in Allegorie, Parabel, Symbol und mystischer Anspielung zum Ausdruck gebracht haben. Sie alle übermittelten tiefe Wahrheiten, gegründet auf Struktur und Operationen der Natur, und zwar nicht allein der physischen, sondern auch der universalen, das heißt der alles einschließenden Natur, der sichtbaren wie auch der unsichtbaren.

Selbst die ihrer Rasse gemäß pragmatisch veranlagten Rabbiner schreiben in derselben allegorischen und verschleierten Art und Weise. Sie berichten zum Beispiel, daß 60 000 Städte auf den Hügeln von Judäa sein würden und daß jede von diesen 60 000 Einwohner haben würde; gleichfalls sagen sie, daß, wenn ihr Messias kommt, Jerusalem eine Stadt von ungeheurer Ausdehnung sein würde, die dann 10 000 Vororte und 10 000 Paläste hätte, daß in der Stadt 180 000 Läden sein würden, in denen nichts als wohlriechende Essenzen verkauft würden, und daß jede Weinbeere in den judäischen Weingärten 30 Fässer Wein ergeben würde.

Dieses Beispiel jüdischer mystischer Allegorie ist Bartoloccis "Bibliotheca Rabbinica" entnommen. So ist es offensichtlich, daß unter den Juden derselbe Gebrauch von allegorischem Symbolismus herrschte und daß in dem besonderen Beispiel die Allegorie dieselben Bilder benutzt, die auch die christliche Allegorie anwendet, nämlich die vom Weinstock, von der Traube und dem Wein, zweifellos mit derselben grundlegenden oder geheimen Bedeutung.

## III

Ohne den Schlüssel zur Auslegung bleibt den modernen Gelehrten vieles in den verschiedenen antiken Weltsystemen nicht nur paradox, sondern in der Regel unerklärlich. Um diesen Punkt weiter zu illustrieren, wenden wir uns nun zwei sehr interessanten Stellen im Neuen Testament zu, die sich auf Jesus, den syrischen Weisen und Avatâra, beziehen, und betrachten sie hinsichtlich ihrer inneren Bedeutung, wie es die Esoterische Philosophie lehrt. Im Evangelium "nach" Matthäus*) heißt es:

> "Um die neunte Stunde schrie Jesus mit lauter Stimme und sprach: 'Eli! Eli! lama shabahhthanei!', das heißt: 'Mein Gott! Mein Gott! Warum hast du mich verlassen!' Und etliche, die da standen, sagten, als sie es hörten: 'Dieser Mensch ruft Elias an.' "
>
> Matth. 27, 46-47

In dem Evangelium nach Markus kommt folgendes vor:

> "Und in der neunten Stunde rief Jesus mit lauter Stimme aus: 'Eloi! Eloi! lama shabahhthanei!', das heißt soviel wie: 'Mein Gott in mir, warum hast du mich verlassen?' Und etliche die dabeistanden, sprachen, da sie das hörten: 'Siehe, der ruft den Elias!' "
>
> Markus 15, 34-35

---

*) Bemerkenswert ist hier der Ausdruck 'nach', der eindeutig besagt, daß der Schreiber nicht Matthäus ist, sondern jemand, der entsprechend den Lehren des Matthäus schrieb oder zu schreiben behauptete.

Der Leser möge beachten, daß der Verfasser des vorliegenden Werkes die Übersetzung der beiden Stellen aus Matthäus und Markus im christlichen Neuen Testament aus dem griechischen Original selbst angefertigt hat. Folglich hat er den hebräischen Satz, der in diesen beiden Aussagen erscheint, so in englische Schriftzeichen übertragen, daß die phonetische Aussprache des hebräischen Originals so genau wie möglich gegeben ist. Die griechischen Handschriften weichen in der Schreibweise dieses hebräischen Satzes voneinander ab; das trifft sowohl für die des Matthäus zu als auch für die des Markus. Aber keinesfalls bedeuten diese Abweichungen mehr als verschiedene Versuche der griechischen Schriftsteller, die hebräischen Wörter dieses Satzes in griechischen Schriftzeichen buchstäblich wiederzugeben. Das Hebräische hat gewisse Laute, die das Griechische nicht hat; folglich mußten die griechischen Schriftsteller solche griechischen alphabetischen Schriftzeichen wählen, die im Klang dem Hebräischen am nächsten verwandt zu sein schienen.

Aus demselben Grunde hat der Verfasser des vorliegenden Werkes solche englischen alphabetischen Schriftzeichen gewählt, die die hebräischen Originallaute so genau wie möglich wiedergeben. Diese Erläuterung wird gegeben, um dem gänzlich falschen Einwand vorzubeugen, es sei irgendwelche Freiheit bei diesen hebräischen Worten angewandt worden.

Der wirklich wichtige Punkt ist der, daß bezüglich der nicht mißzuverstehenden hebräischen Wörter jeder, der sowohl Griechisch als auch Hebräisch versteht, die Notwendigkeit leicht einsehen wird, sie genau zu übersetzen, um sie den Lauten der hebräischen Original-Vokabeln möglichst anzunähern. Wie auch immer die Übersetzung des Hebräischen sein mag, die Bedeutung ist vollkommen klar; aber in beiden Evangelien, nach Matthäus und nach Markus, ist das Hebräische so falsch übersetzt, daß etwas ausgedrückt wird, was die hebräischen Wörter nicht enthalten. Eine derartig falsche Übersetzung entsprang entweder der Unwissenheit oder geschah absichtlich; den Grund dafür hat der Verfasser dieses Werkes in den Abschnitten zu erklären versucht, die den oben wiedergegebenen Auszügen aus dem Neuen Testament folgen.

Diese beiden Verfasser wollen offensichtlich den Eindruck erwecken, daß die Zeugen, die um das Kreuz herumstanden, der Legende gemäß glaubten, der Ruf gelte dem Elias, mit anderen Worten, daß die Zeugen das hebräische "Eli! Eli!", was bedeutet: "Mein Gott! Mein Gott!", so verstanden, als sei es der Name Elias. Diese Darstellung gibt ein sonderbares Bild von den beiden Evangelisten, denn die Zeugen der Kreuzigung - abgesehen von der römischen Wache, die angeblich dabeigewesen war - müssen Aramäisch, das ebenso wie das Hebräische eine der semitischen Mundarten ist, als ihre Muttersprache gesprochen und darum die semitische Wurzel 'el', die eine so weite und allgemeine Verbreitung in den semitischen Dialekten hat, verstanden haben. Es läßt stark vermuten, daß den beiden Evangelisten entweder jede Überlegung fehlte oder sie die eigentliche Bedeutung des angeführten hebräischen Rufes, den sie beide falsch übersetzten, nicht verstanden.

Wie dem auch sein mag, es gibt noch einige andere sonderbare Dinge in dieser verworrenen Angelegenheit außer der sehr ungeschickten, in Wirklichkeit falschen Übersetzung durch die Verfasser der Evangelien nach Matthäus und Markus. Nebenbei wäre zu bemerken, daß wir heute natürlich nicht mehr die mittelalterliche Idee einer wortwörtlich aufzufassenden göttlichen Inspiration annehmen, die die ursprünglichen Verfasser des christlichen Neuen Testaments beherrschte. Das gleiche gilt für die göttliche oder anderweitige Inspiration der Übersetzer. Die geheimnisvolle Geschichte von Jesus, wie sie im christlichen Neuen Testament steht, kann als eine unbestimmte symbolische Geschichte der Initiation angesehen werden, in der Jesus, später der Christus genannt, als Beispiel oder Typus für jeden der Großen dient, die sich den verschiedenen Prüfungen des Einweihungszyklus unterziehen, mit anderen Worten, Jesus ist also eine Typenfigur. Das bedeutet aber nicht, daß ein Weiser wie Jesus nicht gelebt hätte, denn es ist sicher, daß ein solcher Weiser existiert hat, und zwar zeitlich etwas vor dem angenommenen Beginn des christlichen Zeitalters.

Man muß sich die Sache so vorstellen: Das christliche Neue Testament gibt ein symbolisches Bild, eine symbolische Geschichte von der Einweihung eines Weisen, der darin den Namen Jesus trägt. Aber dieses besondere symbolische Bild oder diese symbolische Geschichte wurde gemäß der Art und Weise oder der Methode der Einweihung geschrieben, die in jenem Teil der Welt angewandt wurde. Sie unterscheidet sich in Form und Methode von der Durchführung und Art der Einweihung, die in anderen Teilen der Welt üblich war, wie in Griechenland, in Ägypten, in Indien oder anderswo. Die Grundlagen der Idee waren jedoch in der ganzen Welt dieselben.

Was nun die Worte "Eloi! Eloi! lama shabahhthanei!" betrifft, sind sie, soweit es die neutestamentliche Rechtschreibung angeht, hellenisiertes Hebräisch. Gewöhnlich wird von Verteidigern der Bibel gesagt, es seien aramäische Wörter und darum sei die angeblich falsche Übersetzung durch die Evangelisten wahrscheinlich imaginär. Aber diese Erklärung ist überhaupt keine Erklärung und scheint dem Verfasser selbst rein imaginär zu sein und ein gekünstelter Versuch, das andernfalls Unerklärliche zu erklären, denn die Wörter sind gutes Hebräisch und tatsächlich auch gutes Chaldäisch und enthalten einen Sinn, der, wie gezeigt werden wird, durchaus verschieden ist von der in diesen beiden Auszügen gegebenen Übersetzung. Es ist interessant, hier auch noch zu bemerken, daß Aramäisch ein gemeinsamer Name für die verschiedenen, verwandten Dialekte ist, die in Syrien, also auch in Palästina, zu der Zeit, da Jesus gelebt haben soll, gesprochen wurden. Der apologetische Einwand, daß es aramäische Wörter seien, scheint jeglicher Grundlage zu entbehren, und soviel der Verfasser weiß, ist dieser Einwand niemals bewiesen worden. Die Apologie scheint dem Wunsch zu entspringen, 'das Gesicht' der beiden biblischen Verfasser 'zu wahren', und zwar durch den Kunstgriff, einen aramäischen Ursprung dieser Wörter anzunehmen, ohne dabei die aramäischen Wörter zum Beweis vorzubringen.

Die Bedeutung dieses hebräischen Satzes ist nicht "Mein Gott, mein Gott! Warum hast du mich verlassen?", sondern "Mein Gott, mein Gott! Warum gibst du mir solchen Frieden?"; oder auch, wie das hebräische Verb שבח übersetzt werden könnte: "Warum verherrlichst du mich so sehr?!" Das hebräische Wort shâbahh bedeutet 'preisen', 'verherrlichen', auch 'Frieden geben'. Sicherlich paßt diese korrekte Übersetzung - abgesehen davon, daß die Originalwörter gutes, wirkliches Hebräisch sind - entsprechend der eigenen Auslegung der Christen eher in den Rahmen der Evangeliengeschichte. Mit anderen Worten, diese Übersetzung steht der Jesusgeschichte, wie die Christen sie geben, viel näher. Was für ein Beweggrund konnte die beiden Evangelienschreiber wohl veranlaßt haben, etwas falsch zu übersetzen? Es ist eine falsche Übersetzung, die offen gegen sie zeugt und dem Sinn ein anscheinend unerklärliches Rätsel beigab. Warum sollte nach den christlichen Lehren der "Sohn Gottes", der zugleich der menschliche Träger einer der drei untrennbaren Personen ihrer Dreieinigkeit war, also nach den christlichen Lehren ein untrennbarer Teil der Gottheit selbst, in seinem Leiden - gemäß der Legende - in die Worte der Kreuzqual ausbrechen: "Mein Gott! Mein Gott! Warum hast du mich verlassen?"?

Wir wenden uns nun dem Alten Testament zu; in einem der Psalmen heißt es folgendermaßen:

> "Mein Gott! Mein Gott! Warum hast du mich verlassen? Warum bist du so fern, mir zu helfen, so fern den Worten meines Geschreies?"

Psalm XXII, 1 (Übersetzung des Verfassers)

Die ersten hebräischen Wörter hier sind: למה עזבתני אלי אלי "Elî Elî Lâmâh 'azabtânî!" und sind richtig übersetzt. Das in diesem Psalm gebrauchte hebräische Wort "'âzab" bedeutet "aufgeben", "verlassen", "preisgeben" und ist für David, oder wer auch immer der Verfasser der Psalmen war, ein sehr natürlicher Ausruf angesichts der Lage, in der er sich damals angeblich befand, und im Hinblick auf die Gedanken, die er vermutlich im Sinne hatte. Es ist ein sehr menschlicher Schrei, ein in Verzweiflung ausgestoßener Schrei, den jeder Mensch unter dem Druck einer großen spirituellen und intellektuellen Prüfung ausgestoßen haben könnte. Dies alles ist vernünftig und ganz richtig.

Aber im Neuen Testament haben wir den 'Sohn Gottes' - nach den christlichen Lehren die zweite Person der Dreieinigkeit -, der da sagt:

> "Mein Gott! Mein Gott! Warum hast du mich verlassen?"

Wenn wir uns aber die Wörter ansehen, die die beiden neutestamentlichen Autoren verwendet haben, so finden wir, daß sie nichts Derartiges, sondern im Gegenteil einen Ausruf der Verzückung bedeuten: "Mein Gott! O Gott in mir! Wie verklärst du mich!" Oder, wenn man will: "Wie du mir Frieden gibst!"

Der Gedankenreichtum, der in den Hinweisen auf eine esoterische Bedeutung in dieser verworrenen neutestamentlichen Episode liegt, ist in gewisser Hinsicht so wichtig, daß er hier eine etwas sorgfältigere Behandlung verdient, und zwar im Licht der Esoterischen Philosophie, das sie auf antikes Denken wirft, sei es religiöser oder philosophischer Art. Es folgt deshalb ein kurzer Versuch, die Bedeutung dieses im Neuen Testament gefundenen außergewöhnlichen Rätsels zu klären: Wenn die Verfasser der Evangelien "nach" Matthäus und "nach" Markus, wie einige glauben, den ersten Vers des 22. Psalmes bei ihrer falschen Übersetzung im Sinne hatten, so fragen wir uns, wieso es möglich war, da sie vermutlich Menschen waren, die Aramäisch und Hebräisch besser verstanden als die modernen Gelehrten, denn Aramäisch war ja theoretisch ihre Muttersprache. Wenn andererseits diese beiden Evangelien in Alexandria geschrieben worden sind, was sehr wahrscheinlich ist, so bleibt die Situation die gleiche, da Alexandria damals eine sehr große gelehrte hebräische Kolonie besaß. Es scheint demnach, daß jeder derartige Versuch, das Rätsel zu erklären, unzulässig ist, weil das hebräische Wort "'âzab", das im 22. Psalm, Vers 1 gebraucht ist und 'im Stich lassen' oder 'verlassen' bedeutet, nicht das hebräische Wort ist, das von den beiden Evangelisten in ihren Evangelien verwandt wurde; denn das dort gebrauchte Wort ist 'shâbahh' und bedeutet 'preisen', 'verklären', 'Frieden geben'. Wie viele Male muß sich nicht in jener feierlichen Stunde auch der Angstschrei jenem menschlichen Herzen entrungen haben: "O mein innerer Gott! Warum hast du mich verlassen?" Denn der nackten Menschlichkeit muß die zeitweilige Trennung von der führenden Inspiration der inneren Göttlichkeit erscheinen, als hätte diese innere Göttlichkeit ihn verlassen. Doch die beiden Evangelisten benutzten eine falsche Übersetzung oder einen unrichtigen Ausdruck für das hebräische Wort, das sie gaben. Sie gebrauchten den Ausdruck, der 'Verklärung' bedeutet, und nicht das hebräische Wort, das 'Verlassensein' bedeutet. Dadurch erzielten sie einen Widerspruch in den Ausdrücken, der nichtsdestoweniger den Schlüssel zu dem Einweihungsgeheimnis gibt, den mystischen Schlüssel, der zeigt, daß in dieser vorübergehenden Trennung der inneren Konstitution des Menschen, nämlich des höheren Teiles vom niederen, das heißt in der Prüfung des vorübergehend von seinem inneren Gott getrennten menschlichen Wesens, die Samen der Verklärung bei der Wiedervereinigung liegen, die danach kommen muß, wenn der Aspirant als Mensch in dem Test erfolgreich gewesen ist.

Es ist durchaus möglich, ja es ist fast sicher, daß die beiden Verfasser "nach" Matthäus und Markus von einer älteren, noch mystischeren Lehre in einem früheren Dokument als das, welches sie unter den Händen hatten, abgeschrieben haben. Sie können dann entweder absichtlich oder irrtümlich Worte oder Stellen ausgelassen haben, die die Verbindung herstellten zwischen dem hebräischen Satz, den sie angaben, und seiner falschen Übersetzung, die entweder von ihnen selbst stammte oder die sie anführten. Welches mag wohl diese ältere und nun verlorene Quelle gewesen sein?

Wie dem auch sei, es trifft ebenfalls zu, daß die gesamte oder die meiste mystische Literatur alter Zeiten in dieser verworrenen und verwickelten Weise geschrieben wurde, für die dieses neutestamentliche

Rätsel beispielhaft ist. Gerade diese Kompliziertheit von Ideen und dieses Durcheinander von mystischen Gedanken, sozusagen dicht nebeneinander, macht es modernen Menschen so schwer, wenn nicht gänzlich unmöglich, die mystischen Literaturen der Antike, die von dem Einweihungszyklus handeln, zu verstehen. Aber gerade hier geben die wunderbaren Lehren der Esoterischen Philosophie dem Nachdenkenden und beharrlich Studierenden die Schlüssel zu alledem und befähigen ihn, den Wirbel der Ideen auszulegen und ihm die wirkliche Bedeutung sozusagen zu entwinden. Sie befähigen ihn, die scheinbaren Widersprüche oder Fehler und das Warum dieser anscheinend sprachlichen Widersprüche und Verworrenheiten zu klären. In dem hier vorliegenden, dem Neuen Testament entnommenen und zur Diskussion stehenden Beispiel finden wir ein beabsichtigtes Durcheinander erklärender Ausdrücke in äußerst mystischem Sinne hinsichtlich der Tatsachen, die in dem erhabensten Augenblick über einen Chela kommen können. Später, wenn die Prüfung erfolgreich bestanden, wenn der Sieg 'am Kreuze' errungen ist - denn das Kreuz ist nicht nur ein christliches Symbol, sondern gehört zur antiken, sogenannten heidnischen Symbologie, wie jeder Gelehrte weiß -, später also, wenn das 'Leiden' auf dem kreuzförmigen Lager der Einweihung beendet ist, wenn der Sieg endgültig errungen und die innere Erleuchtung gekommen ist, mit anderen Worten, wenn die Wiedervereinigung mit dem inneren Gott vollzogen ist, dann kann der Sieger in Ekstase ausrufen: "O mein Gott! O mein Gott! Wie du mir Frieden gibst, und wie du mich verklärst!"

Der Durchschnittsmensch, dessen Gemüt und Denkvermögen nicht durch irgendein vorherrschendes mentales oder anderes Laster Schaden erlitten hat und verdorben ist, kann diese höheren Wahrheiten selbst entdecken. Er bedarf dafür nicht mehr der Worte eines anderen Menschen, weil er dann aus eigener Erfahrung die Wahrheit kennt. Aber um dies fertigzubringen, benötigt er natürlich die unbedingt notwendige Schulung, die ihm das Verstehen bringt.

Diese Schulung, die Belehrung von seiten eines kompetenten Lehrers, ist außerordentlich hilfreich, ja vielleicht notwendig, für jeden, dessen Denken nicht durch Egoismus so verbildet ist, daß es ihn hindert, eine Wahrheit anzunehmen, wenn er sie hört. Obgleich die Hilfe eines wahren spirituellen Lehrers für eine Zeitlang notwendig und unumgänglich ist, kann nichtsdestoweniger jeder Mensch die Wahrheit allein erlangen. Doch ist das erreichte Ziel geringer und die Offenbarung weniger groß, wenn man allein und ohne Hilfe arbeitet. Die Methode eines solchen Tuns ist Läuterung von Sinn und Herz, unpersönliche Aufrichtigkeit im Dienste der Welt, verbunden mit Studium und ehrlichem Beharren auf den Ergebnissen der Überzeugung, die einem solchen Studium erwachsen und auf das Leben einwirken.

## IV

Auf die grobe bildliche Darstellung der alten religiösen und philosophischen Allegorien oder Symbole - zum mindesten in sprachlicher Hinsicht - ist schon hingewiesen worden, und in gewissem Sinne kann man mit den Peniblen und schwer Zufriedenzustellenden völlig übereinstimmen und zugeben, daß diese Form der Einkleidung großer Wahrheiten unglücklich ist; aber sicherlich war nichts Anstößiges von den Verfassern beabsichtigt. Die persischen Sufi-Mystiker zum Beispiel, die Anhänger der Theosophie des persischen Islam, wie man sagen könnte, schrieben vom überfließenden Weinbecher und von den Freuden der Schenke und sprachen von der ungetrübten Freude und der höchsten Wonne, die sie in der Gesellschaft ihrer Geliebten genossen. Diese Mystiker bedienten sich der ganzen Bildersprache des Liebesliedes; dennoch waren ihre Schriften - und das muß nachdrücklichst gesagt werden - dem Sinn und Zweck der sinnenfreudigen, vielsagenden Bildersprache der niederen menschlichen Liebe direkt entgegengesetzt. Der im 9. Jahrhundert lebende persische Mystiker Abû Yâzîd schrieb:

"Ich bin der Wein, den ich trinke, und sein Schenk."

Der Weinbecher war für diese mystischen Schriftsteller im allgemeinen das Symbol für die Gnade Gottes, wie die Christen sagen würden, Symbol für die Einflüsse und Tätigkeiten der spirituellen Kräfte, die das Weltall erfüllen. Derselbe Sufi-Schriftsteller sagte ferner:

"Ich ging von Gott zu Gott, bis es aus mir und in mir schrie: 'O Du, Ich!' "

Was für eine anschauliche Sprache ist das doch! Es ist, als ob die Seele des Dichters versuchte, sich von allem Persönlichen zu lösen, als ob er sagen wollte, sein eigenes Innerstes wäre das Innerste des Alls - und das enspricht genau der Wahrheit.

Jeder, der die tiefgründigen Gedichte wenigstens einiger Sufi-Mystiker sorgfältig liest und sich dabei der feinen Spiritualität vieler dieser wundervollen Sufi-Gedichte bewußt ist, weiß - sofern er nicht närrisch oder durch Vorurteile töricht geworden ist -, daß dieses Schrifttum ganz und gar symbolisch ist. Man sehe sich nur die Vierzeiler von Omâr Khayyâm als passendes Beispiel an oder als weiteres Beispiel einen Auszug aus dem Dîwân des Jalâlu'd-Din Rûmi, den ein englischer Gelehrter, Nicholson, so schön auf folgende Weise übersetzt hat:

"Siehe, ich bin mir selbst unbekannt, was muß ich nun in Gottes Namen tun?

Ich bete nicht das Kreuz noch den Halbmond an, ich bin weder ein Ungläubiger noch ein Jude.

Weder Osten noch Westen, weder Land noch Meer ist meine Heimat, weder mit Engeln noch mit Gnomen bin ich verwandt.

Weder aus Feuer noch aus Schaum bin ich geschaffen, nicht aus Staub und nicht aus Tau gestaltet.

Ich bin nicht im fernen China, noch in Sachsen und auch nicht in Bulgarien geboren.

Weder in Indien, wo fünf Ströme fließen, noch im Irak oder Khurâsân wuchs ich auf.

Ich wohne weder in dieser noch in jener Welt, nicht im Paradies und nicht in der Hölle, nicht aus Eden und Ridwân bin ich herabgefallen, noch leite ich meinen Stammbaum von Adam her.

An einem Orte jenseits des äußersten Ortes, in einer Gegend ohne Schatten und Spur, Seele und Körper übersteigend, lebe ich von neuem in der Seele meiner einzigen Liebe."

Zitiert in E. G. Browns "A Literary History of Persia" ("Eine Literaturgeschichte Persiens")

Wovon singt dieser Sufi-Dichter hier? Wovon spricht zu ihm sein fein-spiritueller Sinn in den Worten, mit denen er versucht hat, es uns zu übermitteln? Es ist die göttliche Quelle, von der er singt, das Göttliche, unser aller Urquell und für uns alle die letzte Heimat, wenn wir schließlich unsere Evolutionsreise erfolgreich zurückgelegt haben.

Das Hohelied Salomonis in der hebräischen Bibel enthält die gleiche vielsagende, sinnliche Bildersprache wie die von vielen Sufi-Mystikern angewandte, obgleich letztere sich für ihre Ausdrucksweise damit entschuldigen konnten, daß sie bei der damals herrschenden Furcht vor dem starken Arm der Moslemregierung nichts niederzuschreiben wagten, was diese Regierung sicherlich für unorthodoxe Lehren gehalten hätte. So waren sie gezwungen, in einer anderen Form zu schreiben, und wählten infolgedessen diejenige des Liebesliedes, das den Anschein der Harmlosigkeit hatte - als ob suggestive sinnliche Gedanken für das Moralgefühl nicht weitaus schädlicher waren als jegliche Menge theologischer Spekulationen!

In bezug auf Derbheit physischer Darstellung hat das Hohelied Salomonis vermutlich nur wenige Parallelen. Anscheinend schildert der hebräische König nichts weiter als die körperlichen Reize seiner Lieblingsfrau, doch liest jeder, der einige Kenntnisse von dieser bildhaften Weise symbolischen Schrifttums hat, den tieferen Sinn zwischen den Zeilen leicht heraus und erfaßt ihn.

## V

Verlassen wir die untergehende Sonne im Westen, und wenden wir jetzt unseren Blick der aufgehenden Sonne, dem fernen Osten zu. Hier werden wir auf Dinge stoßen, die so herrlich schön und spirituell so fein sind, daß es all unserer intuitiven Fähigkeiten im Innern bedarf, sie schon beim ersten Lesen wenigstens ein wenig zu verstehen. Wenn dann der Schüler seine Studien fortsetzt, werden die wunderbaren Gedanken, die in den philosophischen und theologischen Systemen des fernen Ostens enthalten sind, ihm immer lieber werden. Ja, mit der Zeit werden sie zum Leben seines Lebens, zum Herzen seines Herzens. Sie bleiben bei ihm in der Stille der Nacht als Inspiration und friedenbringender Balsam, und beim Erwachen kehren sie wie eine Segnung in sein Gemüt zurück. Sind sie einmal - wenigstens teilweise - verstanden, wird er finden, daß sein Herz im Einklang schlägt mit dem universalen Menschenherzen, von dem diese edlen Schriften so viel vom Edelsten und Besten in Philosophie und Religion in sich tragen.

Um auf Einzelheiten einzugehen: In der Regel werden die Chinesen - und vermutlich zu Recht - zu den pragmatischsten Tatsachenmenschen mit gesundem Menschenverstand gezählt, zu den sogenannten 'vernünftigen Leuten', wie sie allenthalben auf unserer Erde zu finden sind. Wenn man sich jedoch mit den schönen Dichtungen befaßt, die von einigen ihrer großen Männer geschrieben worden sind, und desgleichen mit den verschiedenen religiösen und philosophischen Gedankensystemen, die bei ihnen entstanden sind, wird man erstaunt sein über die Offenbarungen menschlichen Geistes, die man dort in den verschiedenen Zweigen der antiken chinesischen mystischen wie auch religiösen und philosophischen Literatur findet, und zwar trotz des wohlbekannten 'vernünftigen' Zuges im chinesischen Charakter.

Einer der größten Lehrer Chinas war Lao-Tse, der Gründer oder Erneuerer des Taoismus, eines der edelsten religiös-philosophischen Systeme Chinas, ja man kann wohl sagen, der ganzen Welt. Nach den Legenden, die sich um seine Persönlichkeit gebildet haben, ist er vor der Geburt in übernatürlicher Weise empfangen worden, wie das auch von so vielen anderen großen Weltenlehrern gesagt wird. Gemäß diesen Legenden trug ihn seine Mutter 72 Jahre lang, bevor er geboren wurde, so daß sein Haar wie vom Alter weiß war, als er schließlich das physische Licht der Welt erblickte. So lautet wenigstens die Legende. Vermutlich war er aufgrund dieses mythologischen oder mystischen Geschehens in späteren Zeiten unter dem Namen 'der alte Sohn' und 'der alte Knabe' bekannt. Seine Biographen berichten, daß er, als sein Lebenswerk getan war, China verließ und westwärts nach Tibet wanderte und schließlich an der westlichen Grenze von China verschwand. Es ist, wie sie ziemlich pathetisch sagen, nicht bekannt, wo und wann er gestorben ist.

Dieser große chinesische Weise ist einer der am wenigsten verstandenen aus der großen Bruderschaft der Initiierten oder Adepten-Lehrer, die von Zeit zu Zeit unter den Menschen erscheinen und Lehren oder Lehrsysteme verkünden, die ihr Zeitalter inspirieren und erleuchten, und dann gewöhnlich - verschwinden. Nach den wenigen anscheinend authentischen Tatsachen - wenn man die Menge mythologischen Materials, das um seinen Namen und seine Person gewoben worden ist, beiseite läßt - scheint er eine jener periodischen Inkarnationen eines Strahles dessen gewesen zu sein, was man in der Esoterischen Philosophie mystisch als Mahâ-Vishnu bezeichnet, mit anderen Worten, ein Avatâra. Es scheint indessen keinerlei Zweifel darüber zu bestehen, daß er einer der periodischen Gesandten oder Sendboten der Heiligen Bruderschaft war, die, wie schon gesagt, Vertreter aus ihrer Mitte aussendet, um in den verschiedenen Teilen der Welt und in den Rassen, zu denen diese Sendboten geschickt werden, einen Impuls oder ein Verlangen nach Spiritualität zu wecken und ein intellektuelles Erwachen zu erzeugen.

Sein großes literarisches Werk heißt "Tao-teh-king", ein chinesischer Titel, der bedeutet: "Das Buch vom

Wirken des Tao". 'Tao' heißt soviel wie der 'Weg' oder der 'Pfad', neben anderen sehr mystischen Bedeutungen, und 'teh' heißt 'Tugend'. Außer Weg oder Pfad hat Tao auch den Sinn von 'Wanderer' oder von 'dem auf dem Pfade Wandelnden'. Wie Jesus gesagt haben soll: "Ich bin der Weg und das Leben." Dieser wahrhaft große Weise Chinas schrieb wie folgt:

> "Es liegt in der Art des Tao, nicht aus irgendeinem persönlichen Beweggrund zu handeln; Obliegenheiten auszuführen, ohne ihre Mühe zu empfinden; zu kosten, ohne des Geschmackes gewahr zu werden; das Große klein und das Kleine groß zu achten; Unrecht mit Güte zu erwidern."
>
> "Tao-teh-king", Teil LXIII

Der letzte Satz dieses wahrhaft bemerkenswerten Buches ist folgendermaßen formuliert:

> "Es ist der Tao (der Weg) des Himmels, wohlzutun und nicht zu verletzen; es ist der Tao (der Weg) des Weisen, zu handeln und nicht zu wetteifern."
>
> Teil LXXXI

Die Bedeutung dieser logischen Gegensätze ist: Mache kein unnötiges Aufsehen vom Sein und Tun; ärgere dich nicht; sorge dich nicht, sondern sei einfach und handle! Hier ist der Unterschied zwischen dem unentwickelten Verständnis des einfachen Mannes und dem spirituellen Wissen des Weisen sehr anschaulich ausgedrückt. Der letztere weiß, daß die einzelnen Menschen, als Einheiten einer gemeinsamen Menschheit, in sich, das heißt in ihrer Konstitution alles enthalten, was es gibt. Alles, was das Universum enthält, ist auch im Menschen, weil der Mensch sein untrennbarer Abkömmling ist, ein untrennbarer Teil des kosmischen Ganzen. Ein Mensch steht sich selbst im Licht, hemmt seinen eigenen Fortschritt durch fortgesetztes rechthaberisches Streiten und durch ständiges Anspannen seiner spirituellen, intellektuellen, mentalen und körperlichen Muskeln, wenn man so sagen darf; er vergeudet auf diese Weise seine Kraft vergebens an nichtige Meinungen. Lao-Tse sagte:

> "Sei, was in dir ist! Tue, was das, was in dir ist, dich zu tun heißt!"

Das ist das Geheimnis des Tao.

Soweit das mystische Denken des alten China, wie es durch Beispiele aus den Lehren der Seele des großen Lao-Tse bezüglich des Tao belegt ist. Es ist bedauerlich, daß Mangel an Raum es verbietet, Beispiele aus anderen chinesischen Quellen heranzuziehen, wie sie in dem wahrhaft wundervollen Mahâyâna-Buddhismus enthalten sind, der von einheimischen chinesischen und fremden Denkern in dem 'Blumigen Königreich' entwickelt worden ist, um dadurch weitere Schattierungen mystischen chinesischen Denkens zu illustrieren. Allein schon die chinesisch-buddhistische Literatur ist eine Fundgrube tief mystischer Philosophie, und zweifellos ermangelt nichts davon derselben Unterströmung esoterischer Lehre, die in allen Ländern und bei allen Völkern universal gewesen ist.

Man sollte sich jedoch nach Indien wenden, das sogenannte "Mutterland der Religionen und Philosophien" - ein Titel, der mehr oder weniger auf Tatsachen beruht , um die wahrscheinlich besten und offenkundigsten Beispiele der Systeme jenes Teiles archaischer Esoterischer Philosophie zu finden, der während der letzten drei oder vier Jahrtausende seinen durchdringenden Einfluß nicht nur über das ganze Asien dieser Zeitalter ausbreitete, sondern auch seit der Zeit des Anquetil Duperron mit jedem dahingehenden Jahrhundert stärker auf die großen Völker des Westens eingewirkt hat. Doch wie die Geschichte zeigt, sind selbst in Indien wie in allen anderen Ländern des Altertums die modernen Vertreter der alten religiösen Philosophien oder philosophischen Religionen von dem, was man mit Recht deren ursprüngliche Reinheit und Kraft der Propaganda nennen könnte, abgesunken. Wenn China und Tibet Fundgruben esoterischer Lehren genannt werden können, die intuitive und wißbegierige Forscher ausgraben könnten, so paßt diese Bezeichnung vielleicht noch mehr auf die herrlichen philosophischen und religiösen Literaturen des alten Hindustan. Wahrscheinlich ist in jenen bemerkenswerten literarischen Dokumenten, den Upanishaden, den Überbleibseln einer heute fast vergessenen Vergangenheit, mit das Edelste des archaischen indischen mystischen und esoterischen Denkens verkörpert. Mit den Überresten aus dem Zyklus der vedischen Literatur, von der die Upanishaden ein Teil sind, bildeten sie den Urquell der großen religiösen und philosophischen Systeme, die spätere Zeiten auf der Halbinsel hervorbrachten. In den Upanishaden ist die innere oder esoterische Lehre ebenso sorgfältig wie anderwärts vor oberflächlicher Untersuchung verborgen worden. Denn in diesen edlen philosophischen Dokumenten sind Edelsteine von unvergleichlicher Schönheit und von reiner esoterischer Herkunft unter den Umkleidungen, den Hüllen oder Schleiern von Allegorie, Parabel und Symbol verborgen, die die Lehren derselben Esoterischen Philosophie auch in anderen Ländern verhüllen - wenn auch in den alten Rassen Eigenart oder Konturen dieser Schleier und Allegorien verschieden waren und voneinander abwichen.

Es würde ein wahres Vergnügen sein, auf diesen Seiten längere Stellen aus überlieferten Fragmenten des 'Verlorenen Wortes' des Altertums zu zitieren, das heißt aus der archaischen Esoterischen Philosophie; doch diese erfreuliche wie auch nutzbringende Beschäftigung kann ohne Sorge dem intuitiven Nachforschen des Lesers überlassen werden. Geben wir uns deshalb damit zufrieden, auf die Upanishaden als auf eine wahre Fundgrube alter Weisheit hinzuweisen und daraus ein einziges Beispiel mystischer Unterweisung zu bringen, das zugleich die Methode der in veröffentlichten Werken dargebotenen Unterweisung veranschaulicht, die die Weisen der Antike benutzten.

Es handelt sich in diesem Fall um einen tatsächlichen oder nur imaginären alten Lehrer, namens Uddâlaka-Âruni, einen der großen brâhmanischen Lehrer aus diesem Teil des Zyklus der vedischen Literatur.

Uddâlaka-Âruni lehrt seinen Sohn Svetaketu, der ihn um Wissen bittet:

"Hole mir von dort eine Frucht des Nyagrodha-Baumes." "Hier ist eine, mein Herr." "Breche sie auf." "Sie ist aufgebrochen, Herr." "Was siehst du in ihr?" "Beinahe unzählige Samen." "Zerteile einen davon." "Er ist zerteilt, Herr." "Was siehst du darin?" "Nicht das geringste, Herr." Der Vater sagte: "Mein Sohn, jene feine Essenz, welche du hier nicht wahrnimmst, gerade durch jene Essenz besteht dieser große Nyagrodha-Baum. Glaube es, mein Sohn. In jener feinen Essenz hat alles, was existiert, sein Selbst. Es ist das Wahre, es ist das Selbst, und du, o Svetaketu, bist es."

"Bitte Herr, belehrt mich noch weiter", sagte der Sohn. "Es sei denn, mein Kind", erwiderte der Vater.

"Gib dieses Salz ins Wasser und komme morgen in der Frühe zu mir." Der Sohn tat, wie ihn geheißen wurde. Der Vater sagte zu ihm: "Bringe mir das Salz, welches du gestern abend ins Wasser geworfen." Der Sohn, welcher danach sah, fand es nicht, denn es war natürlich aufgelöst. Der Vater sprach: "Koste von der Oberfläche des Wassers, wie schmeckt es?" Der Sohn erwiderte: "Es ist salzig." "Koste vom Grund, wie schmeckt es?" Der Sohn erwiderte: "Es ist salzig." Der Vater sprach: "Gieße es aus, und dann komme wieder zu mir." Der Sohn tat es, aber das Salz existierte weiter. Da sagte der Vater: "Wahrlich, auch hier in diesem Körper nimmst du das Wahre (SAT) nicht wahr, mein Sohn, aber es ist tatsächlich da.

In dieser feinen Essenz (d. i. das Salzige des Salzes) hat alles, was existiert, sein Selbst. Es ist das Wahre, es ist das Selbst, und du, o Svetaketu, bist es."

"Wenn jemand die Wurzel dieses großen Baumes hier beschädigen würde", sagte der Vater, "würde er bluten, aber er würde leben. Wenn er den Stamm beschädigen würde, würde er bluten, aber er würde leben. Wenn er die Krone beschädigen würde, würde er bluten, aber er würde leben. Durchdrungen vom lebendigen Selbst, steht der Baum fest, seine Nahrung einsaugend und sich erfreuend. Aber wenn das Leben (das lebendige Selbst) einen seiner Zweige verläßt, verdorrt dieser Zweig. Wenn es einen zweiten verläßt, verdorrt dieser zweite, wenn es einen dritten verläßt, verdorrt auch dieser, und wenn es den ganzen Baum verläßt, verdorrt der ganze Baum. In genau der gleichen Weise verstehe dies, mein Sohn."

Er fuhr in folgender Weise fort:

"Dieser (Körper) verdorrt tatsächlich und stirbt, wenn ihn das lebendige Selbst verlassen hat. Das lebendige Selbst stirbt nicht. In jener feinen Essenz hat alles, was existiert, sein Selbst. Es ist das Wahre, es ist das Selbst, und du, o Svetaketu, bist es."

"Bitte Herr, belehrt mich noch weiter", sagte der Sohn. "Es sei denn, mein Kind", erwiderte der Vater.

Das gewählte Beispiel ist eines, das von dem Verfasser gleichfalls in seinem Werk "Grundlagen der Esoterischen Philosophie" verwandt wurde; es ist der Chhândogya-Upanishad VI, 11-13 entnommen.

Die verschiedenen religiösen und philosophischen Systeme Hindustans verdienen ein sorgfältiges Studium von seiten des Schülers, der nach philosophischen Beweisen für das Vorhandensein der Esoterischen Philosophie sucht, dem Hintergrund der archaischen Weisheit, die die größten literarischen Werke der kultivierten Welt vergangener Zeitalter inspiriert hat. Hier braucht nur auf die sechs Darśanas oder 'Visionen' hingewiesen zu werden; das sind philosophische Systeme, die der metaphysische und philosophische Genius des Hindu-Denkens zu verschiedenen Zeiten hervorgebracht hat. Unter diesen sechs Glaubenssystemen ist das hervorragendste der Vedânta in seinen drei verschiedenen Schulen, und zwar aufgrund seiner esoterischen metaphysischen Tiefe und auch weil er aus chronologischer Sicht einer der jüngsten ist - obwohl weit älter als die christliche Ära im Westen. Die bedeutendste und edelste dieser drei Schulen ist der Adwaita-Vedânta. Die drei Schulen oder Abteilungen des Vedânta sind: der Adwaita oder nicht-dualistische Vedânta, dessen bedeutendster und größter Vertreter der Avatâra Sankarâchârya war; der Dwaita oder dualistische Vedânta, sozusagen das philosophische Gegenstück zum vorhergehenden; und schließlich noch der Viśishta-Adwaita oder modifizierte undualistische Vedânta.

Das Wort Vedânta, वेदान्त, bedeutet 'Ende der Veden'; es bezeichnet aber nicht das mechanische Ende einer einheitlichen literarischen Leistung und auch nicht das letzte in der chronologischen Folge einer Reihe von philosophischen und religiösen Dokumenten, sondern es bedeutet die philosophische Vollendung im Sinne philosophischer Vollkommenheit des Zyklus upanishadischen religiös-philosophischen Denkens, der ihm voranging: sein voller Abschluß oder seine vollständigste und edelste Ausarbeitung. Doch trotz aller inneren Majestät und alles tiefen philosophischen und religiösen Wertes dieser verschiedenen 'Visionen' des alten Indien erhebt sich keine von ihnen - selbst nicht der große Adwaita-Vedânta des Sankarâchârya - zu höheren Ebenen echter esoterischer Lehre als das erstaunlich subtile, tiefmystische Denken, das in dem System enthalten ist, das den Namen seines großen Gründers trägt: im Buddhismus. Vermutlich ist kein den modernen Schülern bekanntes System so weitgehend in seinem das menschliche Herz so ansprechenden Mitgefühl, so kosmisch in seiner philosophischen Reichweite und so durchtränkt von esoterischer Doktrin - wenn alles richtig verstanden - wie die Lehre jenes größten menschlichen Weisen und Sehers in der überlieferten Geschichte: Siddhârtha-Sâkyamuni, Gautama der Buddha. Ob man nun in der Literatur der südlichen Schule des Buddhismus, gewöhnlich Hînayâna genannt, nachforscht oder ob man sich der mehr mystischen Darbietung der Lehre Buddhas zuwendet, wie man sie in Zentral- und Nordasien unter dem Namen Mahâyâna findet - in jedem Fall entdeckt der Schüler bei jeder neuen spirituell-intellektuellen Forschungsarbeit seines Geistes neue Visionen der Realität. Was auch immer abendländische Orientalisten zu sagen haben, um einen einstigen oder heutigen esoterischen Buddhismus oder eine esoterische, geheime Lehre im Buddhismus abzuleugnen, ihre Einwände werden von jedem, der die Esoterische Philosophie sorgfältig studiert, als wertlos und ohne wirkliche Grundlage erkannt, wenn er sich bemüht, seine Nachforschungen bis zu der tieferen Bedeutung auszudehnen, die der äußeren Form der

Lehren der verschiedenen Schulen des Buddhismus zugrunde liegt. Es wird ohne Einschränkung behauptet, daß der Buddhismus, besonders in seiner nördlichen Prägung oder Schule, in seinen verschiedenen heiligen Schriften eine starke, vitale innere Bedeutung, einen verborgenen Sinn esoterischer Natur besitzt, genau wie jede andere Weltreligion.

Wie dem auch sei, wenn man für den Augenblick von den Schleiern und Allegorien absieht, welche die Esoterische Philosophie, die lebendige Substanz hinter jeder Form des Buddhismus oder Hinduismus, einhüllen und verbergen, so bleibt doch die Tatsache bestehen, daß der menschliche Geist in seinem höheren Streben nach Wahrheit so intuitiv und aufwärts drängend ist, daß er hierbei gleichsam mit grundlegenden kosmischen Wahrheiten in Berührung kommt. So werden die Lehren durch den Geist jener hervorragenden Beispiele menschlicher religiös-philosophischer Genies oft einander sehr ähnlich und liefern somit wieder einen Beweis für die Tatsache, daß in allen großen Systemen religiös-philosophischen Denkens die grundlegenden Ideen hinter dem Schleier und innerhalb von Allegorie, Symbol oder Parabel identisch sind.

Als passendes Beispiel kann man auf die Tatsache hinweisen, daß die Anhänger des Adwaita-Vedânta, der hauptsächlich aus den Lehren des großen Sankarâchârya hervorgegangen ist, von ihren kritischen Gegnern 'verkleidete Buddhisten', 'Chhanna-Bauddhas', genannt werden, während in ganz ähnlicher Weise die Anhänger der mehr metaphysisch-mystischen Schule der mahâyâna-buddhistischen Systeme von ihren buddhistischen Kritikern als verkleidete Vedântisten bezeichnet werden.

Diese kritischen Einstellungen sind beide falsch, wenn vom Standpunkt derer aus betrachtet, die sie hegen; aber doch sind sie richtig, wenn die Kritik nur sagen will, daß die Adwaita-Vedântisten und die mystischen Mahâyâna-Buddhisten im Grunde Lehren verkünden, die identisch und beiden Systemen gemeinsam sind. So stark also ist der Einfluß der Esoterischen Philosophie, was soviel heißt wie die natürlichen Intuitionen und das Wirken des menschlichen Geistes in seiner Schau essentieller Wahrheiten, daß sie zu allen Zeiten und unter allen Menschenrassen identische Wahrheiten zum Ausdruck bringt, wenn diese auch in ihrem äußeren Rahmen von Schleier und Allegorie oft weit voneinander differieren.

VI

Aus dem Inhalt dieses Kapitels sollte der Schüler also leicht ersehen, daß Schleier und Allegorien, Parabel und Symbol, wenn sie auch noch erhabenere Wahrheiten einschließen und verbergen, nichtsdestoweniger in der Überlieferung religiös-philosophischer Lehren ihre universalen Aufgaben zu erfüllen haben. Wie schon gesagt, sind einige dieser Schleier und Allegorien für das Auge des Abendländers in Ausdruck oder Form oft grob, möglicherweise sogar abstoßend. Aber dieses Gefühl der Fremdheit oder Mißfallen erregender Grobheit entsteht, zum mindesten in sehr hohem Grade, durch unsere automatische innerliche Ablehnung dessen, was uns in religiösem oder philosophischem Denken ungewohnt und darum unangenehm ist. Welches Symbol oder Emblem oder welche Metapher könnte den meisten Abendländern wohl unangenehmer sein als das der Schlange, die beispielsweise in der hebräischen Genesis in einer so unfeinen, wenn nicht groben Art dargestellt ist? Jedoch stehen die hebräischen Schriften im Gebrauch der Schlange als Symbol eines spirituellen Lehrers nicht allein da; denn die Hindu-Literatur hat fast zahllose Beispiele, in denen die Schlange, entweder Nâga, नाग, oder Sarpa, सर्प, genannt, als Name oder bildhafte Bezeichnung steht für große Lehrer, Weise oder Geister des Lichtes wie auch der Finsternis. Die Einwohner von Pâtâla, was 'Hölle' bedeutet und auch die Regionen, die die Antipoden der Hindu-Halbinseln sind, werden tatsächlich Nâgas oder Schlangen genannt. So heißt es, daß Arjuna, der Held der Bhagavad-Gîtâ, einer Episode in dem Mahâbhârata, nach Pâtâla wanderte und dort Ulûpî, die Tochter des Kauravya, des Königs der Nâgas in Pâtâla heiratete (Adiparva, Verse 7788 f.).

Warum ist nun die Schlange sowohl in den hebräischen als auch in den christlichen Schriften 'Lügnerin' und 'Betrügerin' genannt worden? Warum ist jener pathetischen, mystischen Figur der frühen und späten mittelalterlichen Theologie, dem Teufel, der Name 'die versuchende Schlange' und auch 'Vater der Lügen' beigegeben worden? Warum mag man geglaubt haben, daß Schlangen im Garten Eden, die nach der hebräischen Mythologie das erste Menschenpaar zum Sündigen verführte, eine Verkörperung oder das Symbol des Satans wäre? Warum ist gerade die Schlange das Symbol des sich einschleichenden Bösen, des verschlagenen Übeltuns oder der trügerischen List geworden? Warum ist andererseits die schweigend dahinkriechende Schlange mit ihrer langsamen, sich windenden Fortbewegung als Symbol der Weisheit wie auch als Name für einen Initiierten gebraucht worden? So zum Beispiel in dem Ausspruch, der im Neuen Testament einer sehr erhabenen Quelle, nämlich Jesus dem Christus zugeschrieben wird: "Seid klug wie die Schlangen und ohne Falsch wie die Tauben!" (Matth. 10, 16)

Die Antwort ist sehr einfach. Geradeso wie die Naturkräfte an sich neutral sind, erst aufgrund ihres Gebrauchs oder Mißbrauchs durch einzelne zu dem werden, was die Menschen 'gut' oder 'böse' nennen, genauso wird eine natürliche Wesenheit, wird sie in der Symbologie als Bild oder Typenfigur benutzt, in gutem oder schlechtem Sinne angewandt. Ein solcher Gebrauch als Symbol, bildliche Bezeichnung oder Titel stützt sich immer auf gewisse charakteristische Züge oder Eigenschaften der betreffenden natürlichen Wesenheit, die der menschliche Geist kraft seiner Gedankenassoziation auswählt oder von anderen charakteristischen Zügen oder Eigenschaften absondert und in symbolischem oder bildlichem Sinne anwendet, um abstrakte oder konkrete Ideen zu veranschaulichen. Das zeigt sich zum Beispiel in der Sanskritsprache, in der auf Initiierte beider Art, das heißt auf die des rechten wie auf die des linken Pfades, mit Ausdrücken Bezug genommen wird, die Vorstellungen oder charakteristische Merkmale der Schlange vermitteln. Die ersteren, auch 'Brüder des Lichtes' genannt, werden im Sanskrit genauer als Nâgas bezeichnet, wohingegen die Brüder der Finsternis oder die Schattenbrüder vielleicht richtiger als Sarpas bezeichnet werden. Dieses letztere Wort ist von der sanskritischen Wortwurzel सृप्, 'srip', abgeleitet, was 'schleichen', in verschlagener, verstohlener Weise 'kriechen' und daher im bildlichen Sinne durch List und Einflüsterung 'betrügen' bedeutet.

Wir sehen hierin den Hauptgrund, warum die Schlange - wahrscheinlich in allen Ländern und sicherlich zu allen Zeiten - als Symbol oder Emblem einerseits der Brüder des Lichtes und ihrer Diener und andererseits der Brüder der Finsternis und ihrer Sklaven benutzt worden ist: offensichtlich, weil sowohl diese als auch jene Brennpunkte der Kraft, des subtilen Denkens und Handelns, der Weisheit und Energie sind. Von den einen werden diese zu edlen, von Mitleid getriebenen Zwecken rechtschaffen und gesetzmäßig angewandt; darum gehören sie zur 'rechten' Seite. Von den anderen werden Weisheit und Energie zu Zwecken der 'linken' Seite falsch und böse benutzt. Gemeint sind die Initiierten, weil die der rechten wie die der linken in einer Sache einander gleich sind: sie bedienen sich des Scharfsinns, der Naturkräfte und geheimer, mächtiger Weisheit, oder richtiger, des mit Macht verbundenen geheimen Wissens. Dieselben Naturkräfte werden von beiden angewandt: die einen brauchen sie für unpersönliche, heilige Zwecke, die anderen für unheilige und böse Zwecke. Die eine Klasse können wir, wie oben gesagt, vielleicht Nâgas nennen, das heißt spirituelle 'Schlangen' der Weisheit und des Lichts, auf die Jesus anspielte. Sie sind sehr subtil, sehr wohlwollend und sehr weise. Außerdem sind sie mit der spirituellen Kraft begabt, das physische Gewand, das heißt 'Haut' oder 'Körper', wenn der Initiierte alt geworden ist, abzuwerfen und nach Belieben einen anderen frischeren, jüngeren und kräftigeren menschlichen Körper anzunehmen. In dieser edlen Klasse der "Großen Menschen" sind alle unendlich liebevoll und ständig mit Werken menschlicher Güte und Nächstenliebe beschäftigt. Doch sind sie still und geheim in ihrem Tun, um unter anderem das Beifallklatschen und die Bewunderung törichter Menschen zu vermeiden.

Zur anderen Klasse gehören welt-weise, sich einschmeichelnde, weltkluge, betrügerische Menschen, boshaft in bezug auf Beweggrund und Handlung und daher sehr gefährlich; und doch gebrauchen sie dieselben Kräfte wie die erste Klasse - aber für böse Zwecke.

So kommt es, daß wir einerseits in allen größeren alten heiligen Schriften der Welt 'Schlangen' erwähnt finden als Symbol der Weisheit, als bildlicher Name für die Söhne des Lichts, die alle Macht und Weisheit, Wissen und Liebe wie auch etwas Strahlendes besitzen, da sie Söhne der Sonne sind. Andererseits sehen wir, warum von anderen 'Schlangen' als von Symbolen der Finsternis gesprochen wird. Oft werden sie auch die "Schwarzen Brüder" genannt, die vom Standpunkt der Natur aus ihrem Wesen nach Übeltäter sind und in ihrem teuflischen Werk allzuoft durch Lügen und Verdrehungen Erfolg haben. Daher wird Jesus der Ausspruch zugesprochen: "Seid klug wie die Schlangen und ohne Falsch wie die Tauben." Aus dem Gebrauch der unangenehmen Gestalt und der charakteristischen Züge der Schlange als Verschleierung eines geheimen Sinnes und aus der Behandlung von Charakterzügen der Schlange in Form von Allegorie und Erzählung ist die alte Gewohnheit und Sitte, natürliche Wahrheiten zu verschleiern, klar ersichtlich.

KAPITEL III

## GAUTAMA BUDDHAS GEHEIME LEHRE - I

Der Verfasser der vorliegenden Studie über die Lehren und das Beweismaterial der Esoterischen Philosophie ist sich so gut wie nur irgend jemand der Tatsache bewußt, daß es im Abendland allgemein üblich ist, die Existenz einer universalen oder esoterischen Weisheit stark in Frage zu stellen, wenn nicht geradewegs zu bestreiten - einer Weisheit, auf der als auf einem Fundament die mannigfaltigen, verschiedenen und differierenden großen Religionen und großen Philosophien der alten Welt beruhen. Diese Einstellung scheint immer mehr willkürlich als sachlich gewesen zu sein, als entspränge sie eher abendländischem Vorurteil und wissenschaftlichem Skeptizismus, als daß sie die Frucht jahrelangen forschenden Studiums der Existenz-Beweise einer solchen fundamentalen esoterischen Weisheit wäre. Diese letzteren scheinen dem philosophisch forschenden Gelehrten ebenso klar erkennbar wie die verschiedenartigen Phänomene des uns umgebenden physischen Universums oder, vielleicht genauer ausgedrückt, wie die Beweise für eine Verwandtschaft in bezug auf menschliches Streben und Denken und mystisches Fühlen in der ganzen Welt.

Dieser Skeptizismus hinsichtlich der Existenz eines fundamentalen Systems esoterischer und mystischer Lehren als religiöser und philosophischer Grundlage aller großen Religionen des Erdballs scheint im Fall der großen Schulen buddhistischen Denkens, deren Gründer Gautama Sâkyamuni war, besonders stark zu sein. Auf den ersten Blick hat es den Anschein, als ob ebensowenig Beweis dafür vorläge, daß in diesem Fall Skeptizismus wohl begründet sei, wie er gleichermaßen unbegründet ist im Falle des Christentums, des Judaismus oder der verschiedenen Zweige des Hinduismus. Mangels stärkerer Bekräftigung dieses Skeptizismus muß wohl angenommen werden, daß seine einzige Begründung in der offensichtlichen Tatsache liegt, daß in der exoterischen Literatur der beiden Hauptformen oder Schulen des Buddhismus, nämlich des Hînayâna und des Mahâyâna, ein solcher esoterischer Hintergrund nicht offen verkündet und ausgearbeitet worden ist. Selbst diese Behauptung muß jedoch durch die wohlbekannte Tatsache eingeschränkt werden, daß die verschiedenen Formen des Mahâyâna - wahrscheinlich ohne eine einzige Ausnahme - in ihren theologischen Bearbeitungen der Lehre, wie sie in den kanonischen Mahâyâna-Schriften zu finden sind, Anspruch darauf erheben, daß der Buddha Gautama dem auserwählten Kreise seiner Arhats tatsächlich eine tiefere oder geheime Lehre übermittelte, die sie ihrerseits weitergaben.

Es ist jedoch eine bekannte Tatsache, daß Ansprüche dieser Art gewöhnlich von nahezu jedem abendländischen Gelehrten oder Orientalisten zurückgewiesen werden, und zwar allgemein wie auch einzeln und individuell. Aber man sucht vergeblich nach irgendeinem ausreichenden Grund für eine solche Zurückweisung außer dem, mit welchem jemand, der antike Literaturen studiert, zu rechnen gelernt hat, nämlich: Vorurteil, Voreingenommenheit und ungenügendes Verständnis für die philosophische und religiöse Tragweite der kanonischen buddhistischen Schriften.

Weil also außer den sehr sophistischen, unsicheren, auf Vorurteil gegründeten Argumenten die Grundlage für diesen Skeptizismus durchaus zu fehlen scheint, schlägt der Verfasser daher gemeinsam mit den meisten, die die Esoterische Philosophie studieren, den

Weg des gesunden Menschenverstandes und des guten Gelehrtengeschmacks ein, indem er unbegründete und aus der Luft gegriffene Beschuldigungen, die nicht erwiesen sind und wahrscheinlich auch keiner Prüfung standhalten, einfach ignoriert.

Das vorliegende und das folgende Kapitel stellen einen Versuch dar, die These auszuarbeiten, daß essentieller Buddhismus gemeinsam mit der essentiellen oder fundamentalen Lehre aller anderen großen Weltreligionen oder auch Weltphilosophien als Substanz oder Kern dieselbe völlig übereinstimmende Esoterische Philosophie enthält, die auch sonst allenthalben zu finden ist. Dieses Kapitel versucht nicht, einen vollständigen, allumfassenden Beweis für die soeben gemachte Behauptung zu erbringen, da der Umfang dieses Bandes offensichtlich nicht ausreicht, um eine vollständige und regelrechte Tatsachenangabe zu bringen. Wir werden die Sache hier mehr skizzenhaft und in Umrissen behandeln, was hoffentlich anderen, die für diese Arbeit mehr Zeit zur Verfügung haben als der Verfasser, den Weg weisen wird.

Die Last des Beweises, das "Onus probandi", ruht in diesem Fall gänzlich auf den Schultern der Skeptiker. Denn wenn man über die Dinge, so wie sie sind, nachdenkt und sie unparteiisch abwägt, nämlich die notorische Zurückhaltung der alten Hindus und auch die ihrer modernen Nachkommen, die tieferen Geheimnisse ihrer Religionen und Philosophien aufzudecken; wenn man an die eifersüchtige religiöse Reserve denkt, für die Indien in allen Zeitaltern berühmt gewesen ist; wenn man die allbekannte alte wie auch moderne Neigung für geheimes mystisches Denken, für geheime oder esoterische Religionsschulen und die tatsächlich zahllosen Bezugnahmen auf Einweihungen und verborgene Lehren berücksichtigt, womit die ganze religiöse und philosophische Hindu-Literatur angefüllt ist; wenn man diese verschiedenen Tatsachen bedenkt und gebührend abwägt, bedürfte es doch ausführlichen und positiven Beweises für die Behauptung, daß allein der Buddhismus, der doch auch eine indische Religionsphilosophie ist, eine Ausnahme macht in einer allgemeinen Sitte, einer Weltgewohnheit, die in Indien stärker ausgeprägt ist als vielleicht anderswo. Wie schon gesagt, ruht die Last des Beweises schließlich mehr auf denjenigen, welche die Existenz einer fest eingewurzelten universalen und in Indien nationalen, aus unvordenklichem Altertum stammenden Gewohnheit abstreiten, als auf denjenigen, die sie bejahen.

In diesem Zusammenhang ist es wichtig, daran zu denken, daß es absurd ist, anzunehmen, die titanischen Intellekte des Menschengeschlechts, die zugleich große ethische und religiöse Lehrer der Menschen sind, fielen entweder in die eine oder in die andere von zwei Kategorien: erstens, daß sie bewußte Betrüger der Menschenherzen wären, von - je nachdem - hochfliegendem oder armseligem menschlichen Ehrgeiz angestachelt, und daß die esoterischen Schulen, die sie - jeder in seiner Zeit und für seine Rasse - ausnahmslos einrichteten, Produkte einer abscheulichen Sucht nach persönlicher Vormachtstellung oder zur Gewinnung anderer Vorteile wären; oder zweitens, daß sie aus dem Gleichgewicht geratene, wenn nicht gar mental gestörte Egoisten wären, die diese besonderen Schulen aus Motiven gründeten, die ignorantem Selbstbetrug und einer unkontrollierten fanatischen Sucht entsprangen, andere zu beherrschen und das Zepter über sie zu schwingen. Die eine oder die andere dieser beiden Hypothesen aufzustellen, nämlich entweder selbstsüchtigen Ehrgeiz oder fanatische Unwissenheit, entfernt sich so weit von den Tatsachen und dem hohen spirituellen und intellektuellen Standard der Lehre und des Wirkens, für die ein jeder Weltlehrer beispielhaft ist und um derentwillen die Nachwelt sie ausnahmslos verehrt, daß es wohl genügt, einfach Tatsachen anzuführen, um den völligen Mangel an stichhaltigen Vernunftgründen aufzudecken, auf den die oben erwähnten Skeptiker in nahezu jedem Fall ihr Gebäude einer undefinierbaren Theorie aufgebaut haben.

Ferner ist keine der beiden angeführten Hypothesen - weder fanatische Unwissenheit noch selbstsüchtiger persönlicher Ehrgeiz - imstande zu erklären, was alle, die die Esoterische Philosophie studieren, wissen: daß die Universalität der fundamentalen substantiellen Identität des Hintergrundes esoterischen Denkens, welches das Lehrsystem bildet, das so, wie es von Zeit zu Zeit durch diese großen Lehrer ausgegeben wird, die Form der Esoterischen Tradition angenommen hat. Hiervon handelt das vorliegende Buch.

## I

Es gibt zwei Wege, die zu Wahrheit führen, zwei Methoden, die Geheimnisse des Universums - von seinen spirituellen Teilen bis herab zu seinen physischen Teilen - zu ergründen, und zwar: erstens mittels des Menschen spirituell-intellektueller Natur, die ja in der wahren Substanz der spirituellen Welt wurzelt und in Wahrheit ein integraler Teil derselben ist. Denn jeder normale Mensch, dessen Konstitution weder durch Laster untergraben noch durch irgendeine zerstörende Krankheit geschwächt ist, kann, wenn er das entsprechende Leben führen will, in gleichgestimmte Vereinigung oder Einheit mit der spirituellen Natur kommen, indem sein eigenes inneres Wesen sein essentielles Einssein mit dem Universum erkennt. So wird der Mensch zum Empfänger, zum Kanal, durch den die höheren Energien des Universums fließen, um in des

Chelas oder Schülers Denkvermögen als Gedanken, Intuitionen und Eingebungen der Wahrheit manifest zu werden.

Der zweite Weg oder die andere Methode ist die der Schulung und Einweihung, die sich von der ersteren nur dadurch unterscheidet, daß sie in systematische Form gebracht wird. Diese Einweihungsschulung und schließlicher Erfolg sind nur eine Beschleunigung des evolutionären Fortschritts, den alle Menschen im zyklischen Wandel der Zeitalter durchmachen, oder ein darüberhineilen, mit anderen Worten: Einweihung ist nur beschleunigte Evolution.

Die großen Weltlehrer vereinigen diese beiden Wege oder Methoden während einer kurzen Periode von Erdenleben. Sie beginnen als Chelas oder Jünger eines Lehrers, den sich jeder einzelne von ihnen auserwählte. Mit diesem Lehrer fühlt sich ein Chela intuitiv und instinktiv durch Bande der Sympathie und des Verstehens verbunden. Unter dem wachsamen Auge des von ihm erwählten Lehrers wird er geschult, das heißt, seine Evolution wird beschleunigt, und er schreitet, indem er alle Energie und alle Fähigkeiten seines Wesens auf den Erfolg einstellt, durch diese kurze Periode von Reinkarnationen fort von Leben zu Leben. Hierbei steigt er in jedem einzelnen stetig höher empor, bis er sich schließlich selbst als Meister, als Mahâtman entfaltet, der nun seinerseits bereit ist, seinen Anteil an der barmherzigen, mitleidsvollen Arbeit der großen Bruderschaft auf sich zu nehmen. Dann kommt an ihn die Reihe, ausgesandt zu werden unter seine Mitmenschen von geringerem evolutionären Grade des Fortschritts, um ihnen ein Lehrer, ein Führer, ein Inspirator zu werden, um ihnen die neue Verkündigung der universalen Wahrheit in ihrem Zeitalter mit angemessenen Worten und Ideen zu übermitteln, die zu geben somit seine erhabene Bestimmung geworden ist. Auf diese Weise wird eine neue große Religion gegründet, eine neue und vielleicht erderschütternde Lebensphilosophie eingeführt. Doch wohlgemerkt: jeder einzelne aus dieser langen Reihe von Weisen und Sehern, jeder der Weltlehrer körpert in sein neues Lehrschema dieselben fundamentalen Wahrheiten ein, die, wenn auch in neuem Gewand dargeboten, die gleichen Wahrheiten sind, die alle seine Vorgänger, ein jeder auf seine Art, ausgegeben hatten. Auf diese Weise wird die Esoterische Philosophie weitergetragen, von Zeitalter zu Zeitalter erneuert und den Menschen in Zeiten spiritueller und intellektueller Schläfrigkeit gegeben, die Plato Epochen spiritueller Unfruchtbarkeit nannte.

Ein Weltlehrer dieser Art in der langen Reihe von Nachfolgern war Sâkyamuni, der Buddha Gautama. Es ist richtig, daß er - und hier spielt ein gewisses Geheimnis mit, das in einem öffentlichen Werk auch nur zu skizzieren unangebracht wäre - von einem spirituellen und intellektuellen Format war, das viele, vielleicht die meisten jener übertraf, die ihm in der überlieferten Menschheitsgeschichte in demselben Weltorden vorausgegangen waren. Aber auch für ihn galt dieselbe Regel der Nachfolgeschaft wie für alle seine Vorgänger: Er ist nur ein Beispiel - ein glänzenderes als die meisten anderen - für das Naturgesetz der Periodizität, das die zyklische Enthüllung oder Entschleierung der Esoterischen Tradition der Menschheit gegenüber regiert.

II

Wir wollen uns jetzt dem spezielleren Thema dieses Kapitels zuwenden:

बुद्धं शरणं गच्छामि
धर्मं शरणं गच्छामि
संघं शरणं गच्छामि ।

Buddham śaranam gachchhâmi;
dharmam śaranam gachchhâmi;
samgham śaranam gachchhâmi:

"Ich nehme meine Zuflucht zum Buddha;
ich nehme meine Zuflucht zum Licht seiner
Lehren (oder seines Gesetzes);
ich nehme meine Zuflucht zu der Gemeinschaft
der heiligen Einen."

Diese leichte Umschreibung des sogenannten dreizeiligen "Glaubensbekenntnisses" im Sanskrit enthält den wesentlichen Kern von dem, was der moderne Buddhist gleich dem Buddhisten des Altertums als die wahre buddhistische Anschauung eines an die Lehren des Tathâgata Glaubenden betrachtet, das heißt an die Lehren dessen, der wie seine Vorläufer kam, um das Heil in die Welt zu bringen, Erlösung für Götter und Menschen, Erlösung für die Größten wie für die Geringsten. Diese "Rettung" aber war, wie Buddha, der Herr, lehrte, keine Erlösung von einer äußeren Macht, von etwas, was von außen her in Herz und Sinn der Menschen eintritt und sie auf diese Weise "rettet", wie es der eitle Glaube so vieler Abendländer ist. Es war vielmehr eine innere Wandlung, eine wahre Reformation in der eigentlichen, der spirituellen, intellektuellen und psychischen Struktur des Menschen.

Diese dreifache buddhistische Formel ist ebenfalls bekannt unter dem Titel त्रिरत्न (Tri-ratna) oder "Die drei Gemmen" oder त्रिशरणं (Tri-śaranam) oder "Die drei Zufluchtsstätten". Wie schon im vorliegenden Kapitel gesagt, wird diese Formel der Andacht oder Hingabe, die sowohl die nördliche als auch die südliche Schule des Buddhismus angenommen hat, allgemein oder nahezu allgemein von der gesamten buddhistischen Welt in einer ziemlich pragmatischen oder nüchternen Weise, das heißt buchstäblich genommen, nämlich:

> "Ich nehme Zuflucht zum Buddha, ich nehme Zuflucht zum Dharma oder Gesetz, ich nehme Zuflucht zu der Gemeinschaft oder Kongregation",

wobei "Gemeinschaft" oder "Kongregation" die buddhistische Priesterschaft bedeutet bzw. - in noch weiterem Sinn - die ganze Masse bekennender und gläubiger Buddhisten.

Der Verfasser dieses Buches ist jedoch der Meinung, daß diese wörtliche Bedeutung nur eine exoterische Form dessen ist, was die esoterischen Eingeweihten, die diese Formel abfaßten oder zusammenstellten, ursprünglich damit sagen wollten. Mit anderen Worten: Der Sinn der Formel erlitt dieselbe Entstellung, die in allen ähnlichen Fällen, in allen großen Religionen vorgekommen ist und vorkommt: Die Worte, die ursprünglich eine tief mystische und philosophische Bedeutung hatten, verlieren diese schließlich und werden in ihrer rein äußeren Bedeutung angenommen.

Die Formel hatte ursprünglich einen außerordentlich tiefen und schönen Sinn, der eine dreifache - oder eine sich auf drei Aspekte der Esoterischen Philosophie beziehende - Lehre vermittelte.

"Der Buddha" bezieht sich auf Adi-Buddha, was der erste oder unmanifestierte Logos genannt werden kann oder der Urgeist im Universum, der sich in einer erhabenen Hierarchie spiritueller Wesen, die aus ihm emanieren, im ganzen Universum manifestiert. Diese spirituellen Wesen reichen von den höchsten bis sogar zu den menschlichen Sphären herab und werden in der Esoterischen Philosophie häufig die Hierarchie des Mitleids oder manchmal die Söhne des Lichts genannt. Die Hierarchie des Mitleids oder die Söhne des Lichts, die sie zusammensetzen und von den Dhyâni-Buddhas herab durch Zwischengrade bis zu den Mânushya-Buddhas reichen, bilden die Samgha oder Gemeinschaft oder Kongregation. Dies ist die dritte Zufluchtsstätte. Die Weisheit, die von ihnen auf den verschiedenen Plänen des Universums gelehrt und an die verschiedenen Stufen der Weltsphären gegeben und mystisch und traditionell von den höchsten Dhyâni-Buddhas herabgereicht wird zu den menschlichen Schülern, ist die zweite Zuflucht, die in dieser Formel Dharma genannt wird.

Wir haben somit, wenn diese Formel recht verstanden wird, einen wenn auch nur kurz skizzierten Umriß des strukturellen Aufbaus der ganzen Weisheitslehre der Götter, die heute offen Theosophie und Esoterische Philosophie genannt wird. Mit anderen Worten und um es kurz zusammenzufassen: unter dem einen Ausdruck 'Buddha' wird die ganze Reihe spiritueller Wesen verstanden, die von dem kosmischen Geist durch alle Zwischenstufen des Universums hinabreichen bis zu den Mânushya-Buddhas oder menschlichen Buddhas und ihren menschlichen Schülern, die in ihrer Gesamtheit die sogenannte 'Kongregation' bilden, und alle, die die göttliche Weisheit lehren, die ursprünglich von den höchsten Göttern ausging, deren Exponent ein jeder Buddha auf Erden ist.

Entsprechend derselben dreifachen Einteilung in 'Buddhas', ihr 'Gesetz' und ihre 'Hierarchie' gibt es die drei Formen der Einkleidungen oder Erscheinungen, in denen sich diese Hierarchie von Wesen zum Ausdruck bringt, nämlich: erstens und am höchsten der Dharmakâya, die Form der höchsten kosmischen Geister oder Dhyâni-Buddhas; zweitens der Sambhogakâya, zusammengefaßt als Gewandung der Zwischengrade der spirituellen Wesen in dieser Hierarchie; und schließlich der Nirmânakâya, die Umkleidung jener spirituellen Wesen und großen Adepten, die der Menschheit und allen Wesen auf Erden am nächsten stehen und somit de facto deren Hüter sind.

Wiederum in Übereinstimmung mit diesen drei Einkleidungen gibt es die dritte allgemeine Einteilung, die oben angedeutet wurde: die Arûpa-dhâtu oder die sogenannte "formlose" Welt (oder Welten), der mystische Aufenthaltsort der Dhyâni-Buddhas oder Chohans usw.; zweitens die Rûpa-dhâtu oder die sogenannte manifestierte oder Form-Welt (oder Welten), der Aufenthaltsort der Wesen, die in der Sambhogakâya-Gewandung oder -Bedingung leben; und drittens die Kâma-dhâtu oder die sogenannte Wunschwelt (oder Welten), in der die Wesen wohnen, die noch stark in die Attraktionen und Verhältnisse materieller Existenz verwickelt sind.

Die Sache ist in ihrer ungeheuren Tragweite in bezug auf

das esoterische Herz der Lehren des Buddhas so wichtig, daß es sowohl nützlich als auch notwendig erschien, sie, wenn auch nur kurz, in diesem Einschub für diejenigen zu erklären, die sie verstehen können.

Denn, wie der mystische Buddhismus des Nordens lehrte und auch heute noch mit feuriger Hingabe lehrt: In jeder Wesenheit, nicht nur im Menschen, sondern auch in den Göttern und in den unter den Menschen stehenden Wesen, ist eine dreifache Essenz vorhanden oder, vielleicht genauer ausgedrückt, sind drei ineinander übergehende Essenzen vorhanden, die trotzdem eine gemeinsame, identische Substanz haben, die beschrieben wird als

a) ein himmlischer oder Dhyâni-Buddha;
b) ein Bodhisattva, der "Sohn" des himmlischen oder Dhyâni-Buddha; und
c) ein Mânushya-Buddha oder menschlicher Buddha.

Um dieses lebendige dreifältige buddhische Bewußtsein in der Konstitution eines jeden Menschen zu erwecken, lehrte der Buddha sein edles Gesetz, seine majestätische Philosophie, die im Verlauf ihres Bestehens vielleicht mehr menschliche Gemüter in Treue und Hingabe erhalten hat als jedes andere religiös-philosophische System, von dem die Menschheit weiß.

III

Der Buddhismus ist im Abendland immer weitgehend mißverstanden worden, und dieses Mißverstehen ist fast ausschließlich dadurch entstanden, daß die abendländischen Gelehrten eine große Anzahl der wichtigsten Lehren der religiösen Philosophie des Gautama falsch aufgefaßt haben und diese falsche Auffassung ihren Studien im und über den Buddhismus einverleibt haben. Da nun diese Studien gedruckt und veröffentlicht wurden, war es nicht anders zu erwarten, als daß das lesende abendländische Publikum diesen geschlossen folgte. So kommt es, daß es vielleicht keine einzige heute bekannte Weltreligion gibt, die in dieser Hinsicht so sehr gelitten hat wie der Buddhismus.

Er ist zuzeiten eine Religion des Pessimismus genannt worden, und zwar einfach darum, weil im Abendland seine tiefen intellektuellen Reichweiten nicht verstanden wurden, ebensowenig wie seine richtige Einordnung der Werte der materiellen Seite des Lebens. Wenn gelehrt wird, daß der Mensch eine unbeständige Zusammensetzung von Elementen variierender Ätherhaftigkeit ist und daß sich diese Zusammensetzung, wenn er stirbt, auflöst und ihre einzelnen Teile dann in ihre jeweiligen Naturreiche oder -sphären eingehen, bedeutet dies alles nach abendländischer Ansicht für den abendländischen Geist, daß diese Lehre äußerste Vernichtung der zusammengesetzten Wesenheit *als Wesenheit* verkündet. Denn bewußt oder unbewußt ignorieren abendländische Kritiker dieser Art die vereinigende und verbindende Wurzel des Seins einer jeden Wesenheit, die in periodischen Intervallen dieses Kompositum aus den identischen Lebensatomen, die sie in früheren Existenzen zusammensetzten, wieder zusammenbringt.

Die abendländischen Gelehrten denken so - oder meinen so zu denken -, weil sie nicht verstehen, daß eben diese "Wurzel", dieses Element oder subtile Band - mag man es nennen, wie man will -, nämlich die individualisierende Energie, die diese Samskâras *(psychomentale Attribute, die einen Teil der Zwischenkonstitution des Menschen bilden)* oder Zusammensetzungen oder Komposita zusammenführte, schließlich und letzten Endes eine einigende und somit individualisierende

Kraft ist und daß diese einigende oder individualisierende Kraft, einerlei, wie man sie nennt, nach Auflösung des Kompositums bestehen bleibt und ebenfalls ihr eigenes kosmisches Reservoir oder ihren Bereich hat, in den sie zurückkehrt. Auch verstehen sie nicht, daß Gautama, der Herr, in seiner großen Weisheit diese einigende oder individualisierende Kraft "Buddha" nannte, den inneren Urheber, für den im Mahâyâna Nordasiens "Dhyâni-Buddha" ein Äquivalent ist.

Es ist durchaus richtig, daß von gewissen abendländischen philosophischen Standpunkten aus die Lehre Gautamas, des Buddha, der Form nach als "pessimistisch" betrachtet werden kann. Das kann sie aber nur dann, wenn sie allein nach abendländischen philosophischen Maßstäben beurteilt und die eigentliche Bedeutung des Buddhas selbst ignoriert wird. Ist das etwa weise oder ehrlich? In einem Problem einen Faktor zu ignorieren heißt nicht, das Problem gewissenhaft zu lösen. Ja, man fragt sich: Kann es so überhaupt richtig gelöst werden? Wie können wir etwas beurteilen, was im Orient seinen Ursprung nahm und zu seiner Zeit zum Gesetz für die zivilisiertere orientalische Welt wurde, das der Prüfung durch die schärfsten Denker und klügsten Intellekte der Zeitalter erfolgreich standhielt? Wie können wir etwas beurteilen aufgrund der wechselnden und somit nicht zutreffenden Maßstäbe abendländischer wissenschaftlicher Spekulationen mit ihrem vagen Hintergrund europäischer Philosophie? Dabei sind diese Spekulationen ihrem Ursprung nach nur etwa dreihundert Jahre alt oder etwas mehr und ihrer gegenwärtigen Form nach wahrscheinlich nicht mehr als fünfundsiebzig Jahre alt oder gar noch weniger.

Es gab eine Zeit - es ist noch nicht allzu lange her -, da eine der Lehren Buddhas, nämlich die über Nirvâna, von abendländischen Gelehrten in ihrer Bedeutung so verstanden wurde, als habe Gautama, der Herr, gelehrt, das Ende eines jeden bewußten lebenden Wesens sei Vernichtung, äußerste, vollkommene Vernichtung, wenn jenes Wesen den Grad inneren Wachstums erreicht hätte, um in den nirvânischen Zustand einzugehen. Dabei wiesen sie, wie es nur natürlich war, auf die Sanskritbedeutung dieser Wortverbindung hin: निर् (nir), "aus" oder "weg", und वान (vâna), das passive Partizip Perfekt der Wortwurzel वा (vâ), "blasen", mithin also "ausblasen". Sie sagten weise und ganz logisch: "Nirvâna bedeutet 'ausgeblasen', wie eine Kerzenflamme ausgeblasen wird durch den Atem!" Ja, das wird sie. Aber was ist es denn, was "ausgeblasen" wird? Was ist es, was aufhört zu existieren? Ist es die einigende spirituelle Kraft, die diese zusammengesetzte Wesenheit in regelrechter Reihenfolge aufs neue ins Dasein bringt? Sie, die keinen bekannten Anfang hat und von der die buddhistische Lehre zeigt, daß sie ein Etwas ist, das sich in dieser Reihe illusionärer, weil zusammengesetzter Vehikel selbst reproduziert? Das ist unmöglich; denn wenn die individualisierende oder einigende Energie "ausgeblasen", das heißt vernichtet würde, könnte sie selbstverständlich nicht fortfahren, sich als die inspirierende Energie neu zusammengesetzter Körper zu reproduzieren, die ihr Dasein deren Wirken verdanken. Somit ist völlig klar, daß das, was ausgeblasen wird, die Samskâras sind, die Komposita, die aus dem Karman des Individuums resultieren, das heißt von ihm geboren oder erzeugt wurden. Dieses Karman, von dem die Lehre spricht, ist also, streng logisch und folgerichtig gesprochen, das Individuum selbst, denn nach buddhistischer Lehre ist das, was reproduziert wird, das Karman des vorausgegangenen Individuums. Das will sagen, jede zusammengesetzte Wesenheit ändert sich von Augenblick zu Augenblick, und die Veränderung in jedem neuen Augenblick ist der Effekt, die

Resultante oder Folge der Veränderung des vorausgegangenen Augenblicks. Somit ist der Mensch zu jedem Zeitpunkt sein eigenes Karman, denn dieses Karman ist die Totalität dessen, was er ist. Wenn die zusammengefügten Teile eines Menschen "ausgeblasen" sind, das heißt "in Nirvâna eingehen", also "ausgelöscht", als die gerade vorher bestehende Zusammensetzung erloschen sind, dann lebt alles übrige des Wesens, jenes todlose Zentrum vereinigender und individualisierender spiritueller Kraft, um welche diese einzelnen Komposita oder Samskâras sich periodisch sammeln, als ein Buddha.

Dies entspricht soweit genau der Lehre der Esoterischen Philosophie, der Esoterischen Tradition - es könnte aber noch viel mehr darüber gesagt werden. Alle unsere üblen, niederen Teile müssen sozusagen ausgewischt, ausgelöscht, "vernichtet" werden, wenn man so will; mit anderen Worten, das Karman, das diese illusionären Zusammensetzungen hervorbrachte, muß veranlaßt werden aufzuhören. Neue, edlere Zusammensetzungen - die Produkte, Effekte oder Resultanten der vorausgegangenen Zusammensetzungen -, die hinfort mit der buddhischen Essenz des Wesens vereinigt sind, jener spirituellen Kraft, die der innere Buddha ist, werden dann weiterbestehen. Sie werden auf ihrem eigenen hohen Plan leben, weil sie nicht länger beherrscht werden von den Schleiern der Welt Mâyâs, der Illusion - der Welten unbeständiger struktureller Zusammensetzungen. Das infolge seiner Befreiung von umhüllenden Schleiern zum Buddha gewordene Wesen hat nun den Zustand und den Grad erreicht, in dem es aus der Unbeständigkeit aller manifestierten Existenz in die äußerste Beständigkeit kosmischer Realität übergeht.

Das Thema der richtigen Bedeutung Nirvânas ist hier, wenn auch in etwas skizzenhafter Form, ausgearbeitet worden, um zu zeigen, daß die Annahme vieler Menschen im Westen grundlos ist, die Lehre von Nirvâna sei eine pessimistische Doktrin, da sie gänzliches Auslöschen im Abgrund der Nicht-Wesenheit bedeute. Die Lehre von Nirvâna ist also - weit davon entfernt, pessimistisch zu sein - eine außerordentlich hoffnungsvolle Lehre. Das Wort "Optimismus" wird hier nicht gebraucht, weil es - ebenso wie sein Gegenteil "Pessimismus" - gegnerischer kritischer Auslegung unterworfen ist.

Weit davon entfernt, eine Religion des Pessimismus zu sein, ist der Buddhismus, wenn recht verstanden, eine Religion - zwar nicht des "Optimismus", aber der Weisheit. Diese Worte sind mit Absicht gebraucht; denn es ist gewiß, daß gedankenloser Optimismus in seiner Art ebenso töricht ist wie gedankenloser Pessimismus. Keiner von beiden ist weise, da jeder ein Extrem ist. Die Lehre des Buddha wurde von jenem großen Weisen so klug erteilt, daß sie den Menschen einen Pfad zeigte, der weder zur Rechten, dem einen Extrem, noch zur Linken, dem andern Extrem, führte. Sie wählte vielmehr den Mittelweg, den Weg der Wahrheit, um zu vermeiden, in eins der beiden Extreme zu verfallen. Alle Extreme sind unwirklich; einerlei, worin sie bestehen, denn sie sind unphilosophisch. Und gerade die große Subtilität der Lehre des Tathâgata hat sie für Abendländer so schwer verständlich gemacht. Man liest oft Aufsätze, die im Westen von abendländischen Menschen, die Buddhisten geworden sind, gedruckt wurden, und man kann den Mut nur bewundern, mit dem sie in ihrem neuen Gebiet wirken. Doch ist es, ohne jemanden beleidigen zu wollen, schwer, nicht betrübt zu werden durch ihren üblichen Mangel an Verständnis für das, was letzten Endes das Herz, der Kern der Lehren des großen Buddha ist. Zwar ist der Buchstabe der buddhistischen Schriften mehr oder weniger erfaßt worden, aber der Geist, das heißt das "Herz" des Buddha wird selten oder nie verstanden. Mit anderen Worten: Die Augenlehre wird bis zu einem gewissen Grade begriffen, aber die Herzenslehre, der verborgene, esoterische Teil, wird nicht oder nur intuitiv und nur in den seltensten Fällen bis zu einem gewissen Grade erfaßt.

## IV

Ja, es gibt so etwas wie einen esoterischen Buddhismus, obgleich sehr eminente abendländische buddhistische Gelehrte diese Tatsache leugnen.

In bezug auf die Behauptung in diesem Kapitel, daß der große Hindu-Reformator und Initiierte, der der Welt als Gautama, der Buddha, bekannt ist, wirklich eine geheime Lehre oder esoterische Tradition besaß, die er selbst durch Einweihung und in der Einweihung erhalten hatte und die er für diejenigen unter seinen Chelas oder Schülern zurückhielt, die würdig und geeignet waren, sie zu empfangen, wird der Leser auf bestimmte Angaben hingewiesen, die H.P. Blavatsky, die große Theosophin, in ihrer "Geheimlehre" und anderswo macht. Dort weist sie auf dieselbe Tatsache hin - ganz abgesehen davon, daß Gelehrte, die der Sache genügend Studium gewidmet haben, um sie zu verstehen, zu derselben Überzeugung gekommen sind. So schreibt sie beispielsweise in der 'Einleitung' zur "Geheimlehre", Bd. I, S. 4f. wie folgt:

> "In der Tat sind die geheimwissenschaftlichen Teile des 'Dan' oder 'Janna' (Dhyâna) von Gautamas Metaphysik - so großartig sie auch dem mit den Sätzen der Weisheitsreligion des Altertums Unvertrauten erscheinen mögen - bloß ein sehr kleiner Teil des Ganzen. Der indische Reformator beschränkte seine öffentlichen Lehren auf die rein moralische und physiologische Seite der Weisheitsreligion, auf Ethik und den Menschen allein. 'Unsichtbare und unkörperliche' Dinge, das Geheimnis des Seins außerhalb unserer irdischen Sphäre, ließ der große Lehrer in seinen öffentlichen Vorträgen gänz-

lich unberührt, indem er die verborgenen Wahrheiten für einen auserwählten Kreis seiner Arhats vorbehielt. Die letzteren erhielten ihre Initiation in der berühmten Saptaparna-Höhle ...

Der Leser ist somit gebeten, sich den sehr bedeutenden Unterschied zwischen 'orthodoxem' Buddhismus, das heißt den öffentlichen Lehren Gautamas, des Buddha, und seinem esoterischen Buddhismus vor Augen zu halten. Seine Geheimlehre war gleichwohl in keiner Weise von der der initiierten Brahminen seiner Zeit verschieden ... Seine Lehren konnten daher von denen der letzteren nicht verschieden sein, denn die ganze buddhistische Reform bestand einzig in der Veröffentlichung eines Teiles von dem, was vor jedermann außerhalb des 'Zauberkreises' der Asketiker und Tempelinitiierten geheimgehalten worden war. Nicht imstande, 'alles' zu lehren, was ihm mitgeteilt worden war - infolge seiner Gelübde -, gab der Buddha, obwohl er eine auf dem Fundament der wahren esoterischen Wissenschaft aufgebaute Philosophie lehrte, der Welt bloß ihren äußeren materiellen Körper und behielt die Seele für seine Auserwählten. Viele Sinologen unter den Orientalisten haben von einer 'Seelenlehre' gehört. Keiner davon scheint ihre wirkliche Bedeutung und Wichtigkeit verstanden zu haben."

Welchen Wert hat es schließlich, den mehr oder weniger unbewußt tendenziösen Deduktionen unserer Gelehrten zu folgen, die sich mit der buddhistischen Wissenschaft beschäftigen und sich bei ihren Übersetzungen an den bloßen Buchstaben jenes großen religiös-philosophischen Gesetzes halten, jedoch in Verbindung mit ihren eigenen, mehr oder weniger schiefen Reflexionen dann die Wahrheit der Lehre zu geben vermeinen? Hat dies wirklich Wert, wenn Studien, mit einem durch die Lehren der Esoterischen Philosophie erleuchteten Hintergrund ausgerüstet, dem Schüler zeigen, daß es tatsächlich eine esoterische Lehre oder Grundlage von philosophischem wie religiösen Charakter gibt, die der Buddha augenscheinlich denjenigen seiner Chelas oder Schüler gelehrt haben muß, die aufgrund ihrer spirituellen und intellektuellen Fähigkeiten am meisten prädestiniert waren, seine Lehren zu verstehen? Wenn man diese skeptischen abendländischen Gelehrten fragt: "Hatte der Buddha eine esoterische Schule, oder enthält sein Gesetz eine esoterische Lehre?", so antworten sie fast alle unterschiedslos mit "Nein" und weisen nachdrücklich mit dem Finger auf eine Aussage Buddhas hin, die, wie sie glauben, ein Beweis für ihre Behauptung ist, da er es selbst verneint habe. Diese Aussage findet sich in der Lehre der Mahâ-Parinibbâna-Sutta oder der Lehre vom "großen und letzten Nirvâna" - ein Titel, dem wir vielleicht auch die Bedeutung "Das große Scheiden" beilegen können. Bevor wir mit diesem Argument fortfahren, mag es nützlich sein, nachzuprüfen, was diese angeblich entscheidende Aussage Buddhas, des Herrn, in Wirklichkeit eigentlich war:

"Sehr bald nun, als der Gesegnete nach völliger Überwindung der Krankheit anfing, sich zu erholen, verließ er das Kloster und ließ sich an dessen Rückseite auf einem dort ausgebreiteten Sitz nieder. Und der ehrwürdige Ananda*) ging dorthin, wo der Gesegnete sich befand, grüßte ihn, setzte sich respektvoll neben ihn und redete ihn mit folgenden Worten an: 'Ich habe gesehen, o Herr, wie der Gesegnete gesund war, und ich habe gesehen, wie der Gesegnete zu leiden hatte. Und obgleich mein Körper beim Anblick der Krankheit des Gesegneten schwach wurde wie eine Ranke und der Horizont mir verschwamm und meine Fähigkeiten nicht mehr intakt waren, schöpfte ich doch dessenungeachtet ein wenig Trost aus dem Gedanken, daß der Gesegnete nicht aus dem

---

*) Ananda war der göttliche Sohn des Herrn und sein Lieblingsschüler, ähnlich dem legendären Bericht, wonach Johannes der Lieblingsjünger Jesu, des syrischen Avatâras, war.

Dasein scheiden würde, bevor er nicht wenigstens Instruktionen betreffs des Ordens hinterlassen hätte.'

'Wieso, Ananda? Erwartet das der Orden von mir? Ich habe die Wahrheit gepredigt, ohne irgendwelchen Unterschied zwischen exoterischer und esoterischer Lehre zu machen; denn hinsichtlich der Wahrheiten, Ananda, hat der Tathâgata nicht so etwas wie die geschlossene Hand eines Lehrers, der einige Dinge zurückhält. Nun, Ananda, sollte da irgend jemand den Gedanken im Herzen tragen: 'Ich will die Bruderschaft führen', oder: 'der Orden ist von mir abhängig', so sollte dieser in allen den Orden betreffenden Angelegenheiten Instruktionen niederlegen. Der Tathâgata aber, Ananda, denkt nicht, daß er es sei, der die Bruderschaft führen sollte, oder daß der Orden von ihm abhängig sei. Warum sollte er da Instruktionen hinterlassen in irgendeiner den Orden betreffenden Angelegenheit? Auch ich, o Ananda, bin jetzt alt geworden und reich an Jahren, und meine Reise nähert sich dem Ende. Ich habe die Summe meiner Tage erreicht, ich bin über achtzig Jahre alt; und geradeso, wie ein verschlissener Wagen, Ananda, nur mit viel zusätzlicher Sorgfalt vorwärts bewegt werden kann, so dünkt mich, kann der Körper des Tathâgata nur mit viel zusätzlicher Sorgfalt in Gang gehalten werden ...'

'Darum, o Ananda, seid ihr euch selbst eine Leuchte! Seid euch selbst eine Zuflucht! Begebt euch nicht an eine äußere Zufluchtsstätte! Haltet an der Wahrheit fest als an einer Leuchte! Haltet an der Wahrheit fest als an einer Zuflucht' ..."

Die "Mahâ-Parinibbâna-Sutta", Kap. II, Vers 31-33, ins Englische übersetzt von T. W. Rhys-Davids, dem bekannten Pâli-Gelehrten (Bd. XI der Reihe "The Sacred Books of the East")

Das heißt an dem himmlischen Buddha, der im Geheimen in jedem menschlichen Herzen wohnt, im Kern oder spirituellen Mittelpunkt eines jeden Menschen, 'dem inneren Gott'.

Damit dieses Zitat nicht so aufgefaßt wird, als bestehe nach der Lehre des Buddha keine Notwendigkeit, daß andere Lehrer ihm in seiner Bruderschaft oder Vereinigung folgten, ist es angebracht, auch auf den pragmatischen Buddhismus des Südens zu schauen, besonders aber den der mystischen Schule des Nordens zu betrachten. Hier gab es in späteren Zeitaltern Millionen Menschen, die ohne jegliche Ausnahme den verschiedenen Schulen folgten, von denen jede einzelne von einem mehr oder weniger großen Weisen gegründet worden war. Deren Lehrberechtigung wurde kaum je beanstandet, und zwar einfach aufgrund der Größe dieser einzelnen Lehrer, aufgrund ihrer eigenen speziellen Linie in bezug auf den pragmatischen oder mystischen Buddhismus. In allen diesen Fällen, denen des Südens wie denen des Nordens, wurde die Existenz legitimer Nachfolger des Buddha, die Jahrhundert um Jahrhundert aufeinander folgten, universal anerkannt, obwohl offenbar keiner je dem großen Meister gleicherachtet wurde.

Seine einzigartige Stellung als Lehrer ist tatsächlich eine der Fundamentallehren des Buddhismus, der da sagt, daß Buddhas nur in langen Intervallen erscheinen und in Perioden, die von der zyklischen Zeit regiert werden. Hier findet die brâhmanische Lehre von der Nachfolge der Lehrer des Gesetzes ihr Echo, auf die Krishna in der Bhagavad-Gîtâ mit den Worten anspielt:

> "Sooft ein Niedergang der Tugend und ein Überhandnehmen von Ungerechtigkeit und Laster in der Welt eintritt, dann erzeuge ich mich selbst ..."
>
> Kap. IV, S. 22, Vers 7, dt. Ausgabe

Für diese Aufeinanderfolge, diese Reihe von Lehrern gibt es im Brâhmaismus den technischen Ausdruck Guru-paramparâ. Das ist eine treffende Bezeichnung für das Kommen der Lehrer in regelmäßiger Ordnung, weil sie anschaulich und auch genau ist. Natürlich hatte dieser Ausdruck im Verlauf verschiedener Zeitalter verschiedene Bedeutungen; aber die dem Gedanken innewohnende Grundidee ist überall dieselbe. Ob nun gewisse buddhistische Gelehrte es gern zugeben oder nicht, die Tatsache bleibt bestehen, daß der historische Buddhismus zeigt, daß in den Annalen des großen buddhistischen Glaubens Lehrer um Lehrer aufeinander folgten: Manchmal sind diese Lehrer durch ziemlich lange Zeitperioden voneinander getrennt, in anderen Fällen, in denen es sich um mystischere und exklusivere Schulen handelt, folgt ein Lehrer dem anderen und übernimmt als dessen Nachfolger sein Amt, wenn der Vorgänger stirbt.

Selbst die einfache Nachprüfung der historischen Tatsachen wird dem Studierenden zeigen, daß im geschichtlichen Buddhismus von Zeit zu Zeit weniger bedeutende Weise und Seher aufgetreten sind, wie Nâgârjuna und Aryasamgha, die Schulen gründeten oder sie von ihren Vorgängern übernahmen und die, sagen wir, jeder eine neue Version der alten buddhistischen Weisheit lehrten und doch alle treue Anhänger von dem Herrn Buddha waren. Was auch immer ihre Unterschiede als Individuen gewesen sein mögen, alle diese mannigfaltigen Schulen blicken auf den großen Meister als den Urquell ihrer mehr oder weniger differierenden Weisheit.

Es wäre geradezu absurd zu versuchen, als Tatsache hinzustellen, daß ein so erleuchteter Geist, ein so tiefer Intellekt, ein so weises und weitschauendes Gemüt, wie wir es in dem Buddha finden, in bezug auf eine der elementaren Tatsachen menschlicher Psychologie in religiösen Dingen unwissend gewesen sein könnte, nämlich, daß es eine Selbstverständlichkeit ist, daß in dem Orden nach seinem Tod Lehrer auftreten würden. Auch kann keinen Augenblick lang denjenigen zugestimmt werden, die gern zeigen möchten, daß die meisten, wenn nicht alle dieser späteren Lehrer der buddhistischen Philosophie mehr oder weniger ehrgeizige Emporkömmlinge gewesen wären, die nach persönlicher Vorherrschaft strebten und eine persönliche Nachfolge suchten. Diese Meinung, die in bezug auf religiöse Dinge im Abendland so weit verbreitet zu sein scheint, entfaltet vor dem Auge der Öffentlichkeit ein wirklich beklagenswert pessimistisches Bild der menschlichen Natur. Die Ansicht des Verfassers steht dieser Auffassung direkt entgegen, denn er blickt auf die meisten, wenn nicht auf alle großen Lehrer, die dem Buddha als Haupt der verschiedenen buddhistischen Schulen gefolgt sind, als auf echte Initiierte, tiefe, nachdenkliche und hochherzige Menschen, die aufgrund ihres eigenen spirituell-intellektuellen und psychischen Entwicklungsgrades in ihren eigenen logischen Bereichen die Lehren des Buddha Gautama fortentwickelten, indem sie verschiedene Teile des weitumfassenden Gebietes der buddhistischen Philosophie behandelten.

Kehren wir zu dem oben angeführten Zitat zurück: Beim ersten Lesen klingt es wirklich so, als erklärte Buddha, der Herr, seinen Jüngern, er hätte keine esoterische Doktrin, die notwendigerweise den spirituell und intellektuell weiter Fortgeschrittenen unter seinen Chelas oder Schülern vorbehalten wäre. Aber sagt er dies wirklich? Ganz gewiß nicht. Anandas Bitte war: "Laß uns Instruktionen in bezug auf die Leitung des Ordens zurück, o Herr, bevor du von hinnen scheidest"; und der Buddha weigerte sich, indem er sagte: "Ich habe euch alles, was für die Leitung des Ordens nötig ist, gesagt und nichts zurückgehalten.

Ich bin nicht wie ein Lehrer, der euch etwas über eure eigene Führung und die Führung der Bruderschaft sagt und andere Dinge heimlich in seiner 'geschlossenen Faust' verbirgt. Ich habe euch alles gesagt, was zur Führung des Ordens nötig ist und was euch bei der Rettung der Menschen Erfolg bringen wird. Sollte da aber jemand sein, der im Orden auftritt und zeigt, was zu seiner richtigen Versorgung und Führung nötig ist, sollte dieser in einem jeden den Orden betreffenden Notfall Instruktionen geben. Ihr werdet in einem solchen Fall bald herausfinden, ob er ein wahrer oder ein falscher Lehrer ist, denn die Regeln, die ich selbst euch gegeben habe, sind die grundlegenden Regeln zur Führung und Leitung eurer selbst sowie auch des Ordens, und sie genügen. Ich habe gesprochen."

Es gibt eine nicht geringe Anzahl von Stellen in den verschiedenen buddhistischen Schriften beider großen Schulen, die sowohl direkt als auch indirekt klar und deutlich zum Ausdruck bringen, daß der Buddha nicht alle Wahrheiten, die er wußte, enthüllt hat und nicht enthüllen wollte.

Zwei kurz aufgezeichnete Beispiele, die beide der Hînayâna-Schule entnommen sind, dürften zur Illustration genügen. Dem ersten Beispiel nach nahm Sâkyamuni eine Handvoll Blätter des Sinsapâ und erklärte mit einem Hinweis auf sie, daß analog der geringen Anzahl Blätter in seiner Hand, die keineswegs alle Blätter des Baumes wären, von dem sie genommen, auch die Wahrheiten, die er als Lehrer verkündet hätte, keinesfalls alle wären, die er wüßte (Samyutta-Nikâya, VI, 31). Das Bild ist anschaulich und eindrucksvoll und höchst bedeutsam.

In dem anderen Beispiel, das sich auch in einer zum Hînayâna-System gehörenden Schrift befindet, legt der große Lehrer dar, warum er sich weigere, zu erklären, ob ein Buddha nach dem Tod lebt oder nicht

(Chula-Mâlunkyaputta-Sutta, I, 426). Beide Beispiele bestätigen die Tatsache, daß man sich in der Lehre Zurückhaltung und in ihrer Verkündigung Verschwiegenheit auferlegen muß, was für die Übermittler der Esoterischen Tradition universell so charakteristisch ist.

V

बुद्धं शरणं गच्छामि
धर्मं शरणं गच्छामि
संघं शरणं गच्छामि ।

Buddham śaranam gachchhâmi;
dharmam śaranam gachchhâmi;
samgham śaranam gachchhâmi:

"Ich gehe zum Buddha als zu meiner Zuflucht."
"Ich gehe zum Dharma oder zum Gesetz
als zu meiner Zuflucht."
"Ich gehe zum Orden der heiligen Einen
als zu meiner Zuflucht."

Obwohl dieses sogenannte "Glaubensbekenntnis" im nördlichen Asien zweifellos sowohl dem Geiste als auch dem Buchstaben nach angenommen wird, ist es vielleicht besonders die Lehre, die den Kern der Schriften des Hînayâna enthält. Das zusammengesetzte Wort Hînayâna, das den Geist des Buddhismus Südasiens beschreibt im Gegensatz zum Mahâyâna, ein Wort, das den Buddhismus Nordasiens veranschaulicht, bedeutet das "unvollständige" Vehikel, das "geringe" oder "unvollkommene" Vehikel, das heißt jenen Teil der Lehre des Herrn Gautama, der nicht in deutlicher Formulierung die Ganzheit der Lehre, die er brachte, enthält. Schon diese Tatsache an sich beweist die Existenz eines anderen, nicht hierin enthaltenen Teiles. Der Name selbst erklärt die Tatsache: हीन (hîna) = Mangelhaftigkeit, Unvollkommenheit, Unvollständigkeit; und यान (yâna) = Vehikel.

Diese Feststellung der "Unvollständigkeit" oder "Unvollkommenheit" ist nun nicht, wie diesen Worten leicht entnommen werden könnte, mit Ungenauigkeit, Fehlerhaftigkeit oder Irrtum gleichzusetzen. Die Bedeutung des Kompositums Hînayâna ist vielmehr die, daß dieses System, das praktisch ausnahmslos in Südasien populär ist, die formelle, intellektuelle Lehre Buddhas ausgibt, nämlich das, was die "Augenlehre" genannt wird und was aus Buddhas Gemüt als ein kategorisierendes Rahmenwerk seines Denkens hervorging. Der Mahâyâna dagegen soll neben den äußeren oder öffentlichen die geheimeren und somit schwierigeren Aspekte der Lehre des Buddha Gautama enthalten und ist infolgedessen häufig die "Herzens-Lehre" genannt worden.

Die Herzenslehre Buddhas, das heißt die esoterische Weisheit, die er in seinem "Herzen" verborgen hielt und nur jenen mitteilte, die bereit waren, sie zu empfangen, wird, wie soeben erwähnt, der Mahâyâna genannt. Er geht in seinem Ursprung auf einen Zeitpunkt zurück, der dem Beginn des Hînayâna mindestens gleichkommt, der, wie oben erwähnt, das Lehrsystem ist, welches er öffentlich verkündete, sozusagen für das Auge sichtbar. Beide Systeme enthalten somit Wahrheit, das heißt, beide sind wahr, sowohl der Hînayâna als auch der Mahâyâna. Es muß aber die "Augen"-Lehre mit der "Herzens"-Lehre verbunden werden: die exoterische Lehre des Hînayâna mit der esoterischen des Mahâyâna - gewissermaßen der Norden mit dem Süden -, wenn man die volle Botschaft des Tathâgata erhalten möchte, wie er sie in ihrer relativen Vollständigkeit seinen Chelas oder Schülern überlieferte.

Von welchem dieser beiden Systeme haben nun unsere abendländischen Orientalisten den weit größeren Teil des buddhistischen Materials bezogen, das sie wirklich gewissenhaft und gründlich geprüft und studiert haben, wie man erfreut feststellen kann? Wenn auch nicht gänzlich, so haben sie dieses Material doch zum größten Teil aus den Schriften des Hînayâna zusammengetragen, dem "unvollkommenen" Vehikel, dem System, dem etwa zwanzig Millionen Menschen anhängen. Von den Lehren des Mahâyâna in Nord- und Zentralasien, den esoterischen Lehren, dem "Herzen" des Buddha, haben sie bisher nur von einigen wenigen Schriften genaue Kenntnis. Man weiß, ein sehr großer Teil des Mahâyâna-Materials harrt noch der Prüfung und des Studiums, aber noch ist all dieses Material ein mehr oder weniger unbearbeitetes Denkgebiet.

Als Beispiel schon erarbeiteten Mahâyâna-Materials mag zuerst das Saddharma-Pundarîka erwähnt werden. Ein anderes nordbuddhistisches Werk, dem von europäischen Orientalisten nur geringe Aufmerksamkeit geschenkt worden ist, ist das Lalita-Vistara. Es gibt noch ein paar andere Werke der nördlichen Schule, für die in Europa nur vorübergehendes, aber ganz unzulängliches Interesse gezeigt wurde, und es dürfte zweifelhaft sein, ob ehrlicherweise mehr als dies zugestanden werden kann.

Folglich dürfte wohl die Ansicht abendländischer Gelehrter darüber, ob es eine esoterische Lehre gibt, die der Buddha lehrte oder hinterließ, fast allein auf ihren Studien der bisher verfügbaren Schriften des Hînayâna des Südens, des "mangelhaften", "unvollkommenen", weil unvollständigen Vehikels oder Systems, beruhen. Es wäre jedoch seltsam, anzunehmen, der Buddha Gautama sei das einzige historische Beispiel eines Weisen und Sehers und zugleich eines religiös-philosophischen Lehrers, der keine Lehren von verborgenerem oder geheimeren Charakter hinterlassen hätte als diejenigen, die er auf seinen Wanderungen über die Berge und Ebenen Indiens öffentlich verkündete. Die Ausnahme wäre so auffallend, daß sie besonderer Erklärung bedürfte.

Wir wollen uns jetzt für einige Augenblicke einer anderen der Sûtras*) oder religiös-philosophischen Schriften zuwenden, die von etwa vierhundert Millionen Menschen - die alle mehr oder weniger Anhänger der Mahâyâna-Lehre sind - in höchster Verehrung gehalten wird. Diese letztere ist - wohlgemerkt - ebensogut buddhistisch und echt "orthodox" wie der Hînayâna des Südens, doch das meiste Beweismaterial für den Wert der Lehre ist sicherlich in den Schriften des Nordens enthalten. Man beachte die vierhundert Millionen im Norden im Vergleich mit den nur etwa zwanzig Millionen Anhängern des Hînayâna im Süden! Folgendes ist in der Schrift, aus der zitiert wird, zu finden - und es steht außer Zweifel, daß durch angemessenes Studium viele andere ähnliche Stellen gefunden werden können von sogar noch stärkerem Nachdruck.

> "Du bist erstaunt, Kâśyapa, daß du das von dem Tathâgata erklärte Geheimnis nicht ergründen kannst. Das liegt daran, Kâśyapa, weil das von den Tathâgatas, den Arhats usw. erklärte Geheimnis schwer zu verstehen ist."

Und um den Gegenstand noch weitgehender zu

---

*) Es wird hier Bezug genommen auf das oben erwähnte "Saddharma-Pundarîka", und zwar auf dessen 5. Kapitel, übersetzt von H. Kern an der Universität Leiden in Holland, das in Bd. XXI der Reihe "Sacred Books of the East" ("Heilige Bücher des Ostens"), S. 121 f., zu finden ist.

erklären, äußerte der Herr bei dieser Gelegenheit die folgenden Stanzen:

1. "Ich bin der Dharmarâja, der als Zerstörer der Existenz in die Welt hinein geboren wurde."

"Heilige Bücher des Ostens"

Nun sagt die philosophische Lehre des Buddhismus, wenn sie recht verstanden wird, daß die ganze Welt um uns her unbeständig, illusionär, mâyâvisch ist, sich aber alle Existenzen auf etwas Inneres, Geheimes, Esoterisches, Verborgenes, Fundamentales gründen und um dieses Etwas herum aufgebaut sind. Die nördlichen Schulen, die sich unter der großen Mahâyâna-Lehre vereinigen, nennen dies das Sûnyatâ, das heißt die "Leere", das Unmanifestierte. Das Zitat aus der Saddharma-Pundarîka fährt fort:

"Ich erkläre das Gesetz allen Wesen, nachdem ich ihre Aufnahmefähigkeit geprüft habe."

Also, wohlgemerkt, eine ausgewählte Lehre!

2. "Höhere Menschen mit weisem Verständnis hüten das Wort, hüten das Geheimnis und enthüllen es keinem lebenden Wesen."

ebenda

Doch Buddha, der Herr, lehrte und enthüllte es offenbar lebenden Wesen, und zwar allen, die vorbereitet waren, es zu hören und zu verstehen. Hier ist es angebracht zu fragen: Was wollen diese Sätze mit den darin enthaltenen Ausdrücken "das Wort" und "das Geheimnis bewahren" sagen, wenn sie nicht eine Lehre andeuten, die in ihrer Ganzheit zu empfangen für den gewöhnlichen Menschen zu schwierig ist und die darum nur für jene zurückgehalten wurde, die nach individueller Prüfung erprobt und für würdig und wohl geeignet befunden wurden, sie zu empfangen? Offensichtlich liegt hierin ein deutlicher Hinweis auf eine zurückhaltende Verkündigung der geheimen Lehre oder der Esoterischen Philosophie, die nicht unterschiedslos all und jedem enthüllt wird, weil es um ein Mysterium geht, das gehütet werden muß. Doch "höhere Menschen mit weisem Verständnis" haben dieses Mysterium empfangen, denn ihnen ist es zur Pflicht gemacht, es nicht an "lebende Wesen" auszugeben, noch ihnen zu enthüllen, es sei denn, sie sind für den Empfang wirklich geeignet.

3. "Jene Wissenschaft ist schwer zu verstehen; die Einfältigen würden verstört werden, wenn sie diese plötzlich hörten; sie würden in ihrer Unwissenheit vom Wege abgeraten und in die Irre gehen."
ebenda

Wohlgemerkt: Lehrte der Buddha etwa, um die Menschheit in die Irre zu führen? Ist das die Verkündigung der Gesamtheit buddhistischer Lehre, und ist eine solche Sinnwidrigkeit der Kern des buddhistischen Glaubens? Kann man die soeben angeführte unmittelbare und notwendige Schlußfolgerung nicht sehen? Es ist doch wohl klar ersichtlich, daß es eine innere Lehre gibt, die nur denen gegeben wird, die geprüft und für geeignet befunden worden sind, sie zu empfangen. Sie werden getestet, damit sie nicht durch den Empfang einer Lehre irregeführt werden, die für ihr Fassungsvermögen zu inhaltsreich ist und daher sicher von ihnen mißverstanden würde. Man ist sich der Tatsache wohl bewußt, daß das "Saddharma-Pundarîka" nach Angabe abendländischer Gelehrter das Produkt einer späteren Zeit ist, und zwar eines der Werke einer mystischen Schule, die im Norden Asiens einige Jahrhunderte nach dem Hinscheiden Buddhas sehr populär geworden war. Das mag wohl seine Richtigkeit haben, und es war nicht anders zu erwarten. Die Tatsache entkräftet aber nicht den Hauptpunkt, daß eine derartige Lehre der Beschränkung oder der Zurückhaltung weder entstanden noch in einem solchen Umfang angenommen worden wäre, wenn nicht im ganzen nördlichen Buddhismus der starke Strom esoterischen Denkens und esoterischer Anspielungen im Umlauf gewesen wäre. Aus diesem Grunde kann man ihn zweifellos mit Fug und Recht bis auf die Tage des Buddha und seiner Arhats zurückführen. Andererseits ist es höchst wahrscheinlich, daß man spätere bloße Erfindungen oder bloße mystische Spekulationen als ganz unannehmbar entschieden zurückgewiesen hätte. Die Geschichte mystischen Denkens in allen anderen großen Systemen, deren sich der Verfasser im Augenblick erinnert, zeigt klar und deutlich, daß der Esoterizismus nach dem Tode des jeweiligen Gründers eines jeden dieser großen Systeme mit der Zeit allmählich dahinschwand. An seine Stelle trat bloße Orthodoxie, die die überlieferten oder geschriebenen Urkunden, wie man sie erhalten hatte, unantastbar machte und oft mit einer Atmosphäre der Heiligkeit umkleidete, die jegliche Hinzufügung oder wesentliche Änderung verbot. Dies zeigt sich zum Beispiel deutlich in der Literatur und mystischen Geschichte des Christentums.

4. "Ich spreche ihrem Horizont und ihren Fähigkeiten angemessen; mittels mannigfaltiger Bedeutungen (zum Beispiel vertauschbarer Bedeutungen oder Parabeln) passe ich mich ihnen in meinen Ansichten (oder Theorien) an."

ebenda

Ist das die mutmaßliche 'geschlossene Faust' des großen Lehrers, Gautamas, des Buddha? Wenn man bedenkt, daß die Haupt- oder Grundlehren Buddhas sowohl in den nördlichen als auch in den südlichen Schulen anerkannt wurden und der Ausdruck 'geschlossene Faust' sogar als einer der bildhaften Ausdrücke des großen Meisters in beiden Schulen geläufig gewesen sein muß, ist es schwer, die Schlußfolgerung zu vermeiden, das Argument der 'geschlossenen Faust', das von europäischen Gelehrten so oft gegen die Tatsache einer esoterischen Lehre im Buddhismus angeführt wird, müsse so verstanden werden, wie es in diesem Kapitel zu erklären versucht wurde, nämlich, daß es sich nur auf die Verwaltung des Ordens nach des Buddhas Hinscheiden bezieht, denn die Stelle, in welcher der Ausdruck von der 'geschlossenen Faust' vorkommt, bezieht sich wirklich einzig und allein auf Verwaltungsangelegenheiten im Orden nach Buddhas Tod. Die Worte dieser Stelle bestätigen das eindeutig, und es hieße nur, die Schrift zu entstellen, wenn in sie etwas hineingelesen wird, was sie nicht aussagt.

Alles, was Buddha, der Herr, lehrte, war im Grunde genommen wahr; aber ganz bestimmt lehrte er nicht alle Menschen alles. Er lehrte alles, was zur Verbreitung der philosophischen und religiösen Lehre, die er darbrachte, notwendig war. Dasselbe tat er in bezug auf die Verwaltung des Ordens, die während seiner Lebenszeit Geltung hatte und auch nach seinem Heimgang richtunggebend sein sollte. Nichts hielt er in 'geschlossener Faust' zurück; und die Stelle über die 'geschlossene Faust' sagt auch weiter nichts als dieses. Die von Abendländern aus dem Ausdruck 'geschlossene Faust' abgeleiteten Folgerungen, daß Buddha, der Herr, keine esoterische Lehre zu verkünden gehabt habe, noch verkündet habe, und daß während und nach seiner Lebenszeit keine esoterische Schule oder

Schülerschaft existiert hat, scheinen daher einfach eine widersinnige Umkehrung der historischen Dokumente zu sein. Zudem muß die gesamte Geschichte des Lebensdramas von Buddha, dem Herrn, als starker Gegenbeweis herangezogen werden. Das ganze System des Mahâyâna des Nordens in seinen mannigfachen Variationen in allen seinen verschiedenen Schulen, zum Beispiel der von Nâgârjuna, von Aryasamgha und anderen, die alle eine esoterische Lehre ausgeben und auf ein Wissen hinweisen, das nicht all und jedem gegeben wird, liefert einen ausgezeichneten und für jeden verständlichen Sinn überzeugenden Beweis, daß im Buddhismus von den frühesten Zeiten an ein Esoterizismus, eine esoterische Lehre oder eine esoterische Tradition existiert hat, die aufgrund der Logik der Geschichte und der wohlbekannten Züge der menschlichen Natur auf den großen Gründer zurückgeführt werden muß.

Wenn wir eine bestimmte buddhistische Schrift des Südens, die "Mahâ-Parinibbâna-Sutta", aus der hier zuvor schon Stellen angeführt worden sind, als Worte des Herrn Buddha annehmen wollen - und dies zu tun, ist man durchaus bereit mit gewissen natürlichen und notwendigen Vorbehalten, die durch die Schwierigkeiten genauer Übertragung und Überlieferung durch die Jahrhunderte hindurch bedingt sind - und wenn auch die literarische Formulierung seiner Lehren in ihrer schriftlichen Struktur gebührend in Betracht gezogen wird, so haben wir hier andererseits auch eine Schrift des Nordens, die ebenfalls behauptet, authentische Worte des Meisters zu sein, die aus theoretischen Gründen oder um rein literarischen Vorurteils willen beiseite zu schieben unvernünftig zu sein scheint. Das Werk des Nordens besagt, die Lehre sei mit Klugheit und Sorgfalt weiterzugeben, aber nicht an alle Menschen; und der Weise habe sie zu hüten und nicht zu enthüllen, es sei denn - wie der vorangehende Sloka oder Vers sagt - mit scharfsinniger Urteilskraft an Gemüter, die sich in ihrer Disposition von allen anderen unterscheiden. Allgemein gesprochen ist wirklich keine einzige große religiöse Philosophie oder philosophische Religion bekannt, die nicht in ihren Anfängen eine esoterische Lehre hat oder gehabt hat. Die bloße Tatsache, daß eine solche esoterische Lehre nicht richtig verstanden und vielleicht nicht einmal von allen erkannt wird und möglicherweise auch in dieser oder jener Religion vergessen worden ist, beweist nicht das Gegenteil und ist bestimmt kein Beweis dafür, daß eine solche esoterische Schule oder Lehre nicht einstmals darin bestanden hätte.

Die Einwendungen, die gegen die Existenz oder die Möglichkeit der Existenz einer esoterischen Schule oder eines esoterischen Lehrsystems im Buddhismus erhoben werden, stehen auf sehr schwankenden Füßen, denn sie widersprechen direkt der menschlichen Psychologie in solchen Dingen. Aus diesem Grunde sollten Einwendungen dieser Art mit vorsichtiger, mißtrauischer Sorgfalt untersucht werden. Auch sollten die religiös-philosophischen Werke, die gegenwärtig in der Welt existieren und angeblich die Lehren oder Doktrinen mystischer oder sogenannter esoterischer oder quasi-esoterischer Schulen verbreiten, nicht nach dem äußeren Wert ihrer Aussagen oder Angaben angenommen werden. Denn alle derartigen mystischen Werke sind in verschleierter Form geschrieben, und wenn sie gelesen werden, stoßen sie oft durch die ungeheuren Übertreibungen und die oft scheinbar lächerlichen Entstellungen natürlicher Tatsachen ab, die sie gelegentlich, wenn nicht häufig, enthalten. Solche Üppigkeit in der Darstellung und der Prunk in der bildlichen Redeweise beweisen an sich schon, daß diese Schriften in der gewöhnlichen und üblichen esoterischen Geheimschrift geschrieben sind und nur von denjenigen richtig ausgelegt und verstanden werden können, welche die Schlüssel dazu besitzen. Es sollte doch wohl klar sein, daß, wenn eine Doktrin esoterisch sein soll, ihre Lehren notwendigerweise unter Schleier und Allegorie verborgen sein müssen, wenn sie der Öffentlichkeit übergeben werden. Es ist absurd, Schleier und Allegorien, Parabeln und Metaphern, bildliche oder figürliche Redewendungen als Darstellungen schlichter, nackter, pragmatischer Tatsachen hinzunehmen. Es scheint wirklich sehr an der Zeit zu sein, daß unsere abendländischen Gelehrten in diesen Angelegenheiten ihren gesunden Menschenverstand gebrauchen. Verstehen sie jedoch die stark figürliche Sprache orientalischer oder anderer mystischer Werke nicht oder fühlen sie sich davon abgestoßen, so ist das kein Grund dafür, diese Schriften zu verdammen, als wären sie nicht das, was von ihnen behauptet wird oder was sie selbst zu sein beanspruchen.

Wollten unsere abendländischen Gelehrten, unsere europäischen Orientalisten - der Verfasser bittet um Entschuldigung, wenn seine Sprache hier ein wenig unfreundlich zu sein scheint - ihren gesunden Menschenverstand und ihre Intuition ein bißchen mehr gebrauchen, das heißt diesen bei ihrer Arbeit und Kritik ein freieres Spiel erlauben, würden sie selbst sehen, was der Durchschnittsmensch, der diese Schriften liest, leicht erkennt. Ferner würde ihnen wahrscheinlich klarwerden, daß, wenn man eine Hälfte der Schriften des Buddhismus nimmt, zum Beispiel nur oder nahezu 'nur' diejenigen des Hînayâna, und aus dieser einen Hälfte Schlußfolgerungen zieht, dies nicht nur ein nicht angemessenes und mithin unvollkommenes Studium, sondern auch eine entschieden abzulehnende Arbeitsweise für einen Gelehrten ist. Es ist gewissermaßen so, als würde man die Lehre der römisch-katholischen Kirche, die der Kirche Martin Luthers oder die der von Calvin gegründeten Kirche nehmen und dann sagen: "Hier, das ist das Christentum. Es lehrt so und so und dies und das; und obgleich in anderen Zweigen der allgemeinen christlichen Kirche andere Phasen christlichen Denkens gefunden werden können, so scheint uns dennoch die Phase, die wir studieren, die ältesten Ideen und daher wahrscheinlich auch die genaueste Darstellung des Denkens und Wollens des großen Gründers zu enthalten."

Nun ist ein derart einseitiges Studium mehr oder weniger genau das, was allzu viele unserer abendländischen Orientalisten betrieben haben und noch fortgesetzt betreiben. Der Verfasser behauptet, ohne irgendwelche aus Widerspruch hervorgehenden Folgen zu fürchten, daß es im Buddhismus ebensogut eine esoterische Lehre gibt und immer gegeben hat, das heißt, daß es darin tatsächlich einen esoterischen Buddhismus, eine esoterische Tradition gibt, wie es auch in der lehrhaften schriftlichen Tradition des Christentums eine ganz frühe esoterische oder geheime Seite gegeben hat. Ebensoviel Esoterizismus gab es im frühen Buddhismus - und an gewissen Orten lebt und blüht er noch -, wie es auch einen Esoterizismus in den Religionen und Philosophien und den Mysterien des alten Griechenlands und denen von Rom und Ägypten und anderswo gegeben hat, ja, wie es ebenfalls eine ebenso esoterische oder geheime Lehre im Brâhmaismus gibt und immer gegeben hat.

## VI

Im folgenden Kapitel wird ausführlicher Bezug genommen auf die häufig von abendländischen Gelehrten, ja selbst von vielen orientalischen Buddhisten vorgebrachte Beschuldigung gegen das buddhistische System und die Lehren seines großen Gründers. Diese besagt, daß Gautama, der Buddha, im Grunde eine Art philosophischen Nihilismus gelehrt habe hinsichtlich der Nicht-Existenz einer spirituellen oder kontinuierlichen Selbstheit in dem zusammengesetzten Aggregat, das die Konstitution eines Menschen oder einer anderen bewußten Wesenheit ausmacht. Dieser Gedanke ist der Wahrheit so fern, ja, er liegt so außerhalb des ganzen Gehaltes oder der Bedeutung der verschiedenen buddhistischen Schriften, daß man sich nur wundern kann, wie diese völlig irrige Idee in den Köpfen abendländischer Gelehrter und auch im Bewußtsein von Buddhisten hat entstehen können. Der Verfasser glaubt, man könne dies allein damit erklären, daß der Schlüssel, der die innere Bedeutung der Lehre des Buddha erschließt, vergessen worden ist, ja selbst schon zu einem ziemlich frühen Zeitpunkt aus dem Bewußtsein der Buddhisten entschwunden ist. So wurden den Schriften die nackten Worte entnommen und wörtlich verstanden; aber ihre innere Bedeutung wurde nicht erfaßt.

Es ist jedoch ohne Frage richtig, daß Sâkyamuni die Nicht-Realität oder Nicht-Existenz einer statischen, kontinuierlichen 'Seele' oder eines niederen Selbstes lehrte, wie dies im Christentum und in gewissen anderen Religionen oder religiösen Philosophien ähnlicher Art gelehrt wird. Diese Tatsache oder vielmehr Behauptung ist wahr und duldet keinen Widerspruch.

Statt daß dies nun - so falsch verstanden, wie es ist - ein Zeichen philosophischer und religiöser Unvollkommenheit ist oder einen Mangel an durchdringender Einsicht in die menschliche Psychologie bedeutet, würde es leicht sein zu zeigen, daß genau das Gegenteil der Fall ist, nämlich, daß diese Lehre Buddhas, wie sie in den Schriften des Mahâyâna und des Hînayâna mehr oder weniger verkörpert zu finden ist, in Wirklichkeit mit zu dem Großartigsten in der Lehre des großen Meisters gehört. Sie bildet ferner eine höchst seltsame und zum Nachdenken anregende Parallele zu dem Besten, was die moderne wissenschaftliche und philosophische Spekulation des Abendlandes enthält.

Wie oben schon gesagt, werden diese Gedanken im folgenden Kapitel weiter ausgeführt. Hier möge es genügen, auf eine oder zwei höchst bedeutsame und prägnante Stellen im alten buddhistischen Schrifttum hinzuweisen, deren Wirklichkeit konsequent übersehen wird, weil sie falsch verstanden wird. Im Dhammapada, welches das Thema des Selbstes oder der wahren Selbstheit der Wesen und Wesenheiten allgemein behandelt, um die herum die "zusammengesetzten Aggregate" als Vehikel aufgebaut sind, sind folgende sehr interessante und sicherlich in höchstem Grade zum Nachdenken anregende Gedanken zu finden:

> "Das SELBST ist der Meister des Selbstes - denn wer sonst könnte sein Herr sein? Wenn das Selbst (das niedere Selbst oder das 'zusammengesetzte Aggregat') vollkommen beherrscht wird, findet der Mensch einen solchen Meister (oder Führer), wie er anderswo nicht gefunden werden kann."
>
> Dhammapada, Kap. XII, Vers 160

Dies ist eine scharf formulierte, nachdrückliche Aussage über das Vorhandensein des leitenden, beherrschenden Wurzel-SELBSTES in der menschlichen Konstitution. Dieses lebt und manifestiert seine transzendenten Kräfte in und durch das niedere Selbst oder die "Seele", wobei letztere nur ein "zusammengesetztes Aggregat von Elementen ist, das der Mensch in seinem gewöhnlichen Wesen ist. Wenn man jedoch bedenkt, daß das Dhammapada eine der maßgeblichsten und am meisten respektierten Schriften des Hînayâna oder der südlichen Schule ist, kann die Bedeutung dieser Aussage erst richtig eingeschätzt werden. Dies um so mehr, als es in dem Zyklus von Schriften des Hînayâna zu finden ist, der weit mehr als der nördliche Mahâyâna immer als diejenige buddhistische Schule zitiert wird, die den vermeintlichen - aber mit Unrecht vermeintlichen - Nihilismus lehrt, der so oft gegen den Buddhismus als Stütze dafür vorgebracht wird, daß er ein pessimistisches System ohne spirituelle Basis oder Bedeutung wäre.

Hierin liegt eine direkte Bezugnahme auf die tatsächliche Existenz des essentiellen Atman, des fundamentalen SELBSTES oder der SELBSTHEIT in der menschlichen Konstitution.

Noch ein anderes Beispiel, diesmal dem Mahâyâna entnommen und von einem Manne herrührend, der im Buddhismus immer als ein Bodhisattva angesehen worden ist - Nâgârjuna. Dieser wahre mystische Weise, Initiator und Lehrer, einer der ergebensten unter den späteren Nachfolgern des Buddha Gautama, die die Esoterische Philosophie getreulich weitergegeben haben, sagt in seinem Kommentar zu der Sûtra oder der Schrift des berühmten buddhistischen Werkes "Prajnâ-Pâramitâ" folgendes:

> "Manchmal lehrte der Tathâgata (der Buddha), daß Atman wirklich existiert; doch ein andermal lehrte er, daß Atman nicht existiere."

Aus der chinesischen Rezension
des Yuan Chuang

Das stimmt. Soll daraus nun gefolgert werden, der Buddha Gautama hätte Widersprüche gelehrt, und zwar absichtlich, um seine Zuhörer zu verwirren und zu mystifizieren? Wohl kaum, denn dieser Gedanke ist lächerlich. Was schon gesagt wurde und was in diesem Werk über die zusammengesetzte Konstitution des Menschen noch mehr gesagt werden wird - nämlich daß das ewige SELBST oder Atman in ihr, das heißt in diesem Fall der Dhyâni-Buddha, durch sein irrendes, unberechenbares "niedere Selbst", sein Vehikel oder die "Seele", hindurch wirkt -, sollte zur Genüge erklären, daß die verschiedenen Bedeutungen des "Selbstes" im alten buddhistischen Denken und vom großen Meister selbst ebenso klar erkannt wurden, wie sie heute erkannt werden. Die Meinung des Buddha war ganz offenbar die, daß Atman als das essentielle SELBST oder der Dhyâni-Buddha in der menschlichen Konstitution existiert und immerwährend evolviert, also unvergänglich ist; daß aber das "niedere Selbst", die untergeordnete Selbstheit des Menschen, nur dessen schwacher Reflex ist und das, was die Europäer "Seele" nennen und was somit nicht als eine ewig dauernde Wesenheit "existiert". Dasselbe Wortspiel mit dem SELBST - ein solches ist es tatsächlich - ist auch in dem angeführten Zitat aus dem Dhammapada ersichtlich, wo das SELBST als Meister der Herr des niederen Selbstes, des bloßen Menschen, ist. Der Verfasser ist sich der vielen Stellen in buddhistischen Schriften in bezug auf die Nicht-Existenz Atmans als des menschlichen Selbstes oder der Seele wohlbewußt - die Lehre von Anattâ in den Pâli-Schriften - und pflichtet ihr völlig bei, denn die Wahrheit ist ganz offenbar. Diese Stellen können aber nicht allein und abgesondert von anderen Lehren betrachtet werden, die ausdrücklich aussagen, daß Atman *ist*. Das ist sehr oft im Mahâyâna und im Hînayâna, zum Beispiel in dem oben angeführten Zitat aus dem Dhammapada, zu finden. Auf keinen Fall ist Atman die vorübergehende, unbeständige menschliche "Seele". In diesem Sinne sollte der wahre Gedanke, die wahre Lehre des Buddha ausgelegt werden, wodurch alle Schwierigkeiten verschwinden.

*(Teile des Materials in diesem und im folgenden Kapitel wurden auszugsweise in einem kurzen Aufsatz zusammengefaßt zur Veröffentlichung in den Spalten des Londoner Forums (The Occult Review). Dieser in drei Abteilungen gegliederte Artikel erschien in der vorerwähnten Zeitschrift in der ersten Hälfte des Jahres 1935. Der erste Teil wurde in der Märzausgabe abgedruckt.)*

KAPITEL IV

## GAUTAMA BUDDHAS GEHEIME LEHRE - II

Wahrscheinlich ist der Hauptgrund für das weit verbreitete Mißverstehen des Wesentlichen in der buddhistischen Lehre, wie sie zuerst von Gautama, dem Buddha, seinen Arhats oder Schülern übergeben wurde, das fast gänzliche Unvermögen der westlichen Gelehrten in der Vergangenheit, das zu erkennen, was der Buddha vor allem bezweckte: den Menschen ein größeres Licht, eine stärkere Hoffnung und eine umfassendere spirituelle Vision zu bringen. Hierbei soll für den Augenblick die spätere Entwicklung der buddhistischen Philosophie - dank der Arbeiten mönchischer Philosophen, Exegeten und Erklärer - außer acht gelassen werden. Die Wahrheit ist, daß er einige der bisher fest verschlossenen Türen der brahmanischen Philosophie aufgestoßen und sich dadurch sogleich die Gegnerschaft und den Unwillen des größeren Teiles der Brahmanen seiner Zeit zugezogen hat. Das Ziel, das dem großen Lehrer in seiner Weisheit vorschwebte, war, die intellektuellen Fähigkeiten und spirituellen Kräfte des Menschen zu verbessern oder vielmehr zu entfalten, wofür seine nachdrückliche, ständig wiederholte, ja unaufhörliche Betonung dessen, was man die Lehre vom *Werden* nennen könnte, Beweis ist. In den Augen des Buddha Gautama ist der Mensch ein Pilger, ein Kind des Universums, das zuzeiten durch Mahâmâyâ oder die große Illusion kosmischer Existenz geblendet wird. Zu solchen Zeiten muß ihm daher der Weg oder das Gesetz, Dharma genannt, gezeigt werden, das auf die Verwirklichung der Tatsache hinweist, daß der Mensch nur durch *Werden* und nicht durch bloßes Sein der größere Mensch werden kann, der er in seiner essentiellen Konstitution ist.

Mit wirklicher Freude kann heute auf eine umfassendere und tiefere Anschauung der buddhistischen Philosophie hingewiesen werden, als es bisher im Abendlande üblich war, und auch darauf, daß diese umfassendere und somit weisere Erkenntnis der wesentlichen Bedeutung des Buddhismus jetzt mehr in den Vordergrund rückt. Dies wird durch das neuerliche Erscheinen von Büchern bestätigt, in denen der Buddha, sein Lebenswerk und seine Religionsphilosophie von einem sympathischeren Standpunkt aus behandelt werden, als es bisher im Abendlande allgemein der Fall war. Ein solches Werk stellt das gerade (1935) erschienene kleine Buch mit dem Titel "Indian Religion and Survival" (Indische Religion und Fortleben) von Mrs. Rhys Davids dar. In ihrem außerordentlich interessanten kleinen Werk schreibt diese durch ihre Arbeiten über Pâli-Schriften und deren Übersetzungen wohlbekannte, glänzende buddhistische Gelehrte wie folgt und zeigt damit genau, was der Buddha mit seinem Werk im Sinn hatte:

> "(Der Buddha) suchte jedermann ein 'Mehr' zu zeigen, das in seiner Natur, seinem Leben und seinem Schicksal liegt, das heißt, daß *Werden* oder spirituelles Wachstum zur Essenz seiner Natur als Geist oder wahrer Mensch gehört; daß er, um 'auf richtige Weise' zu werden, Willen und Wahl gebrauchen muß; daß in ihm, im inneren Rechtsempfinden des Menschen und in seinem Sinn für das 'Sollte', das als Dharma bekannt ist, die Gottheit sich regt und wirkt."

"Indian Religion and Survival", S. 8, von
Mrs. Rhys Davids, D. Litt., M. A.,
Präsident der Pâli Text Society

Mrs. Rhys Davids hat zweifellos recht, wenn sie den Hauptinhalt der Botschaft des großen Lehrers, den sie erkennt, dem Buddhismus zuschreibt, auf den sie in obigem Auszug kurz Bezug nimmt. Doch die Unterstellung, der Buddha würde von einer 'Gottheit' lehren in der Art, wie sie im Westen allgemein verstanden wird, selbst wenn dadurch die göttliche Immanenz proklamiert wird, bedeutet ein Abirren von dem, was das gesamte Zeugnis buddhistischen Denkens so stark als Tatsache hinstellt. Wenn allerdings Mrs. Rhys Davids nur die eigentliche Bedeutung meint, daß die hier erwähnte 'Gottheit' das abstrakte oder sächliche 'Göttliche' ist, das im Gegensatz zum männlichen Gott steht und nur wenig, wenn überhaupt, von der essentiellen abstrakten Göttlichkeit der Upanishaden abweicht, dann kann man nur die richtige Anwendung des Wortes 'Gottheit' in Frage stellen, im übrigen aber zustimmen.

Bei alledem ist hauptsächlich zu beachten, daß der wesentliche Schwerpunkt der Botschaft des großen Lehrers - neben vielen anderen wichtigen Dingen - der Nachdruck war, den er auf die Lehre vom *Werden* legte, das heißt vom Evolvieren, Wachsen, Entfalten und Auswickeln dessen, was innen ist, und zwar in allen erdenklichen Wesenheiten - der Mensch mit einbegriffen -, mittels jener unentrinnbaren und wunderbaren Tätigkeit des Universums, die der Buddha gemeinsam mit seinen Vorgängern Karman nannte: die Lehre von den unabwendbaren Folgen jeden Gedankens und jeder Handlung, jeder Gemütsregung oder jeden Gefühls, denen sich jedes individuelle Wesen oder jede Wesenheit passiv unterzieht oder die sie aktiv in Gang setzt. Es ist gerade diese Vereinigung von Wollen und Tun von seiten jeder Wesenheit, die ihr permanentes Werden zuwege bringt, mit anderen Worten ihr stetiges Wachstum oder vielleicht auf tieferen Stufen auch ihre Perioden des Rückgangs, die ebenfalls Beispiele des 'Werdens' sind.

In dieser wirklich erhabenen Lehre ist die philosophische Struktur des exoterischen Buddhismus zu finden und, wie Schüler der Esoterischen Philosophie behaupten, auch des esoterischen. Durch sein 'Werden', das heißt durch sein Fortschreiten von Stufe zu Stufe, kann sich ein Mensch neben anderen Wesen durch fortgesetzte und ununterbrochene evolutionäre Wandlung so hoch erheben wie die höchsten Götter. Er kann aber auch durch sein Wollen und Tun hinabsinken zu den niederen und furchtbaren Schichten der Wesen in den sogenannten Höllen, über die viel in der buddhistischen Literatur zu finden ist.

In der Lehre vom Werden und genauso in der Esoterischen Tradition, der Esoterischen Philosophie, ist der Grund und die vernunftgemäße Erklärung für die vielen Darlegungen sowohl im Buddhismus als auch anderswo zu finden, daß es in der Macht eines jeden Menschen liegt, durch angemessenes spirituelles und intellektuelles, psychisches und ethisches Wollen und Tun im Laufe der Zeitalter ein "Buddha" zu werden. Diese Lehre wird, wie Mrs. Rhys Davids richtig andeutet, ausdrücklich im Buddhismus Nord- und Zentralasiens gelehrt. So sagt sie wahrheitsgetreu:

> "Nicht nur dieser Bodhisattva (der Buddha Gautama in einer früheren Existenz), sondern jeder Mensch hat es in sich, schließlich einmal die Buddhaschaft zu verwirklichen. Dies wird durch den Mahâyâna-Buddhismus besonders herausgestellt."
>
> ebenda, S. 42

Das ist bewundernswert. Es ist aber zu bedauern, daß diese fähige und gewissenhafte Pâli-Gelehrte unter dem Eindruck arbeitet, der Buddhismus Südasiens "hätte versäumt zu zeigen, daß dies in gleicher Weise auf jeden Menschen anwendbar ist".

Der Grund für Mrs. Rhys Davids' Meinung, daß diese Lehre in den Pâli-Schriften fehle, scheint darin zu liegen, daß diese nicht ausdrücklich als eine Lehre hingestellt ist. In den Augen des Verfassers enthält jedoch das Hînayâna-System sowohl durch zahlreiche Hinweise in den verschiedenen Schriften, die seine Lehren umfassen, als auch an selteneren Stellen durch direkte Bezugnahme dieselbe Lehre vom Werden und denselben Hinweis auf die Resultate dieses Werdens wie die Mahâyâna-Lehre, obgleich in dem letzteren System die Lehre ausführlich, ja ziemlich gründlich ausgearbeitet worden ist.

## I

Bevor auf das Hauptthema dieses Kapitels eingegangen wird, ist es gut, noch einmal auf Mrs. Rhys Davids' kluges und wirklich lesenswertes kleines Buch zurückzukommen, sei es auch nur, um zu zeigen, daß die modernen westlichen Gelehrten des Buddhismus von den abendländischen, quasi-christlichen Vorurteilen und Voreingenommenheiten merklich abrücken, die das Werk faktisch aller früheren abendländischen buddhistischen Studien so stark und verletzend gefärbt haben. Mrs. Rhys Davids spricht ausführlich über die Lehre vom 'Überleben', über die in der Vergangenheit so viel nutzloser Streit entbrannt ist, und zwar in bezug darauf, ob der Buddhismus die völlige Vernichtung der menschlichen Zusammensetzung beim Tode lehrt oder nicht lehrt, gelehrt hat oder nicht gelehrt hat. Die meisten, wenn nicht alle abendländischen Gelehrten des Buddhismus früherer Tage scheinen sich generell darüber einig gewesen zu sein, daß ein Beweis für den sogenannten "Pessimismus" des Buddhismus die Tatsache sei, daß er lehrte, mit der Auflösung der menschlichen zusammengesetzten Wesenheit, das heißt beim Tode, verginge diese Wesenheit, verschwände gänzlich und würde vollständig vernichtet; und dies trotz der wiederholten und immer von neuem wiederholten Aussagen in den buddhistischen Schriften - auch des Hînayâna -, daß das, was die Auflösung der zusammengesetzten Wesenheit überlebt, sein Karma ist, das heißt die Resultate, die Folgen dessen, was die zusammengesetzte Wesenheit im Augenblick der Auflösung gewesen ist. Es dürfte doch wohl dem jüngsten Anfänger im philosophischen Denken klar sein, daß das in dieser Weise benutzte Wort Karman hier eine technische substantielle Bedeutung haben muß. Denn es leuchtet ein, daß Resultate oder Folgen den Tod ihres Hervorbringers nicht überleben können, denn Resultate oder Folgen haben, wenn sie nicht einem Ding oder einer Wesenheit innewohnen, das heißt, wenn sie nicht Teile oder Bestandteile einer Wesenheit sind, an sich keine Existenz. Eine "Handlung" kann nicht weiterleben, auch kann eine Folge nicht weiterleben, es sei denn in dem modernen abendländischen wissenschaftlichen Sinne von Eindrücken, die auf die uns umgebenden Dinge gemacht worden sind. Dies aber ist nicht der Sinn der Lehre des Buddha, denn die Schriften beider, des Mahâyâna und des Hînayâna, sind angefüllt mit Beispielen von Wesenheiten, "zusammengesetzten Aggregaten", die nach dem Tode und nach einer gewissen Zeitspanne einer anderen Existenz in anderen Welten nichtsdestoweniger als Menschen auf Erden wiedergeboren werden.

Die Erzählungen über den Buddha selbst, wie zum Beispiel die berühmten Jâtaka-Erzählungen, das heißt Wiedergeburtsgeschichten, sind sowohl nachdrückliche als auch glänzende Beispiele hierfür. Diese 550 oder mehr Wiedergeburtsgeschichten beschreiben die angeblich wiederholten Reinkarnationen oder Wiedergeburten des Buddha und zeigen ihn, wie er von niederen Stufen zu höheren emporsteigt. Wenn aber das 'zusammengesetzte Aggregat' bei seinem Tode oder seiner Auflösung völlig vernichtet würde, wie wäre es dann verständlich, daß eine solche nicht-existierende Wesenheit in einer unendlichen Reihe von Wiedererscheinungen ihres ureigenen Karmas wiedergeboren werden könnte? Ist es nicht augenscheinlich, daß die abendländischen Gelehrten verfehlt haben, die Subtilität und tiefe Bedeutung der Lehre Buddhas zu begreifen? Das Rätsel - obgleich es im Grunde gar keins ist - wird gelöst, wenn man sich der Lehre der Esoterischen Philosophie, der Esoterischen Tradition erinnert, die besagt, daß der Mensch - gleich jedem anderen Wesen, jeder Wesenheit oder jedem Ding - sein eigenes Karma ist. Sein Karma ist er, denn er selbst ist das Ergebnis, die Folge, die Frucht, das Produkt jedes vorhergehenden Gedankens oder Gefühls, jeder Gemütsregung oder jeder Tat in der tatsächlich unendlichen Reihe vergangener Wiedergeburten. Eine jede solche Geburt reproduziert automatisch, was durch eigenes Wollen und Tun verändert oder modifiziert worden ist, das heißt, das Bewußtsein wirkt auf das 'zusammengesetzte Aggregat' ein und erzeugt auf diese Weise Karma, Modifikationen oder Veränderungen in der Substanz des Menschen. So ist in der Tat ein Mensch sein eigenes Karma; er ist sein eigenes Kind, der Nachkomme dessen, was er einst wollte und aus sich machte, um es jetzt zu sein. Geradeso, wie er jetzt in seiner gegenwärtigen zusammengesetzten Konstitution durch Resultate oder Konsequenzen, die auf seine Konstitution einwirken, das will und aus sich macht, was er in der Zukunft sein wird.

Gerade hierin ist wieder die ungeheure Kraft und

philosophische Macht von des Buddhas Lehre vom Werden zu erkennen.

Wenden wir uns jetzt dem versprochenen Zitat aus Mrs. Rhys Davids' Büchlein zu, so finden wir:

> "Es ist immer als auf eine Wahrheit Bezug genommen worden, die angenommen und verstanden werden sollte, daß es im ursprünglichen Buddhismus ein bestimmter Mensch (Mann oder Frau) ist, der fortlebt, das heißt nach dem Tode des Körpers weiterlebt."
>
> ebenda, S. 56

Und weiter greift sie eine Stelle aus einem der Jâtakas heraus:

> " 'Nun scheint es dir vielleicht, Ananda, daß Jotipâla zu jener Zeit eine andere Person war; aber so solltest du es nicht ansehen. Ich war zu jener Zeit Jotipâla.' Könnte etwas nachdrücklicher sein? Ich sage dies, weil der spätere Buddhismus dahin kam, das Weitergeben ein und derselben Person zu leugnen, dahin kam zu leugnen, daß es überhaupt einen persönlich Überlebenden gäbe."
>
> ebenda, S. 57

Nun beweisen diese Zitate von Mrs. Rhys Davids doch ganz gewiß, daß nach buddhistischem Denken etwas die Auflösung des zusammengesetzten Aggregats überlebt, wenn der Tod über letzteres kommt. Es sollte aber darauf hingewiesen werden, daß die buddhistischen Schriften restlos anerkennen, besonders betonen und nicht wenig Nachdruck darauf legen, daß die Kontinuität dem X-Faktor in dem zusammengesetzten Aggregat zugeschrieben wird, der sowohl wiederholte Existenzen oder Reinkarnationen auf Erden als auch in anderen Welten durchmacht. Wie soeben gesagt, behaupten die buddhistischen Schriften, daß dieser X-Faktor das Karma der Wesenheit sei. Mrs. Rhys Davids scheint sich gegen diese abstrakte, philosophische Aussage aufzulehnen und glaubt, in dem, was sie den ursprünglichen Buddhismus nennt, zu finden, daß es eine wirkliche Person ist, welche die körperliche Auflösung oder den Tod überlebt. Und so ist es; der Verfasser stimmt darin völlig mit ihr überein. Aber er stimmt ebenfalls mit den Behauptungen der buddhistischen Schriften überein, denn er hat seiner Meinung nach in den vorhergehenden Abschnitten mit genügender Klarheit, wenn auch skizzenhaft, gezeigt, daß diese überlebende 'Person' die karmische Wesenheit oder das Karma der früheren verstorbenen Wesenheit ist, die auf diese Weise überlebt.

Was ist schließlich eine 'Person' anderes als eine Maske, ein Vehikel, ein Schleier, der aus zusammengesetzten oder angehäuften Elementen besteht, die der umgebenden Natur entzogen worden sind, durch die die spirituelle Kraft, die in den vorhergehenden Abschnitten erwähnt wurde, wirkt und lebt und die man, wird sie bis zu ihrer Quelle zurückverfolgt, als den inneren Buddha, den Dhyâni-Buddha der inneren Göttlichkeit erkennt. Dieses, so lehrte der Buddha, könnte, wie es in dem Mahâyâna-System so gut dargestellt ist, der Mensch wieder werden, wenn er so lebt und strebt, daß er ihn in karmische Beziehung zu sich oder in karmische Existenz hier auf Erden bringt.

Unglücklicherweise scheint Mrs. Rhys Davids die Lehre der pâli-buddhistischen Schriften über das Weiterleben des Karmas als der Wesenheit selbst den mönchischen Ausarbeitungen buddhistischer Einsiedler zuzuschreiben, die der Welt zu entfliehen suchten und somit äußerste Vernichtung ihres Wesenskernes erflehten, was sie ihrer fortgesetzten Existenz in bewußten

Wiedergeburten vorzogen. Der Verfasser ist überzeugt, daß Mrs. Rhys Davids hier den subtilen philosophischen Sinn dieser ganzen Sache vollständig mißverstanden hat, und er glaubt, daß buddhistische Gelehrsamkeit die essentielle Lehre über diese Sache der Hînayâna-Pâli-Schriften in der Zukunft bis zu den Erklärungen des Buddha Gautama selbst zurückverfolgen wird. Die Zeit wird es zeigen.

Doch kann man nur wünschen, daß dieser mutigen Forscherin und Gelehrten der schuldige Zoll an Hochachtung zuteil wird, die unerschrocken genug ist, in der heutigen Zeit dem Strom falscher Auffassungen und Vorurteile, den frühere abendländische Gelehrte des Buddhismus so stark in Bewegung gesetzt haben, anscheinend allein entgegenzutreten.

## II

Wenn wir uns jetzt einer spezielleren Prüfung der metaphysischen und religiös-philosophischen Ideen, die im Buddhismus verkörpert sind, zuwenden, könnte man geneigt sein, die sehr passende Frage zu stellen: Was sind denn nun die Lehren - wenigstens einige der wichtigeren -, die der Buddha Gautama gelehrt hat? Oder auch: Was ist die fundamentale Lehre des Buddhismus? Man findet, daß diese Frage dauernd gestellt und von abendländischen Orientalisten beantwortet wird. Aber der Verfasser hat sich bei seinem Studium des Buddhismus, das sich auf über dreißig Jahre erstreckt, immer darüber gewundert, daß diese wirklich gelehrten und wissenschaftlichen Menschen des Abendlandes, die ihren Studien so gewissenhaft, ja, so fleißig nachgehen, beständig *einer* fundamentalen Lehre nachjagen und daß sie darauf bestehen, daß der Buddhismus nur *eine* fundamentale Lehre haben müßte. Um die Wahrheit zu sagen, der Verfasser weiß nicht, was diese *eine* fundamentale Lehre sein soll. Es ist leicht zu erfahren, was viele, wenn nicht die meisten europäischen Gelehrten darüber zu sagen haben; jedoch hat der Schreiber dieser Zeilen etwa dreißig Jahre lang danach geforscht, die "eine fundamentale Lehre" im Buddhismus ausfindig zu machen; aber statt einer hat er hundert oder noch mehr entdeckt.

Was sind nun einige davon? Die Unbeständigkeit aller manifestierten Existenz oder Existenzen; daß infolge dieser Unbeständigkeit und illusorischen Natur aller manifestierten Wesen und Dinge allen Wesen, die in dieser Illusion oder Mâyâ leben, Schmerz, Leid und Sorge eingeboren sind. Es gibt aber einen Weg, der dazu führt, daß all diese Sorge, all dieser Schmerz und alle individuellen Illusionen hierüber aufhören, und dieser Weg ist dem Wesen nach achtfältig. Er wird in Europa allgemein "Der edle achtfältige Pfad" genannt, der auf vier fundamentalen Wahrheiten basiert. Was sind zuerst einmal diese vier edlen Wahrheiten?

Die edle Wahrheit über Kummer und Leid;

die edle Wahrheit über die Ursache von Kummer und Leid;

die edle Wahrheit über das Aufhören von Kummer und Leid;

die edle Wahrheit über den Pfad, der zu diesem Aufhören führt.

Diese vier Wahrheiten können etwa wie folgt erläutert werden:

1. Leid und Sorge existieren in allen manifestierten Wesen.

2. Es gibt eine Ursache für existierendes Leid und existierenden Kummer.

3. Es gibt eine Möglichkeit, die Ursachen von existierendem Leid und Kummer auszulöschen.

4. Es gibt einen Pfad, und wenn man ihm folgt, werden die Ursachen von existierendem Leid und Kummer ausgelöscht. Dieser Pfad besteht in einer ständigen Wandlung der Faktoren oder Samskâras unseres Bewußtseins zum Besseren. Es gibt acht solche Faktoren, und sie umfassen den edlen achtfältigen Pfad.

## DER EDLE ACHTFÄLTIGE PFAD

1. Das Erkennen der Richtigkeit der vorhergehenden vier Wahrheiten.

2. Das zu erlangende Ziel klar im Sinn zu haben und es festzuhalten mit Unterscheidungskraft.

3. Rechte Worte oder eine beherrschte und gezügelte Sprache immer und überall.

4. Beherrschtes und gezügeltes Handeln immer und überall.

5. Angemessene und ehrenwerte Mittel des Lebensunterhaltes.

6. Ein unbeugsamer Wille, das ersehnte Ziel zu erlangen.

7. Ein beweglicher Intellekt, immer aufgeschlossen für eine größere Wahrheit und bereit zu lernen; das Kultivieren eines starken und guten Gedächtnisses.

8. Eine unverhüllte spirituelle Wahrnehmung, ver-

bunden mit großer Sorgfalt im Denken, denn dies ist der Grundton aller vorhergehenden Punkte, das heißt mit anderen Worten, rechte Meditation mit ruhigem Gemüt, in das auf diese Weise die Weisheit eingeht.

Außer diesem "edlen achtfältigen Pfad", der sich auf die vier Wahrheiten gründet, die besonders jene lieben und mit Recht lieben, die dem Hînayâna folgen, werden noch die sechs, sieben oder gar zehn Pâramitâs oder erhabenen Tugenden studiert und von den Schülern der Schulen des Nordens hoffentlich auch befolgt. Es sind diejenigen, die da glauben, daß sie die Herzenslehre des Herrn Buddha empfangen und entwickelt haben, und die, wenigstens in ihren Prinzipien, auch die Gehirn-Lehre, die 'Augen-Lehre' des Hînayâna annehmen.

Was sind nun diese Pâramitâs? Sie sind unten aufgeführt und zum größten Teil mit den Worten H.P. Blavatskys wiedergegeben, die in ihrem feinen, kleinen Handbuch "Die Stimme der Stille" zu finden sind. Wenn sie auch an erster Stelle Theosoph war, so war sie formell doch auch ein Buddhist, da sie einmal, als sie in Ceylon war, Pansil oder die fünf exoterischen Gelübde abgelegt hat. So war sie qualifiziert, über die Lehren dessen zu sprechen, den sie liebte, weil sie ihn weit besser verstand als die ziemlich starrsinnigen europäischen Orientalisten, die in hohem Grade von der psychologischen Atmosphäre einer jetzt sterbenden anthropologischen Wissenschaft beherrscht waren und zugleich unter dem Einfluß einer ebenfalls sterbenden christlichen Theologie standen.

Dies nun sind die berühmten Pâramitâs, von denen die ersten sieben ungefähr mit den Worten H.P. Blavatskys wiedergegeben sind:

1. Der Schlüssel des Mitleids und unsterblicher Liebe.

2. Harmonie in Wort und Tat, wodurch das Bilden zukünftigen bösen Karmas an den Wurzeln abgeschnitten wird.

3. Geduld, die sich durch nichts aus der Fassung bringen läßt.

4. Gleichmut in Freud und Leid, wodurch die Illusion besiegt und die Wahrheit erkannt wird.

5. Furchtlose Energie oder Tatkraft, die aus dem Schlamm der Lügen ihren Weg zur höheren Wahrheit findet.

6. Spirituelle Meditation, ein goldenes Tor, das, einmal geöffnet, den Chela oder Neophyten in das Reich ewiger Wahrheit und unaufhörlicher Betrachtung darüber führt.

7. Weisheit, mit scharfsinniger Intelligenz verbunden, die aus einem Menschen einen Gott macht, indem sie aus ihm einen Bodhisattva hervorbringt, einem Sohn der Dhyânis.

Außer diesen sieben werden auch die folgenden drei häufig in der buddhistischen Literatur erwähnt. Sie sind ebenso wichtig wie die ersteren, wenn sie hier auch nicht in ihrer gewöhnlichen Reihenfolge aufgezählt werden, wie man sie allgemein in exoterischen Büchern findet:

8. Die richtige Methode oder Disziplin in der Verfolgung des Pfades.

9. Der glühende Wunsch, Erfolg zu erringen, um eine unpersönliche wohltätige Energie in der Welt zu werden.

10. Eine dauernde Übung des Intellektes durch das Studium von uns selbst und anderen und daneben auch durch das Studium der großen religiösen Literaturen und Philosophien der Welt.

Man bedenke, diese zehn Pâramitâs gehören zu den am meisten angenommenen mystischen Lehren der nördlichen Schule des Buddhismus, denen etwa 400 Millionen Menschen mehr oder weniger treu folgen - wenigstens wollen wir es hoffen.

III

Diejenigen, die, wie befürchtet wird, nur wenig von der wesentlichen Lehre des Tathâgata, Gautamas, des Buddha, verstehen, haben oft gesagt, er hätte gelehrt, daß, wenn ein Mensch stirbt, sein Fatum oder Schicksal dann "Finis", das heißt abgeschlossen und vollendet wäre. Der Mensch ist, er stirbt, er ist nicht mehr! Dies ist eine ungeheuerliche Entstellung der Lehre des Buddha. Oft ist von denen, die Gautama Buddhas Lehren zwar studiert, aber mißverstanden haben, gesagt worden, er habe gelehrt, es gäbe keine Wesenheit, die als solche reinkarniert oder sich wiederverkörpert; und doch sind sowohl die Lehren der buddhistischen Schriften des Südens als auch die des Nordens voll von Geschichten über das, was im Volksmund irrtümlich als "Metempsychose" von Individuen bezeichnet wird.

Man nehme zum Beispiel die schon erwähnten Jâtaka- oder Geburtsgeschichten, die von der gedankenlosen Masse für Erzählungen über die früheren Verkörperungen Sâkyamunis gehalten werden und von Ereignissen handeln, die sich in diesen seinen früheren Verkörperungen auf Erden zugetragen haben sollen. Dann wird man in diesen seltsam interessanten und manchmal tiefgründigen Erzählungen, die meist mystisch und metaphorisch sind, finden, daß die Existenzen des Buddha gewissermaßen zu Anbeginn dieser gegenwärtigen Weltperiode als eines der niedrigsten und bescheidensten Geschöpfe anfingen und daß er durch wiederholte Verkörperungen langsam evolvierte, indem er in einer jeden wuchs und sich entwickelte, bis er schließlich als Sâkyamuni die Buddhaschaft erreichte.

Frage: Wenn es keine überlebende Wesenheit gäbe, was war es dann, das von Geburt zu Geburt schritt in jenen zahlreichen Geschichten, die, was man auch immer von ihnen denken mag, davon künden, daß die Menge der Buddhisten allgemein annimmt, es gäbe eine Art X-Faktor in dem Komplex von Skandhas, die das menschliche Wesen bilden, der von Leben zu Leben fortschreitet? Oder denkt man an die vielen Beispiele in den kanonischen buddhistischen Schriften, die dem großen Lehrer Beobachtungen, Bemerkungen, Parabeln und Hinweise auf die vorausgegangenen Geburten dieser oder jener Individuen in den Mund legen. Wenn der Buddhismus keine solche Kontinuität durch wiederholte Verkörperungen von "Etwas" lehren würde, warum dann alle diese Anspielungen auf reinkarnierende Wesen?

Im vorigen Kapitel ist die Sache mit einiger Ausführlichkeit behandelt worden unter gebührender Bezugnahme auf die Theorie, daß der Mensch sein eigenes Karma oder skandhisches Aggregat ist, das aufs neue als eine Zusammensetzung wiedervereinigt oder eingesammelt wird, um eine neue Person, einen neuen Menschen für jede folgende Verkörperung oder Reinkarnation hervorzubringen.

Der Buddhismus lehrt eine Evolution oder Entwicklung dieses X-Faktors aus Bewußtsein und Willen, die sich langsam durch viele Wiedergeburten, durch sich wiederholende Verkörperungen vollzieht, wodurch eine ständige Zunahme von Fähigkeiten und Kräften zuwege gebracht wird, bis schließlich die Wesenheit, deren evolvierendes Schicksal auf diese Weise verfolgt worden ist, zum Menschen wird. Nachdem sie dann zum Menschen geworden ist, wird sie schließlich ein Bodhisattva - einer, der von dem Geist des inneren Buddhas erfüllt ist oder vielmehr mit dem buddhischen Prinzip, dem Bodhi, dem Prinzip und Urquell höchster Weisheit. Darüber hinaus, wird der Buddha Gautama als Beispiel oder Illustration einer solchen sich entwickelnden Wesenheit betrachtet, wurde er bei seiner letzten Inkarnation auf Erden als der menschliche Bodhisattva Siddhârta, später Sâkyamuni genannt, im Jahre 643 v. Chr. geboren. Mit 80 Jahren dann, nachdem er durch vielfache Erfahrungen und Prüfungen hindurchgegangen war, seine Schüler um sich versammelt, sie gelehrt und ausgesandt hatte, das 'Gute Gesetz' zu verkünden, ging er in Nirvâna ein. Mit diesem Eingehen blieb nichts von ihm zurück als sein Dharma - das Gesetz, das heißt die Wahrheit, die er gelehrt hatte.

Nun mag vielleicht gefragt werden: Was ist es denn nun, das, angefangen bei den niedrigsten Wesen, durch die vielen und mannigfaltigen "gatis" oder "Wege" der Existenz, durch wiederholte und unaufhörliche Wiedergeburten hindurchgeht, bis dieses Etwas, diese X-Größe, die hier zuvor X-Faktor genannt wurde, zu einem Buddha geworden ist? Was ist es? wird gefragt. Die Schriften Südasiens, des Hînayâna, würden sagen, es sind die Resultate, die Folgen, das heißt Karma. Sehr richtig! Was ist aber dieses Karma? Das Wort selbst bedeutet Handlung und hat den Sinn von Resultaten, Folgen oder Wirkungen. Ist es denn nun denkbar, daß der edelste Weise historischer Zeiten, der Titanen-Intellekt des Menschengeschlechts, vielleicht der erhabenste spirituelle Genius seiner Art, der den menschlichen Rassen seit Tausenden und aber Tausenden von Jahren bekannt gewesen ist, gelehrt habe, daß bloße Folgen, nackte Komposita, bloße Wirkungen, technisch gesprochen Samskâras oder bloße Ansammlungen (man könnte mit Recht fragen: Ansammlungen wovon?), auf wesenhafte Art von Leben zu Leben fortschreiten und sich wieder neu sammeln können - ja es wirklich tun, sich also wieder neu sammeln, nachdem sie von Zeit zu Zeit als atomistische Aggregate in die verschiedenen Naturreiche zerstreut waren, denen sie ursprünglich entnommen wurden? Die Antwort hängt ganz von der Bedeutung ab, die wir dem Ausdruck Samskâras und der Bezeichnung Skandhas geben. Sind diese bloße Aggregate von Atomen, die ebenso auf dem psycho-emotionalen wie auf dem physischen Plan ohne irgendein inneres Band spirituell-psychologischer Vereinigung existieren, wird somit die rein und gänzlich materialistische Idee zum Ausdruck gebracht, und es muß daraus der Schluß gezogen werden, daß dieser Titanen-Intellekt eine Unmöglichkeit lehrte, die schon ein bloßer Anfänger in philosophischem und wissenschaftlichem Denken als Worte ohne Bedeutung ungeduldig zurückweisen würde, als Gedanken ohne Inhalt, als Ideen, die sinnlos und ohne Grundlage sind. Wird aber andererseits verstanden - wie es verstanden werden sollte -, daß Samskâras psycho-magnetische, materielle Aggregate von Lebensatomen bedeuten, die sich aufgrund ihrer inneren magnetischen Lebenskraft gegenseitig anziehen und durch die wiederholte Tätigkeit der schon beschriebenen spirituellen und intellektuellen Kräfte vereinigt und regiert werden, die sie früher schon als aggregiertes Vehikel zusammengehalten haben, dann haben wir wirklich eine vernünftige und logische Lehre. Eine Lehre, die im Einklang steht mit dem, was wir von dem komplizierten und zwar einheitlichen, doch zusammengesetzten Charakter unserer Konstitution wissen. Außerdem steht sie völlig im Einklang nicht nur mit all den Lehren der heutigen Hindu-Philosophie, sondern auch mit alledem, was von des Buddha eigener, gewaltig inhaltsreicher und tiefer Philosophie geblieben ist.

Die folgenden Beobachtungen geben also den unzweifelhaften Sinn und inneren Gehalt der Lehre Gautama Buddhas wieder, was zugleich Sinn und Gehalt des 'Herzens' seiner Lehre ist, wie sie sich in den Mahâyâna-Schulen des Nordens findet und wie sie heute von der Esoterischen Philosophie gelehrt wird. Es könnte hinzugefügt werden, daß es auch Sinn und Inhalt der Hînayâna-Schule ist, obgleich in dieser der innere Gehalt weniger leicht enthüllt wird; wenn er jedoch entdeckt wird, so erkennt man ihn ebensogut als Teil davon, da sie ja einen essentiellen Teil der großen Mahâyâna-Systeme bildet. Wahr ist, daß die niederen, geringeren Teile einer jeden Wesenheit - eines Menschen zum Beispiel - ein Konglomerat oder einen 'Komplex' und somit ein zusammengesetztes Aggregat bilden und eben wegen dieser Zusammensetzung als eine solche Kombination, die im Buddhismus die Samskâras oder der Körper der Komposita genannt wird, sterblich und vergänglich sind. Dennoch gibt es ein "Etwas" von spirituellem, intellektuellem und psychologischem Charakter, das vorher der X-Faktor genannt wurde, um das sich diese aggregierte Verbindung bei jeder neuen Wiedergeburt wieder sammelt oder zusammenfindet. Dieses Etwas ist es, durch welches das Kompositum wieder zusammengebracht und während des Lebens als eine Wesenheit zusammengehalten wird. Auf diese Weise bildet es einen Menschen oder auch jedes andere lebende Wesen. Hier gibt es keine Lehre von der unvergänglichen, unsterblichen Seele im christlichen Sinne, die ganz offenbar die Ewigkeit hindurch statisch, mit unveränderlichen essentiellen Merkmalen fortbesteht. Die Schlußfolgerung, die aus den Lehren Buddhas gezogen wird und in den vielen verschiedenen Schriften zu finden ist, nämlich, daß es im Menschen keine unvergängliche, unsterbliche Seele gibt, ist ganz richtig, denn um unsterblich zu sein, dürfte und könnte sich eine solche Seele ihrem Wesen nach nicht ändern, was ebenfalls bedeutet, daß sie nicht wachsen oder sich entwickeln könnte. Denn wenn sie wächst, sich entwickelt, was gleichbedeutend ist mit sich wandeln, etwas anderes werden, etwas Besseres, dann ist sie nicht mehr das, was sie vorher war. Sie ist etwas anderes, weil sie sich verändert hat, und darum, weil sie nicht mehr das ist, was sie zuvor war, kann sie offenbar nicht unsterblich im christlichen Sinne sein. Dies ist ein subtiler und tiefer Gedanke, der, wenn einmal erfaßt, die innere Bedeutung der diesbezüglichen Lehre Sâkyamunis entschleiert, wodurch unser Sinn für logische Folgerichtigkeit zur Bewunderung entfacht wird. Folglich ist diese X-Größe, man mag sie nennen, wie man will, sagen wir Karman - sofern der richtige Sinn des Wortes Karman in seiner Bedeutung von Wirkungen oder Resultaten irgendwelcher Art, seien diese spirituell, intellektuell, psychisch, physisch oder sonstwie, verstanden wird -, jenes vital-psychologische Etwas, welches das Wieder-Einsammeln der Samskâras für ein neues Leben sichert und auf diese Weise den neuen Menschen als Frucht oder Resultat seines vergangenen Lebens reproduziert. Dies alles ist lediglich eine kontinuierliche Existenz dieser X-Größe in Leben um Leben vermöge der karmischen Konsequenzen oder Resultate des Lebens, ja aller Leben, die einer jeden neuen Erscheinung, Verkörperung oder Inkarnation der Wesenheit auf ihrer Pilgerschaft vorangingen.

Es soll der Versuch gemacht werden, diese für Abendländer so schwer verständliche, sehr mystische Lehre zu illustrieren. Man betrachte ein Kind. Das Kind wird aus einem unendlich kleinen, unsichtbaren menschlichen Lebenskeim geboren, und doch wächst es in ein paar Jahren zu einem großen Mann heran. Um nun aus dem kleinen Kind, das es ist, zu einem großen Mann zu werden, muß dieses durch viele verschiedene Wachstumsstadien, Evolutionsstufen hindurchgehen, was Entwicklung, Entfaltung bedeutet. Erst ist es der mikroskopisch kleine Keim, der sich zum Embryo entwickelt, der als Säugling geboren wird. Dann wächst er zum Knaben heran; der Bursche wird zum jungen Mann, woraufhin sich der junge Mann zum Mann der Reifezeit in der Fülle seiner Kräfte umwandelt. Danach tritt er schließlich in die Phase des Greisenalters ein, des Verfalls, der Altersschwäche und des Todes. Nun ist jede dieser Phasen eine Abänderung der vorausgegangenen, und sie ist auf der vorausgegangenen gegründet und basiert auf ihr. Eine jede solche neue Phase ist das Karma der zuletzt vorausgegangenen Phase, ja aller vorausgegangenen Phasen. Jedoch bleibt der Mensch derselbe während all dieser Veränderungen, obwohl auch er sich ändert, weil er ebenfalls wächst.

Der Knabe von sechs ist nicht der Knabe von zehn; der Knabe von zehn ist nicht der Bursche von fünfzehn, und der junge Mann von fünfundzwanzig ist nicht der Mann von vierzig; und der Mann von vierzig ist anders als der Mann von fünfundfünfzig, wenn er in der Vollkraft des Lebens steht - oder stehen sollte. Und der Mann von achtzig, der normalerweise schwach, müde und erschöpft von der Mühe und der Arbeit ist, der bald für eine Weile zur Ruhe und zum Frieden eingeht, dieser ist nicht das neugeborene Kind. Dennoch ist die Wesenheit vom Anbeginn der zyklischen Reihe bis zu ihrem Ende dieselbe, denn es besteht eine ununterbrochene Reihe von Stufen oder Stadien der Veränderung, was soviel ist wie Wachstum, was Entfaltung oder Evolution bedeutet.

In diesem Beispiel, so einfach es auch ist, liegt der Schlüssel zum buddhistischen Denken. Genauso, wie es sich mit Geburt, Entwicklung und Wachstum eines Kindes zum Erwachsenen verhält, ist es auch mit dem Übergang des Karmas einer Wesenheit von Körper zu Körper durch die verschiedenen Lebensstadien der Wiedergeburt während der verschiedenen Zeitalter: das Fortschreiten jener X-Größe vom Niedrigen zum Höheren, jener X-Größe, welche die Esoterische Philosophie das "reinkarnierende Ego" nennt und von dem die mystischen Buddhisten als von dem leuchtenden Strahl des inneren Buddhas sprechen. Der Hînayâna des Südens aber, das unvollständige Vehikel, die exoterische Lehre des Herrn Buddha, spricht davon als von dem 'Karma' des Menschen, das fortgesetzt edler, besser, vornehmer, größer, mehr entwickelt wird, bis der Mensch durch diese karmischen Veränderungen oder Wandlungen des Karmas schließlich zu einem Bodhisattva wird. Dieser wird dann ein Buddha und geht schließlich in Nirvâna ein.

Es könnte hier ebensogut gesagt werden, daß dieses 'Etwas', dieser X-Faktor, das ist, was in der Esoterischen Philosophie die Monade genannt wird. Diese ist ihrer Essenz nach unvergänglich und der Urquell allen Bewußtseins und Willens. Sie wandert das gesamte Manvantara hindurch von Zeitalter zu Zeitalter und reproduziert sich durch Strahlen aus ihrer Essenz in den verschiedentlichen Wiederverkörperungen oder Reinkarnationen, die sie auf diese Weise zustande bringt. Im mystischen Buddhismus, insbesondere dem des Nordens, ist die Monade identisch mit dem Dhyâni-Buddha oder dem inneren spirituellen "Buddha der Meditation", der das Herz oder der Kern eines jeden sich wiederverkörpernden Wesens ist. Ebenso wie in der Esoterischen Philosophie oder der Esoterischen Tradition eine jede Monade ein Tröpflein oder, um das Bild zu ändern, ein Strahl von und aus dem kosmischen Mahâbuddhi ist, genauso ist im mystischen Buddhismus jeder Dhyâni-Buddha ein Strahl aus Amitâbha-Buddha, einer Form oder Manifestation von Alaya oder dem kosmischen Geist.

Wenn man hört, der Buddhismus lehre das endgültige Aufhören, das heißt die durchgreifende, totale Umwandlung jener immateriellen, vagen Wesenheit, welche die Christen fälschlich "Seele" und die Buddhisten des Südens "Karma" eines Menschen nennen, die Gesamtsumme alles dessen, was ein Mensch ist: alle seine Gefühle, seine Gedanken und sein Streben, seine Energien und seine Kräfte, kurz alles, was der Mensch ist, denn alles ist sein Karma, das immer weiter schreitet zu Höherem und noch Höherem, dann sollte man folgendes bedenken: Obgleich diese Feststellung, wenn richtig verstanden, wahr ist, ist dennoch die nördliche Schule des Buddhismus unvergleichlich mystischer als die südliche und hat, wenn auch unvollkommen, die bestimmtere und klarere Lehre noch erhalten, wie sie aus des Buddhas "Herzen" hervorging. Diese Lehre besagt, daß im Innern der zusammengesetzten Wesenheit, Mensch genannt, die aus den Samskâras aufgebaut ist, ein Strahl aus dem himmlischen Buddha vorhanden ist und daß es der Einfluß dieses Strahles ist, der die Samskâras zuerst zusammenführte. Dieser Strahl besteht die Zeitalter hindurch fort und sammelt dieselben Samskâras immer aufs neue wieder ein und reproduziert auf diese Weise durch wiederholte Verkörperungen auf Erden dieselbe karmische Wesenheit, die vorher existiert hat. Man versuche, die essentielle Bedeutung dieser Karman-Lehre zu verstehen, die der große Meister gelehrt hat und die in den buddhistischen Schriften mehr oder weniger getreu enthalten ist. Dann wird man die Tatsache erfassen, daß das Karma des Menschen der Mensch selbst ist und daß, gerade weil er sich fortgesetzt ändert, da er fortgesetzt wächst, das Karma des Menschen, das er selbst ist, sich offenbar ebenfalls ständig ändert, und zwar zum Besseren. Die Lehre des Südens, des Hînayâna, ist wahr, wenn sie behauptet, daß das, was von einem Menschen nach seinem Tode zurückbleibt, sein Karma ist, denn dieses Karma ist, wie gerade gezeigt, der Mensch selbst.

## IV

Mit allem, was in diesem und in dem vorhergehenden Kapitel gesagt wurde, ist das Thema wenig mehr als skizziert worden, doch genügt hoffentlich der Überblick, um seinen inneren Sinn herauszustellen. Er, den seine Nachfolger und das Abendland unter verschiedenen Bezeichnungen kennen, wie Gautama, der Buddha, Sâkyamuni oder der Sâkya-Weise oder unter seinem persönlichen Namen Siddhârta - was "einer, der sein Ziel erreicht hat" bedeutet -, wurde im Frühling oder ungefähr um die Zeit der Frühlings-Tagundnachtgleiche bei zunehmendem Mond unter Zugrundelegung der christlichen Zeitrechnung im Jahre 643 v. Chr. in einer nordindischen Stadt geboren, von der heute angenommen wird, daß sie im Vorgebirge des Himâlaya gelegen war. Sein Vater war Suddhodana, was unsere sehr pragmatischen Abendländer mit "reiner Reis" oder "reine Nahrung" übersetzen, wobei sie anscheinend vergessen, daß es wirklich unmöglich ist, daß dies die Übersetzung sein könnte, weil es eine Verletzung der Sanskrit-Grammatik bedeuten würde, denn das Original einer solchen Übersetzung müßte Suddhaudana geschrieben werden, was nicht der Fall ist. Das Wort bedeutet "reines Wasser" oder 'reine Flut' und steht offenbar in Zusammenhang mit der Tatsache, daß seine Mutter Mâyâ oder Mâyâdevî hieß, was Illusion oder die Göttin Illusion bedeutet. Dies ist ein mystischer Name, der sich auf die buddhistische Lehre bezieht, wonach sein Ursprung göttlich war, vom himmlischen Buddha, aus dem ein reiner Strahl des Geistes flutete, der durch die Bereiche der Illusion, der Mutter, hindurchging und den Buddha mystisch gebar. Es sollte auch bedacht werden, daß der Name seines Weibes Yaśodharâ war, was mit "Halter der Glorie" oder vielleicht besser mit "Besitzer der Glorie" übersetzt werden kann, was auf die Tatsache hinweist, daß er als die andere "Hälfte" seiner selbst spirituelle Eigenschaften und Kräfte besaß, durch die und in Verbindung mit denen er lebte und wirkte.

Es ist unnötig, hier von neuem die weltberühmte Lebensgeschichte Buddhas zu erzählen, da sie nicht nur den Gelehrten, sondern auch jedem wohlbekannt ist, der das Leben des großen Meisters studiert hat. Diejenigen, welche heute noch von den verschiedenen Formen des niederen indischen Yoga, wie sie im Abendland durch Wanderphilosophen von der indischen Halbinsel verkündet werden, so seltsam und stark fasziniert sind und die sich einbilden, der Weg der Einweihung und innerer Entwicklung sei die Kasteiung oder, was noch schlimmer ist, die Verstümmelung des physischen Körpers, sollten sich durch die Tatsache ernstlich beraten lassen, daß der Buddha, wie die Geschichte seines Lebens berichtet, alle diese verschiedenen Mittel zur inneren Entwicklung beiseite warf und sie als durchaus nutzlos für einen höheren Zweck zurückwies, nachdem er sie durch Yoga erprobt hatte.

Ikonographie und bildende Kunst stellen allgemein im Buddhismus die verschiedenen Phasen oder Ereignisse seines Lebens dar, bevor er höchste spirituelle Erleuchtung oder Buddhaschaft unter dem Bodhi-Baum erreichte, wie dieser zur Erinnerung an jenes große Ereignis genannt wird. Die instruktivsten Darstellungen sind diejenigen, welche den Buddha in einer der verschiedenen Stellungen spiritueller Meditation inneren Sich-Erinnerns zeigen. Aber ebenso kennzeichnend sind diejenigen, die den Buddha in dem Vor-Buddha-Zustand wie ein wahrhaftes Bild aus Haut und Knochen darstellen, was die Deutschen ein Hautskelett nennen. Der Pfad zum Tempel der Weisheit und zu innerer Erleuchtung ist nicht der Pfad der Kasteiung des Fleisches, sondern die Herrschaft über den Willen, das Leben des Lebens, verbunden mit intellektuellem Erwachen, das heißt dem Pfad innerer Entwicklung und dem Einswerden mit den höheren Elementen der menschlichen Konstitution, die gleichzeitig in ihren höchsten Teilen göttlich, auf der nächst niederen Stufe spirituell und auf ihrer dritten Stufe intellektuell sind.

Der Ausdruck "Buddha" bedeutet "erwacht", von der Verbalwurzel बुध् (budh), die "beobachten", "Bewußtsein wiedererlangen" und somit "erwachen" bedeutet, das heißt, ein Buddha ist jemand, der in allen Teilen oder Stufen seiner siebenfältigen Konstitution völlig wach und aktiv und somit ein ganzes, vollständiges und relativ vollkommen entwickeltes menschliches Wesen ist.

Hier wird in relativer Kürze auch die esoterische Lehre gestreift, die die Angabe enthält, daß der Buddha im Alter von 80 Jahren tatsächlich für alle menschlichen Angelegenheiten 'starb', weil seine höheren Teile in Nirvâna eingingen. Kein Nirvânî aber kann ein lebender Mensch genannt werden, wenn er den 7. Grad dieses Nirvâna-Bereiches erlangt hat, wie es bei dem Buddha der Fall war. Jedoch sagt die esoterische Lehre auch aus, daß er in allem übrigen seiner Konstitution, nämlich in jenen seiner Teile in ihm, die im Range unter dem inneren Dhyâni-Buddha standen, nach diesem Zeitpunkt für weitere 20 Jahre auf Erden lebend verblieb, seine Arhats und auserwählten Jünger im geheimen lehrte und ihnen die edleren 'Lehren des Herzens' gab, während er offenbar die 'Lehren seines Hirns', nämlich die Augen-Lehre, öffentlich gelehrt hatte, und daß schließlich Gautama Sakyamuni, der Buddha, im 100. Jahr seines irdischen Alters seinen physischen Körper abwarf und nunmehr in den inneren Reichen des Seins als Nirmânakâya lebt.

## V

Dieses Kapitel berichtet nur knapp, mit äußerster Kürze über ein Thema, dessen Studium wohl faszinierend ist, das aber diesen Teil des Buches zu sehr in die Länge ziehen würde, wollte man sich in eine ausgedehnte Analyse des edlen Themas einlassen, das hier zuvor kurz erörtert worden ist. Jedoch muß etwas mehr über eine Phase der Lehre des Buddha gesagt werden, wovon der exoterische Buddhismus, sowohl der des Nordens als auch der des Südens, nicht öffentlich spricht. Es gibt eine Weisheit, die Geheime Weisheit des Buddha Gautama, sein esoterisches Dharma, und der Verfasser zögert nicht, dies offen zu bestätigen, ja er wagt zu sagen, daß sie in den Lehren der Bücher der großen Mahâyâna-Schule Nord- und Innerasiens gefunden werden kann - allerdings mehr oder weniger verschleiert. Ferner kann dieses Dharma, diese Geheime Weisheit, diese Gupta-Vidyâ, wirklich gelehrt werden. Unter seinen Lehren, die auch in der nördlichen Schule zu finden sind, befindet sich die Aussage, daß jeder Mensch auf dieser Erde die Manifestation eines buddhischen Prinzips ist, das zu seiner Konstitution gehört und sich in drei Graden oder Phasen manifestiert:

a) als ein himmlischer oder Dhyâni-Buddha,
b) als ein Dhyâni-Bodhisattva,
c) als ein Mânushya-Buddha.

Und weiter wird gesagt, daß alle menschlichen Fähigkeiten und Kräfte gleich Strahlen einer spirituellen Sonne von dieser wunderbaren inneren, zusammengesetzten buddhischen Wesenheit ausgehen. Sie ist der Kern des Kernes unseres ganzen Wesens. Vereinigung mit diesem "Herzen" in uns ist das Ziel aller Einweihung, denn es ist die Vereinigung, das Einswerden mit dem Buddhi-Prinzip in uns, dem Sitz des abstrakten Bodhi. Ist diese Vereinigung vollzogen, wird der Mensch ein "Buddha".

Nach wohldurchdachter Ansicht des Verfassers ist dies der Grundgedanke der gesamten Lehre des Buddha Gautama. Sogar die letzten Worte, welche die volkstümliche Legende dem Meister auf seinem Sterbebette zuschreibt: 'Strebt nach eurer Vervollkommnung', beinhaltet denselben Grundgedanken vom Menschen als einer unvollkommenen Manifestation des himmlischen oder Dhyâni-Buddhas in ihm, als eines Menschen, der, bewußt oder unbewußt, immer danach strebt, Vereinigung mit dieser Göttlichkeit in sich zu erreichen. Dies ist der Yoga des Buddhismus, obgleich wir bereitwillig zugestehen, wenig davon zu hören. Doch es wird behauptet, er sei zugleich der wahre und der einzige Yoga, der in den verschiedenen Systemen der hinduistischen Yoga-Lehre überhaupt Wert hat.

In diesen von den überlieferten Lehren des Buddha hergeleiteten Gedanken ist genau dieselbe erhabene Ermahnung und Vorschrift enthalten, die alle großen Weisen und Seher aller Zeiten gelehrt haben, nämlich, daß der Weg zur unaussprechlichen Weisheit und zum Finden des Göttlichen in uns selbst zu finden ist. Gerade die großen spirituellen und intellektuellen menschlichen Titanen, deren großer Geist zu allen vergangenen Zeiten die Leuchte des Menschengeschlechts gewesen ist, waren es, die von diesem Buddha-Prinzip mehr oder weniger in sich entwickelt hatten; und der philosophische, religiöse und ethische Wert dieser Lehre liegt darin, daß jeder Mensch demselben Pfade folgen kann, dem die großen Meister gefolgt sind. Denn jeder Mensch hat in seiner Konstitution dieselben kosmischen Elemente, die identisch sind mit denen, die die Großen haben.

Auch die Schule des südlichen Asiens, der Hînayâna, sagt als unbezweifelte Lehre des Tathâgata, daß ein Mensch Vereinigung mit Brahman erreichen kann, was durch eine Anzahl von Stellen in den Pâli-Schriften bestätigt wird. Was ist denn nun der Pfad, durch den diese Vereinigung herbeigeführt werden kann? Zur Beantwortung dieser Frage mag das folgende Zitat aus einer der "orthodoxen" Schriften der Hînayâna-Schule betrachtet werden, und der Leser wird die Worte der buddhistischen Schriften vor sich haben. Die Lehre des Buddha Gautama über das Erlangen der Vereinigung mit Brahmâ wird ihm bekannt sein, da sie auch die Lehre des orthodoxen Brahmaismus ist. Es heißt in der "Tevijja-Sutta":

> "Daß der Bhikkhu, der frei ... nach dem Tode, wenn der Körper aufgelöst ist, mit Brahmâ, welcher derselbe ist, vereinigt wird; ein solcher Zustand der Dinge ist auf jeden Fall möglich!"

"Wahrhaftig, ... der Bhikkhu, welcher frei von Ärger und frei von Bosheit ist, der rein im Gemüt und Meister seiner selbst ist, wird nach dem Tode, wenn der Körper aufgelöst ist, mit Brahmâ, welcher derselbe ist, vereinigt werden; ein solcher Zustand der Dinge ist auf jeden Fall möglich!"

Aus der "Tevijja-Sutta", aus dem Pâli ins Englische übertragen von T. W. Rhys Davids; siehe Band XI der Reihe "Sacred Books of the East", Kap. III, Vers 7 und 8

"Denn Brahmâ kenne ich ... und die Welt des Brahmâ und den Pfad, der zu ihm führt. Ja, ich kenne ihn auch als einen, der in die Brahmâ-Welt eingegangen und darin geboren ist."

ebenda, Kap. I, Vers 43

"Und er läßt seinen Geist ein Viertel der Welt mit Gedanken der Liebe und des Mitleids, mit Sympathie und Gleichmut durchdringen und auch das zweite, das dritte und das vierte Viertel. So fährt er fort, die ganze weite Welt, oben, unten, rundherum und überall mit dem Herzen der Liebe und des Mitleids, mit Sympathie und Gleichmut zu durchdringen, weitreichend, groß geworden und über alles Maß.

Wahrlich, dieses ... ist der Weg zum Zustand der Vereinigung mit Brahmâ."

ebenda, Kap. III, Verse 1, 3, 4, gekürzt

Wie könnte wohl mit stärkeren Worten eine nachdrücklichere und klarer umrissene Aussage als die obige über die Tatsache gemacht werden, daß es ein Etwas von spirituell-intellektuellem Charakter gibt, das durch das zusammengesetzte Aggregat der Skandhas, die den "bloßen Menschen" bilden, hindurchwirkt. Diese spirituelle Substanz oder Wesenheit - in der Esoterischen Philosophie die spirituelle Monade genannt - kann und muß schließlich Vereinigung mit dem kosmischen Geist erreichen, der hier als Brahmâ bezeichnet wird und in der Esoterischen Philosophie oder der Esoterischen Tradition anders ausgedrückt auch häufig der Logos genannt wird, und zwar in diesem Fall der dritte oder sogenannte 'schöpferische' Logos. Hier ist in fast gleicher Formulierung die Essenz oder Substanz der Lehre des Vedânta Indiens, daß nämlich der Kern oder die Hauptwurzel aller Wesen und Dinge, darum auch des Menschen, das kosmische Brahman oder der kosmische Geist ist, aus dem alle Wesen und Wesenheiten hervorgehen und mit dem die Wiedervereinigung im Laufe langer Zeitalter schließlich unvermeidlich ist; und daß es einen Weg oder Pfad gibt, durch den eine solche Wiedervereinigung erreicht und die äonenlange evolutionäre Wanderung erheblich verkürzt werden kann.

Nachdem jene überzeugenden Abschnitte aus der Tevijja-Sutta zitiert wurden - einer der Standardschriften der südlichen Schule des Buddhismus, in denen von der X-Größe, jenem Etwas, nachdrücklich und klar gesagt wird, es sei fähig, "einen Zustand der Vereinigung mit Brahmâ" zu erreichen -, muß jetzt nachdrücklichst auf eine der prägnantesten und wichtigsten Lehren des großen Meisters hingewiesen werden, die zeigt, daß der Buddha Gautama keinesfalls diesen Zustand der Vereinigung mit Brahman als das Letzte oder das Ende der Existenz des glücklichen Jîvanmukta oder der befreiten Monade ansah. Tatsächlich steht seine Lehre ganz im Gegensatz zu einer solchen irrtümlichen Ansicht, denn in den Schriften des Nordens sowie in denen des Südens kann sowohl offen ausgesprochen als auch zwischen den Zeilen wiederholt die Angabe gefunden werden, daß es sogar jenseits "der Welt des Brahmâ", das heißt jenseits von Brahman, Bereiche des Bewußtseins und des Seins gibt, die noch höher sind als die Welt des Brahmâ, in denen sozusagen die Wurzeln des kosmischen Baumes ruhen und somit auch die Wurzel jedes menschlichen Wesens, des Sprößlings dieses mystischen kosmischen Baumes. Was ist nun diese mystische Wurzel, dieses Etwas, das sogar noch höher ist als Brahmâ? Es ist der individualisierte Âdi-Buddha, der kosmische "schöpferische" Logos von Âdi-Bodhi oder Alaya, der kosmische Urheber, denn selbst eine "Welt des Brahmâ" ist eine manifestierte Welt. Darum ist sie, wie hoch sie auch im Vergleich zu unserer materiellen Welt sein mag, doch eine relativ unvollkommene Sphäre des Lebens und der Leben. Folgerichtig besagt daher die Lehre, daß es sogar höher als Brahmâ noch etwas anderes gibt: die wurzellose Wurzel, die, kosmisch gesprochen, in die parabrahmaische Unendlichkeit zurück- und hineinreicht. Ein Buddha, das heißt jemand, der sich in seiner innersten Essenz mit dem kosmischen Bodhi vereinigt hat, kann daher nicht nur in die "Welt des Brahmâ" eingehen, sondern auch aus ihr heraus über sie hinaus und jenseits von ihr höher und immer höher weiterschreiten zu jenen kosmischen Bereichen der Leben-Bewußtsein-Substanz, zu denen menschliche Vorstellungskraft emporstreben mag, ja nach denen sich der Mensch tatsächlich, wenn auch schwach, immer sehnt. Solange wir aber nicht wirkliche Buddhas sind, das heißt uns nicht mehr oder weniger unmittelbar in selbst-bewußter Vereinigung mit dem Dhyâni-Buddha, der spirituellen Monade in uns befinden, können wir sie nicht anders als ein Schattenbild der unaussprechlichen Natur begreifen.

Diese Ausführungen und die notwendigerweise mehr

oder weniger zusammengedrängten Argumente, die von diesen und ganz besonders und in umfassenderer Weise von den allgemeinen Lehren der Esoterischen Philosophie, der Esoterischen Tradition abgeleitet sind, sollten jedem wirklich überlegenden und unparteiischen Geist beweisen, daß es etwas mehr, ja, bedeutend mehr in des großen Meisters Lehre gibt als die skizzenhaften schriftlichen Überlieferungen und ihre allzuoft in Voreingenommenheit entstellten Auszüge von seiten der zwar willigen und aufrichtigen, aber ungeschickten Hände der meisten europäischen Orientalisten. Eine geheime Lehre, eine esoterische Weisheit, eine vorgeschichtliche esoterische Tradition ist, wie man sieht, ein notwendiger Bestandteil der Lehre des Buddha, ja der beste Teil, da er der ganze Hintergrund ist. Denn auf einen solchen Hintergrund weist jede seiner öffentlichen Lehren hin; und wird sie mehr im ganzen als im einzelnen betrachtet, erfolgt nach der Analyse die Synthese, gelangt der unparteiische Schüler zu dem unvermeidlichen Schluß, daß eine solche esoterische Doktrin oder die Esoterische Philosophie wahrhaftig 'Herz' und Grundlage von des großen Meisters Lehre und seinem Lebenswerk ist.

## KAPITEL V

# SICHTBARE UND UNSICHTBARE WELTEN - I

Einer der wesentlichen Grund- oder Lehrsätze der Esoterischen Tradition, der zum innersten Bestand der Esoterischen Philosophie gehört, ist der, daß das Universum ein siebenteiliger bzw. zehnteiliger Organismus ist. Dies besagt, daß es eine lebendige Wesenheit oder ein Wesen ist, von dessen verschiedenen Komponenten einige mehr, einige weniger intelligent sind als andere, teils mehr, teils weniger bewußt. Hierbei vermindert sich die relative Fülle des Bewußtseins und der Intelligenz mit jedem Schritt "abwärts" auf der kosmischen "Lebensleiter". Die Lehre ist so allgemein, daß sie überall gefunden werden kann, in jedem alten religiösen oder philosophischen System, das dieses Namens wert ist, selbst wenn sie nicht immer unmittelbar zu erkennen ist, da sie in den äußeren oder exoterischen Formulierungen der verschiedenen alten Literaturen der Erde nicht immer offen ausgesprochen ist.

Wird diese sieben- oder zehnteilige Struktur der Welt nun offen verkündet oder lediglich unter dem Schleier oder der Verkleidung der Metapher überliefert, so darf doch völlig unbedenklich behauptet werden, daß der ernsthafte Schüler, der darauf bedacht ist, sich in größerem Umfang mit dem Gegenstand dieser alten Literaturen vertraut zu machen, sie in ihnen allen finden kann - vorausgesetzt, er widmet seinen Studien die aufmerksame Untersuchung, die, wie ihm die Erfahrung gezeigt haben muß, der einzige Weg ist, den "Körper" unter dem verhüllenden "Gewand" freizulegen.

Die in den voraufgehenden Abschnitten dargelegten

Tatsachen werden bald als wahr erkannt, wenn der forschende, geistig rege Schüler daran denkt, daß die gewöhnlichste Ausdrucksform dieser Lehre "Himmel" und "Höllen" sind, das heißt, es sind Sphären der Belohnung für rechtes Leben und Sphären der Läuterung oder läuternder Strafe für böses Leben. Soweit sich der Verfasser dieses Buches erinnert, sind diese Reiche oder Sphären von den ältesten Literaturen niemals in irgendeinem Teil oder in Teilen der materiellen oder physischen Welt lokalisiert worden, einer Welt, in der unser Körper lebt und derer wir menschliche Wesen uns durch die Nachrichtenkanäle unserer fünf Sinne mehr oder weniger bewußt werden. Von diesen Bereichen der Glückseligkeit oder der Qual wird ausnahmslos gesagt, sie befänden sich in unsichtbaren Sphären oder es seien "spirituelle" oder ätherische Bereiche des Universums.

Selbst rein exoterische und klösterliche Ideen wie die, daß die 'Hölle' im Mittelpunkt der Erde gelegen sei und der 'Himmel' in der oberen Atmosphäre, wie sie im früheren und im späteren mittelalterlichen Christentum populär waren und so schön und anmutig von Dante in seiner "Divina Commedia" - einem entstellten Widerhall mißverstandener griechischer und römischer mythologischer Geschichten über den Olymp und den Tartarus - dargestellt worden sind: selbst derartige völlig exoterische Ideen trugen ausnahmslos die gewöhnlich unausgesprochene Schlußfolgerung in sich, daß diese Reiche dennoch in jeder der beiden Richtungen ätherischer seien als unsere grobe Erde. Zudem waren diese Ideen der letzte verzweifelte Versuch der mystischen Instinkte des Menschen, ein Gebilde aus Raum und Zeit zu weben, wohin die Menschenseelen gehen, wenn ihr Erdenleben seinen Lauf vollendet hat.

Den voraufgehenden Ideen ähnlich waren die noch späteren Auffassungen einiger christlicher Theologen oder einfältiger Mystiker, wie die, daß die Hölle in der Sonne wäre, vielleicht auch auf der ausgedörrten Oberfläche des Mondes läge oder an sonst einem entlegenen und unerreichbaren Ort. Der Himmel hingegen wurde hinter die Wolken verlegt, jenseits des sichtbaren Himmels, in irgendeine unsichtbare, weil entfernte Region des Ätherblaus. Alle diese quasi-physischen Örtlichkeiten für den Himmel wie auch für die Hölle waren jedoch ganz späten Ursprungs. Und als die letzten leisen Warnungen der Esoterischen Tradition vergessen und die frühesten Lehren über unsichtbare Reiche und Sphären aus dem Gedächtnis des Abendlandes verschwunden waren, wurde der neue und geistig verjüngende Einfluß der Lehren europäischer naturwissenschaftlicher Forschung und naturwissenschaftlichen Studiums bemerkbar und zeigte auch dem Gedankenlosesten, daß ebensowenig Grund vorhanden war, die 'Hölle' in einen Teil des physischen Universums zu verlegen, wie den 'Himmel' darin zu lokalisieren.

Seit Jahrtausenden, schon lange vor dem Verfall und dem Untergang der griechisch-römischen Zivilisation sowie der der anderen Länder um das Mittelmeer, reichte diese Lehre durch die mannigfaltigen und oft widerspruchsvollen Ansichten, die eben in dem Zusammenhang mit den unsichtbaren Reichen erwähnt wurden, selbst noch bis in unsere Tage hinein und wirkte als eine der am weitesten verbreiteten menschlichen Intuitionen, die sich aber oft in höchst figürlicher und abergläubischer Form äußerten. Nichtsdestoweniger ist das Bewußtsein stetig in Fluß geblieben, daß die physische Sphäre um uns herum nur die Schale oder das Gewand innerer und unsichtbarer Welten ist. Die Intuition von dieser großen Naturwahrheit ist in ihrem Einfluß unter zivilisierten Menschen ebensoweit verbreitet und mächtig gewesen wie unter den barbarischen und wilden Völkern.

Die Wissenschaft der Anthropologie einschließlich ihrer Studien über die Mythologien der menschlichen Rassen hat exakt die Tatsache bewiesen, daß der menschliche Geist weit mehr geneigt ist, Gedankensysteme auszuarbeiten, die von unsichtbaren oder ungesehenen Welten handeln, die sowohl Ursprung als auch endliches Ziel der menschlichen Seelen sind, als in Gebieten unserer physischen Erdkugel nach Orten der Läuterung oder der Belohnung zu suchen, wie es die sehr exoterische Mythologie Griechenlands und Roms sowie die mittelalterliche Mythologie des Christentums, die getreue Kopistin der ersteren, getan hat.

Der Verfasser dieses Werkes wünschte wirklich, den wahren Grund angeben zu können - der so logisch und einfach ist, wenn er einmal verstanden wird -, warum solche Sphären der Vergeltung oder Strafe aus den Bereichen des Unsichtbaren in tatsächliche Örtlichkeiten des physischen Erdballs verlegt wurden. Aber er kann es nicht tun, und zwar aus naheliegenden Gründen.

Es dürfte somit genügen, die einfache Behauptung aufzustellen, daß der Schüler, je weiter er in seinen Studien zeitlich zurückgreift, desto klarer und unfehlbarer entdecken wird, daß der sogenannte 'primitive Mensch' - der zwar so, wie er geschildert wird, niemals existiert hat, außer im Geiste abendländischer Theoretiker - in Wirklichkeit ein hochzivilisiertes und gebildetes menschliches Wesen war. Dieser Mensch war ganz allgemein der Überzeugung, daß, wie schon erwähnt, das Gewebe des Universums siebenfältig oder zehnfältig ist und diese inneren Reiche für um so ätherischer und schließlich um so spiritueller befunden werden, je weiter die kosmische Struktur nach innen, das heißt in das für uns Menschen Unsichtbare hinein verfolgt wird.

Die wegen ihrer hohen Ätherhaftigkeit oder besser wegen ihrer Spiritualität unsichtbaren Welten oder ungesehenen Sphären wurden als die kausalen Reiche betrachtet, aus denen die verschiedenen Welten oder Daseinssphären - tatsächliche, wesenhafte Körper - durch regelmäßige Abstufung oder sukzessiv zunehmende Stofflichkeit zur Manifestation gelangten. Sie bilden in ihrer Gesamtheit den lebenden Organismus des Kosmos, von dem unsere eigene grob physische Welt die äußere Schale oder das Gewand ist.

## I

Alle diese archaischen Ideen hatten ihren Ursprung in den erhabenen Lehren jener prähistorischen Weisheit, die von den Schülern der Esoterischen Philosophie mit verschiedenen Namen belegt worden ist, wie zum Beispiel: die Alte Weisheit, die Esoterische Theosophie, die Esoterische Tradition, und von der die moderne Theosophie, wie sie zu unserer Zeit durch H.P. Blavatsky der Welt gebracht worden ist, die späteste historische Formulierung darstellt.

Wenn nun ein Schüler der Esoterischen Philosophie von 'unsichtbaren Welten' spricht, so meint er nicht Welten, die nur in dem Sinne nicht wahrnehmbar sind, weil sie nicht gesehen werden, sondern er versteht darunter jene, die viel mehr sind als das. Er meint jene Welten, die der Hintergrund und die kosmische Grundlage des sichtbaren Universums sind, das wir wahrnehmen. Ja, er meint noch viel mehr als einen Hintergrund, weil, wie schon gesagt, diese unsichtbaren Welten die kausalen Reiche, die Wurzeln der Dinge sind, die sich vor unseren Augen und um uns herum befinden.

Spricht der Spiritist, der moderne abendländische Spiritist, von seinem 'Sommerland' oder der Christ von 'Himmel' und 'Hölle', so fühlt ein Schüler der

Esoterischen Philosophie, daß keiner von beiden die Realität hinter dem physischen Schleier versteht, sondern daß sie beide eine vage, verschwommene Intuition davon haben, daß hinter dem, was sie sagen, eine Wahrheit steckt. Und diese Intuition ist richtig. Ihre jeweiligen Methoden aber, ihre Eingebungen zu erklären, sind jedoch in jedem Falle falsch. Beide, der Spiritist und der Christ, haben das Gefühl, daß hinter dem physischen Schleier etwas existiert. Dieses Gefühl ist zweifellos richtig. Aber es ist mehr als ein Etwas, es ist ein ungeheures Universum, ein Kosmos, ein organischer Kosmos der allerverschiedensten und mannigfaltigsten Arten von Welten, Ebenen und Sphären, die ineinandergreifen, in enger Beziehung zueinander stehen, ineinander wirken, zusammenhängen und eine Lebensgemeinschaft bilden.

Was ist denn in Wirklichkeit diese unsere sichtbare physische Welt? Woraus besteht unsere Kugel, die Erde, und auf welche Weise behält sie ihren Platz und ihre zusammenhängenden Bewegungen im Raume bei? Wie schwebt sie denn eigentlich sicher im Gleichgewicht im sogenannten 'Leeren'? Wie gleiten oder existieren die anderen Planeten und die Sonne im Raum, wie finden sie ihren Standort in den riesengroßen Bereichen der äußeren Unendlichkeit - oder gar der inneren Unendlichkeit? Was sind die Sterne, die Nebel, die Kometen und alle die anderen Körper, die anscheinend beliebig verstreut sind über die Bereiche des physischen Raumes - wenn ein derart absonderlicher Ausdruck angewandt werden darf? Gibt es da nichts weiter als die sichtbaren Himmelskörper, die unsere physischen Sinne wahrnehmen? Und hinter ihnen, um sie herum, in ihnen - gibt es da nichts als das Nichts? Fragen dieser Art, die zunächst vielleicht trivial und oberflächlich erscheinen, aber mit gebieterischer Hartnäckigkeit einem wahrhaft nachdenklichen Gemüt immer wieder kommen, erfordern Antworten. Jedoch macht sie die Oberflächlichkeit, mit der diese Antworten bisher faktisch von jedem Zweig moderner abendländischer Naturwissenschaft behandelt wurden, völlig unbefriedigend. Es erinnert an die frühchristliche theologische Idee, daß der Herrgott Himmel und Erde aus dem 'Nichts' schuf. Nichts ist aber nichts, und aus nichts kann nichts kommen, denn es ist nichts. Nichts ist ein Wort, ein Phantasieprodukt, wie etwa die Vorstellung, wenn wir von einer flachen Sphäre oder von einem Dreieck mit vier Seiten sprechen. Das sind Worte ohne Sinn, und daher ist es Unsinn, so etwas zu sagen. Sie bedeuten nichts Wirkliches, und soweit die christliche theologische Erklärung geht, fühlt man sich veranlaßt zu folgern, daß das theologische präkosmische 'Nichts' zum mindesten den unendlichen substantiellen Körper der göttlichen Imagination oder Gedanken plus Willen enthalten haben muß. Man darf wohl wagen zu sagen, daß selbst die orthodoxesten und exoterischsten unter den Theologen kaum behaupten würden, der göttliche Wille und die göttliche Imagination und die göttliche Schöpferkraft wären das 'Nichts'!

Gerade hier ist zu sehen, daß selbst das christliche Schema, das auf halb vergessener und mißverstandener heidnischer Philosophie basiert (wenn man es im Lichte der Esoterischen Philosophie richtig analysiert), mit der Lehre aller historischen, ja auch prähistorischen Philosophie und Religion eigenartig verwandt und ihr ähnlich wird, und zwar derart, daß in der letzten Analyse und zurückgehend bis auf primäre manvantarische Ursprünge das Universum und all sein verwirrendes Gewebe manifestierten Seins aus der Substanz der göttlichen Essenz selbst gewoben ist. Man ist ganz darauf gefaßt, daß diese Schlußfolgerung den späteren Schulen christlicher Exegeten vielleicht außerordentlich unwillkommen sein mag, aber wenn ihr biblisches, theologisches Schema überhaupt etwas bedeutet und vor dem Kehrichthaufen gerettet werden soll, dann muß es seinen hocherhabenen Ursprung anerkennen, so, wie er hier soeben umrissen worden ist.

Nach reiflichem Nachdenken über die in den voraufgehenden Abschnitten skizzierten Tatsachen sollte klar ersichtlich sein, daß das ganze Altertum universell darin übereinstimmte, daß es einen unsichtbaren Hintergrund gibt, ein riesenhaftes kosmisches Gewebe von Wesen und Dingen, die in ihrer Gesamtheit und in Verbindung mit den Reichen, in denen sie leben, die kausalen Reiche aller der physischen Welten bilden, die über die Räume des Raumes verstreut sind, nämlich: die unsichtbare substantielle Struktur des Kosmos, in dem diese sichtbaren Welten Wohnort und Unterkunft finden, in dem sie mithin leben und von dem sie alle die Kräfte, Substanzen und kausalen Gesetze des Seins ableiten, die sie zu dem machen, was sie sind. Dieses war in Wirklichkeit immer die Lehre der archaischen, prähistorischen Weisheitsreligion des Altertums, die in ihren religiös-philosophischen Formulierungen auch die Esoterische Philosophie genannt wird.

## II

Bevor dazu übergegangen wird, das Thema dieses Kapitels einer weiteren Betrachtung zu unterziehen, sollte sorgfältig beachtet werden, daß die Ausführungen in den voraufgehenden Abschnitten, die auf die sogenannten 'Himmel' und 'Höllen' Bezug nehmen, nur darum gewählt wurden, um eine Art zu illustrieren, in welcher der menschliche Geist seiner Intuition von der Existenz unsichtbarer Welten Ausdruck verliehen hat. Der Leser darf nicht glauben, daß die Weisen unter den Alten und noch weniger die Esoterische Philosophie die Ausdehnung der unsichtbaren Welten und die verschiedenen Stufen halb-bewußter und selbstbewußter Wesen, die sie erfüllen, auf das beschränken, was wir Erdenkinder uns im Geiste vorstellen, wenn wir uns in Spekulationen ergehen - oder wenn unsere Vorfahren sich in Spekulationen ergingen - über Sphären vergeltender Gerechtigkeit, sei es der Entschädigung für Unglück hier auf Erden oder der 'Strafe' für hier auf Erden vollbrachtes Böses. Die Bewohner dieser unsichtbaren Sphären sind gut, schlecht oder indifferent, je nach der Norm der in Frage stehenden Sphären beurteilt. Doch von einem Standpunkt aus kann mit Fug und Recht gesagt werden, daß alle manifestierten Sphären oder Welten von materiellem oder quasi-materiellem Charakter strenggenommen das sind, was in der Esoterischen Tradition 'Höllen' genannt wird. Das ist deshalb so, weil die Existenz selbstbewußter Wesen in stofflichen oder halbstofflichen Welten eine - relativ und im Vergleich mit höheren Sphären - so niedrige ist, daß ihr Aufenthalt darin in gewissem Sinne ganz richtig als Vergeltung dafür betrachtet wird, daß sie verfehlten, ihnen angemessenere Stellungen oder Zustände in höheren Reichen beizubehalten. Es ist nur zu wahr, daß jeder 'Abstieg' oder 'Fall' und auch jeder 'Aufstieg' eingeflochten ist in die wunderbare, äonenlange evolutionäre Pilgerreise, welche die wandernden Monaden durchzumachen oder zu verfolgen haben, um volle selbst-bewußte Erfahrungen auf einer jeden der mannigfaltigen Ebenen oder Sphären kosmischen Lebens zu erlangen. Trotzdem wird ein solcher 'Abstieg' aus den höheren in die materielleren Sphären mit vollem Recht als 'Fall' betrachtet, und daher sind, wie schon gesagt, derart niedere Sphären, technisch betrachtet, Höllen.

Viele alte Schriften blicken auf einige dieser Höllen

oder beschreiben sie als das gerade Gegenteil von dem, was der Durchschnittschrist des europäischen Mittelalters als die theologische 'Hölle' seiner religiösen Führer betrachtete. Einige der Höllen in den brahmanischen oder buddhistischen Schriften sind, nach den mystischen Beschreibungen derselben zu urteilen, ganz angenehme Orte!

Es sollte weiter beachtet werden, daß der allgemeine Name, die allgemeine Bezeichnung oder Benennung der ungeheuer großen Massen oder Armeen von halb-bewußten, bewußten und selbst-bewußten Wesen, welche die Welten oder Sphären bewohnen, die dem Erdenleben an Ätherhaftigkeit oder Spiritualität überlegen sind, 'Devas' ist - ein allgemein angewandter Name in den Hindu-Schriften. Daher ist es richtig, denselben Ausdruck für jene Klassen selbst-bewußter Wesen anzuwenden, die aus den spirituellen Lebensbereichen als ihrem Urquell hervorgegangen sind und unter dem evolutionären Drang den 'Abstieg' in die niederen Sphären unternehmen, um Erfahrungen zu machen. Aus diesem Grunde ist, wie ersichtlich ist, die menschliche Familie genau gesprochen eine Hierarchie, eine fest zusammengefügte Gruppe oder ein Aggregat von Devas. Doch sie ist nicht die einzige Hierarchie von Devas.

Die Wichtigkeit dieser Beobachtung wird von jedem Schüler der Altertumskunde, der mit dem Gebrauch des Wortes 'Deva' in buddhistischen und brahmanischen Literaturen vertraut ist, sofort gesehen und gefühlt. Wenn zum Beispiel gesagt wird, daß es vier allgemeine Abteilungen oder große Gruppen von Devas gibt, die in Sphären oder Reichen leben, deren Ätherhaftigkeit oder Spiritualität der unserer Erdsphäre überlegen ist, so wird auch hier, wie jeder Schüler der Esoterischen Philosophie deutlich sehen kann, auf die vier kosmischen Ebenen Bezug genommen, die zu den

Ebenen gehören, auf denen sich unser Planet Terra befindet, und somit speziell auf die sechs Globen der Planetenkette unserer Erde, die höher stehen als unsere Kugel, die Erde.*)

Diese Tatsache allein wirft ein glänzendes Licht auf die innere Bedeutung vieler Lehren in den alten Hindu-Schriften. Es wird zum Beispiel gezeigt, daß die Devas unter gewissen Bedingungen in direkter Vereinigung oder in mehr oder weniger enger Verbindung mit der menschlichen Sub-Hierarchie oder Familie stehen.

III

Unser physisches Universum ist nur, wie schon gesagt wurde, die Schale innerer Dinge, die äußere Erscheinung, die Manifestation innerer, kausaler Realitäten. Im Innern der Schale liegen die Kräfte, die es antreiben, beherrschen und regieren. Dies sind die inneren Substanzen und Energien, in denen es verwurzelt ist und von deren Leben es lebt, mit denen es durch inneres Gewahrwerden lebt, und es könnte nicht ohne innere Vereinigung mit ihnen existieren. Mit anderen Worten: die inneren Welten sind seine Wurzeln, die tief in die innere Unendlichkeit hineinragen. Diese 'Wurzeln' sind in ihrer Gesamtheit jener 'endlose Pfad', von dem alle großen Seher und Weltlehrer gesprochen haben und der den Menschen, der ihn treulich verfolgt, mit sich ständig ausweitendem Bewußtsein direkt ans Herz des Universums führt - ein Herz, das weder Ort noch Dimension hat, weder Lage noch klar umrissene materielle Begrenzung, weil es die Unendlichkeit selbst ist.

*) Weitere Ausführungen über das Thema der unsichtbaren Globen der Erdkette und der daraus abgeleiteten Lehren folgen im nächsten Kapitel.

Wahre Seher mit spiritueller Schulung, bei denen das 'innere Auge der Vision' geweckt ist, das im Osten mystisch das 'Auge Sivas' genannt wird, können und haben willentlich direktes Wissen von diesen Welten und Sphären außerhalb unserer eigenen Hierarchie erhalten, weil sie sich in etwas versetzen können, was moderne Abendländer volkstümlich vielleicht 'Schwingungsgleichschaltung' mit diesen inneren und höheren Sphären, Energien und Mächten nennen würden. Auf diese Weise betreten sie nicht nur diese inneren Ebenen, sie leben für diese bestimmte Zeit tatsächlich selbstbewußt darin und gewinnen sogleich aus erster Hand Kenntnis von jenen inneren und höheren Reichen. Doch dieses 'geöffnete Auge', diese spirituelle Fähigkeit innerer Vision kann jeder normale Mensch erlangen, indem er, wie die Redensart lautet, 'das Leben lebt', denn das befähigt ihn dazu, und last not least, indem er durch einen richtigen Lehrer geschult wird. Seine erste Bewegung in Richtung auf eine solche Vereinigung hin besteht für ihn darin, willig und wirklich mit eigenen Füßen den Pfad, von dem soeben gesprochen wurde, zu betreten - den Pfad zur Wirklichkeit und Wahrheit, den Pfad, der direkt zum Herzen des Universums führt.

So wird also die Natur in ihren inneren und äußeren Bereichen durch den einzigen vertrauenswürdigen Prüfstein im menschlichen Leben erlebt: durch das Bewußtsein des Individuums. Das innere Bewußtsein tritt ohne sich einmischende Sekundanten in direkte Beziehung zum Herzen des Universums; und dann kommt dem aufrichtigen Sucher Erkenntnis der Wahrheit, denn auf diese Weise identifiziert er sich mit den inneren, kausalen Energien, von denen jegliche äußere Natur nur die Wirkung ist, das Resultat, das Produkt, die Frucht - die Manifestation. So lernt der Adept die innere Natur und das geheime Wirken des

Universums kennen.

Aus den voraufgehenden Gedanken geht klar hervor, daß es tatsächlich keine andere Methode gibt, mit den inneren Welten in Berührung zu kommen und sie zu verstehen, als das eigene Bewußtsein in substantielle Vereinigung mit ihnen treten zu lassen. Denn eine der ersten Lektionen, die dem Schüler oder Chela gelehrt wird und die er lernen muß, ist die, daß der einzige Weg, ein Wesen oder eine Sache wirklich zu verstehen, der ist, das Wesen oder Ding selbst zu *werden,* zumindest zeitweilig. In dieser einfachen Behauptung liegt wesentlich mehr, als an der Oberfläche erscheint, denn alle Riten und Funktionen echter Einweihung gründen sich darauf.

Ferner zeigt eine in die Prozesse menschlichen Verstehens und menschlicher Psychologie eindringende Prüfung sehr deutlich, daß es gänzlich unmöglich ist, irgend etwas zu erfassen, zu begreifen, zu verstehen, wenn nicht des Aspiranten eigenes Bewußtsein zeitweilig die Sache, die er studiert, tatsächlich *wird*. Zur Illustration: In einer so einfachen Sache wie menschlicher Liebe oder Sympathie ist es dem Menschen nicht möglich, Liebe zu verstehen oder Sympathie zu fühlen, wenn nicht für die betreffende Zeit sein eigener Wesenskern selbst Liebe, selbst Sympathie wird. Nur abseits zu stehen und solche Funktionen der menschlichen Konstitution zu untersuchen schafft sogleich eine verhängnisvolle Dualität von Beobachter und Beobachtetem, von Subjekt und Objekt, und richtet somit eine unterscheidende Schranke auf. Nur liebend versteht man Liebe, das bedeutet, indem man selbst Liebe ist; nur mitfühlend versteht und begreift man das Mitgefühl; andernfalls redet oder spekuliert man nur darüber, was Liebe und Mitgefühl im Grunde sind oder sein könnten.

Ein anderes Beispiel mag der Veranschaulichung

dienen: Wenn man die Form, die Schönheit einer lieblichen Blume betrachtet oder ihren Duft wahrnimmt, so empfindet man Freude und eine gewisse Erhebung des Denkens und Fühlens; doch fühlen wir, daß wir anders sind als die Blumen, denn wir sind der Beobachter, und die Blume ist die Beobachtete - also empfinden wir einen Unterschied. Wenn wir jedoch unser Bewußtsein sozusagen in die Blume selbst verlegen können und sie zeitweilig werden, dann können wir alles verstehen, was die Blume an sich und für sich selbst bedeutet. Oder auch, wenn ein Mensch das drollige Benehmen und die Späße seines Lieblingshundes studiert, so findet er ein gewisses Vergnügen daran; er fühlt in seinem Herzen eine Neigung für das Geschöpf wachsen. Tatsächlich aber tritt er nicht in das Denken und Fühlen des Hundes ein, weil er abseits von dem Tier steht und es als ein Objekt studiert, wodurch er eine Unterschiedsschranke zwischen sich und ihm schafft. Hätte er aber die Kraft, sich selbst dahin zu bringen, gewissermaßen ein Teil von dem Bewußtsein und dem Denken des Hundes zu werden - ein seltsam erscheinendes Beispiel -, dann würde er in das Bewußtsein des Hundes eintreten und ihn verstehen, denn für die betreffende Zeit wäre er bis zu einem gewissen Grade dieser Hund selbst.

Gedanken dieser Art sind abendländischen Gemütern mehr oder weniger fremd, doch sie enthalten Kern und Inhalt einer großen Wahrheit. Ebenso, wie man nicht in die Seele eines geliebten Menschen eindringen kann, bevor man nicht - wenigstens zeitweilig - ein Teil der Seele dieses Gefährten geworden ist, kann selbst der größte Adept nicht in die Natur und die Geheimnisse der unsichtbaren Welten eintreten und sie, relativ gesprochen, völlig verstehen, wenn er nicht sein wahrnehmendes Bewußtsein in spirituelle und psychische Einheit mit diesen inneren und unsichtbaren Welten bringt. Ist das aber geschehen, so ist er für die betreffende Zeit ein integraler Teil dieser inneren Welten, des Teiles oder Abschnittes davon, den er für sein Studium gewählt hat. So erhält er aus erster Hand genaueste Kenntnis davon, was diese unsichtbaren Welten sind, was ihre Natur ist und welches ihre jeweiligen charakteristischen Eigenschaften, ihre verschiedenen Energien und Qualitäten sind.

Zum Abschluß dieser kurzen Abschweifung könnte noch hinzugefügt werden, daß nur durch liebevolles Einswerden mit dem Gegenstand oder Objekt des Studiums für andere das in menschliches Denken übertragen werden kann, was selbst erlebt wurde. Auf diese Weise haben die großen Genies der Welt, einerlei welchen Typs oder welcher Art, das menschliche Leben bereichert und es geklärt durch das, was sie ihren Mitmenschen gebracht haben. Nur so haben uns die wahren Dichter ihre unterschiedlichen und besonderen Botschaften von inneren Wirklichkeiten und von schönen, ungeahnten Beziehungen zwischen den gesehenen und ungesehenen Dingen gebracht. Für bestimmte Zeit sind solche Menschen selbst geworden, was sie studierten, und haben es auf diese Weise verstanden.

Man wird sich der Wahrheit alles dessen stark bewußt, wenn man etwas von der mystischen oder mystisch-theologischen Dichtung der alten Literaturen liest, wie zum Beispiel in der keltischen und skandinavischen Mythologie von dem Seher oder Barden, der das Gras wachsen oder die Himmelskörper in ihren Bahnen singen hörte und imstande war, die Sprache der Bienen zu verstehen oder die Stimme des Windes zu deuten.

In Wirklichkeit ist es nicht nur möglich, sondern auch ausführbar, ja für jemanden, der weiß, wie es gemacht wird, sogar leicht, selbstbewußt von einem

Universum, einer hierarchischen Seins-Stufe in eine andere hierarchische Sphäre überzugehen. In Wirklichkeit ist dies eine der allgemeinsten menschlichen Erfahrungen; sie ist tatsächlich so allgemein und alltäglich, daß die darin gewonnenen Erfahrungen uns als bloße gewohnheitsmäßige Gedankenübertragungen zu Bewußtsein kommen. Wir sehen vor lauter Bäumen den Wald in seiner Schönheit nicht. Die Einzelheiten vertrauter Dinge sind so zahlreich und so alltäglich, daß wir versäumen, die Botschaften zu vernehmen, die sie uns ständig mitteilen.

Jeder einzelne, der schläft, betritt einen anderen Plan, einen anderen Bewußtseinsbereich. Dies sollte wörtlich verstanden und nicht so genommen werden, als deute es nur eine bildhafte Variation der Gedanken und Gefühle des eben beschlossenen Tages an. Man ändere die Vibrationsraten eines besonderen Zustandes, und man hat oder betritt verschiedene Reiche des Universums, je nachdem höhere oder niedrigere als das unsere. Ein jeder, der seine Gefühlsschwingung von Haß auf Liebe umstellt und dies auf Befehl seines Willens tut, übt einen Teil seiner inneren Konstitution, was ihn eines Tages, wenn er in derselben Richtung gründlicher geübt ist, befähigt, hinter den vermeintlichen dichten Schleier der Erscheinungen zu dringen; denn indem er seine Kraft auf diese Weise übt, kultiviert er die geeignete Fähigkeit und das ihr zugehörige Organ, dies zu tun. Ein jeder, der der Versuchung erfolgreich widersteht, Böses zu tun, Übles zu tun, weniger zu sein, als er ist, übt in sich die Fähigkeit, die ihn eines Tages in den Stand setzt, in den gefürchteten, ja furchtbaren Prüfungen der Einweihung selbstbewußt hinter die Schleier zu dringen.

## IV

Wir leben in einem wunderbaren Universum voller Geheimnisse - Geheimnisse, die einerseits seltsam und schön sind, andererseits zwar auch seltsam, aber mitunter voller Grauen und furchterregend. Geheimnisse sind es aber nur darum, weil wir sie nicht enträtselt haben; nicht Geheimnisse in dem Sinne, daß sie nicht zu enträtseln wären.

Sie sind für uns nur darum noch verborgen und geheimnisvoll, weil unsere physischen Sinne so armselig entwickelte Vermittlungsinstrumente, so unvollkommene Werkzeuge sind, die noch nicht die Fülle ihrer Kraft erreicht haben. Wir bekommen somit nur äußerst unvollkommene und oft äußerst entstellte Berichte von den Dingen, wie sie in Wirklichkeit *an sich* sind. Dieser unser gesamter Sinnesapparat, der aus fünf Sinnen besteht, hat durchaus noch nicht seine ganze Vollkommenheit erreicht. Er befindet sich noch in einem sehr unvollkommenen Zustand, und zwar derart, daß beispielsweise unser Sehorgan von einem oder zwei der größten Optik-Physiker - insbesondere sei auf Helmholtz hingewiesen - für so unvollkommen erklärt wurde, daß sich Helmholtz dem Sinne nach so ausdrückte: "Wenn ein Optiker mir einen so unvollkommenen physikalischen Apparat wie das menschliche Auge konstruierte, würde ich ihm diesen mit einem Tadel zurückschicken."

Das menschliche Auge: "Ein lebendiges optisches Instrument ... einem gläsernen so weit überlegen wie die Werke des Schöpfers denen des Menschen." - Darwin, "On the Origin of Species" ("Über die Entstehung der Arten"), Kap. VI, S. 146.

Man ist stark geneigt zu glauben, daß, so unvollkommen das menschliche Auge auch sein mag, Darwin doch der Wahrheit näher kam als Helmholtz.

Da uns unsere Sinne also nur einen kleinen Teil der Kräfteskala und der Stufenleiter universaler Energien und Substanzen vermitteln, die das uns umgebende Universum erfüllen, ja es tatsächlich sind, müssen offenbar noch andere Welten, andere Ebenen, andere Sphären existieren, die für unseren Blick unsichtbar, für unseren Griff unberührbar und uns unbekannt oder relativ unbekannt sind. Von diesen können wir auf keine andere Weise als durch den viel feineren Apparat unseres Denkvermögens wissen - und auch das nur zögernd, unvollkommen und hinkend. Denn auch hier haben wir unseren Denkapparat noch nicht so weit geschult, daß er mit dem, was er erforscht, in sympathischer Schwingungseinheit eins werden kann oder dazu gebracht werden kann.

Unser physischer Sinnesapparat ist nur ein Kanal, ein fünffacher Kanal, durch den allein wir von der physischen Welt Kenntnis gewinnen, und zwar auch nur unvollkommene Kenntnis. Die darin oder dahinterliegende denkende Wesenheit, die empfangende Wesenheit, die Gemüt, Seele oder Bewußtsein genannt werden kann, besitzt weit feinere und subtilere Sinne als jene unseres groben physischen Körpers. Sie ist der wirkliche Denker und der erkennend Wissende. Besonders im Abendland hat selten ein Mensch die weitreichenden Kräfte dieses psycho-spirituellen Empfängers ausprobiert - was er leisten kann, was er wissen kann, was er gewinnen kann, indem er nach innen schaut oder sich auf sich selbst zurückzieht. Unser physischer Sinnesapparat, unsere fünf Sinne ziehen tatsächlich unsere Aufmerksamkeit von den wahren Kanälen der Weisheit und des Wissens ab und lenken sie nach außen in das gewaltige, große, verwirrende Durcheinander phänomenaler Dinge, anstatt sie auf die kausalen Reiche im Innern, seien es die des Universums oder die unserer eigenen Konstitution, zu richten, wo wir die Ursachen der Dinge erkennen können, indem wir uns dann selbst erkennen.

Wir haben auch keinerlei angemessene Kontrolle über unsere Gedanken. Sie laufen ungezügelt und wild durch unser Gehirn wie eine Horde von Elementalen (was sie in Wirklichkeit auch sind) und verderben uns oft sogar unsere Moral. Wir haben wenig Selbstbeherrschung und noch weniger Befähigung für fortgesetztes, selbst-bewußtes und selbstgeleitetes, konzentriertes Denken. Wir wissen wirklich wenig von unseren inneren Fähigkeiten - den spirituellen, intellektuellen und psychischen - und von dem Sinnesapparat, der zu einer jeden dieser Kategorien gehört und der in jedem Fall wesentlich höher und subtiler ist als der physische. Würden wir diese unsere inneren Sinne besser kennen und üben, was 'vollständiger entwickeln' heißt, könnten und würden wir uns, wenigstens bis zu einem gewissen Grade, der inneren und unsichtbaren Ebenen und Welten und ihrer Bewohner bewußt werden; wir würden bewußt mit ihnen verkehren und in den höheren Bereichen tatsächlich imstande sein, uns mit den Göttern zu unterhalten. Diese Bemerkungen beziehen sich in keiner Weise, auch nicht im allerentferntesten, auf den Verkehr mit Spukgestalten oder sogenannten 'Geistern Verstorbener'.

Was wir also durch unsere Sinne lernen, ist nur ein sehr kleiner Teil dessen, was die Natur in ihren Myriaden verhüllender Schleier umschließt. So wundervoll unsere Sinne in ihrer Art sind, so wundervoll die Tatsache ist, daß wir imstande gewesen sind, sie durch Evolution bis zu dem Grade von Sensitivität, den sie jetzt besitzen, aufzubauen, so daß sie auf die Anstöße der Schwingungskräfte des Universums so gut reagieren können, wie sie es tun - so müssen wir trotzdem sagen, daß sie doch nur sehr unvollkommene Berichterstatter dessen sind, was diese unsere schwachen

Sinne ständig als Botschaften von den uns umgebenden Energien und Substanzen empfangen. Doch selbst das, wovon uns unsere Sinne Mitteilung machen, gibt uns, so beschränkt es auch ist, dennoch überreichlich Nahrung zu ernstem Nachdenken, auch dann, wenn wir den weit höheren inneren Apparat des Verstehenkönnens nicht hätten, der auf dem Gebiet unseres in seinen höchsten Reichweiten göttlichen und somit gottgleichen Bewußtseins wirksam ist.

Wir menschlichen Wesen leben wirklich in einer wunderbaren Welt und beginnen, etwas darüber zu wissen, aber noch wissen wir sehr wenig. Unsere Physiker verkünden ständig mehr darüber. Einige der Entdeckungen, die gemacht wurden, sind wirklich wundervoll und haben bereits die Lebensanschauung der Menschen vollständig geändert. Diese Wissenschaftler zeigen uns mehr und mehr von den Geheimnissen der uns umgebenden physischen Natur; und die Art und Weise, in der die Tatsachen der neuesten wissenschaftlichen Entdeckungen von hervorragenden Wissenschaftlern erklärt werden, folgt in mancher Beziehung so eng unseren Lehren, daß wir über einige nur staunen können, wobei wir ein Gefühl reiner Freude darüber empfinden, daß man beginnt, wenigstens bezüglich einiger unserer Lehren nachzuweisen, daß sie auf Tatsachen beruhen, die in der Natur selbst existieren. Diese neuen Entdeckungen, die mit der dahinschwindenden Zeit an Umfang zunehmen, führen unsere Wissenschaftler tatsächlich geradewegs hinein in die Lehren der alten Weisheit - in jene Lehren über die innere wie auch die äußere Struktur des Universums und seine Funktionen, von denen das Abendland in den vergangenen zweitausend Jahren so wenig gewußt hat.

Moderne Wissenschaftler beginnen, Wahrheitsträume zu träumen und die Wirklichkeit visionär zu sehen, obgleich es der seltsamen und wunderbaren Vorstellungen gar viele gibt. Sie beginnen, wundervolle Dinge zu denken, und von diesen Gedanken machen sie manchmal ebenso wundervolle Deduktionen, die gewissermaßen nicht nur als evolutionärer Einfluß auf das Denken der Menschen einwirken und ihnen weitere Ausblicke gewähren, sondern auch die älteren Ideen und sogenannten Prinzipien der Wissenschaft sowie auch der abendländischen Religionen und Philosophien tatsächlich über den Haufen werfen. Diese Ideen und Prinzipien wurden einstmals als so stabil, so feststehend, so erwiesen, wie man zu sagen pflegt, betrachtet, daß nichts die mutmaßlich ewige Grundlage, auf der sie beruhen, je erschüttern konnte. Die größten Geister in der modernen Wissenschaft nähern sich einer weit umfassenderen Vorstellung des universalen Lebens und der Beziehungen des Menschen zu ihm. Sie sagen einige erstaunliche Dinge im Vergleich mit den wissenschaftlichen Ideen von, sagen wir, vor fünfzehn Jahren (geschr. 1935, d. Herausg.).

Der Manchester Guardian (England) brachte einen Artikel mit der Überschrift "Neue Schau des Universums", der von einem allseits bekannten wissenschaftlichen Schriftsteller verfaßt war. Dieser sagte:

> "Warum sollte sich all der Stoff im Weltall in Millionen ungefähr gleich großer und gleichmäßig verteilter Systeme von Sternen, Gas und Staub zerteilt haben? Warum sollten diese Systeme etwa anderthalb Millionen Lichtjahre voneinander entfernt sein, und warum sollte jedes System etwa fünfmal so breit wie dick sein und einige Dekaden von Millionen von Sternen enthalten?*)

---

*) Die Aussagen betreffs der verschiedenartigen Maße, die in diesem Satz enthalten sind, müßten im Hinblick auf neuere wissenschaftliche Spekulationen beträchtlich modifiziert oder abgeändert werden.

Diese erstaunlichen Gleichförmigkeiten im Weltall bedeuten, daß die Gesetze der Mechanik unter verhältnismäßig einfachen Bedingungen überall beachtet werden. In der Größenskala haben wir zunächst das Universum. Die zweite Ordnung der Dinge sind die großen Sternennebel. Diese sind in bezug auf Größe annähernd gleich und bilden die zweite Größenstufe. In den großen Nebeln ist der Stern die Haupteinheit. Gleichwie die großen Nebel selbst weisen auch die Sterne eine außerordentliche Gleichförmigkeit auf, wenn nicht in der Helligkeit, so doch in der Masse. Die Sterne liefern die dritte Größeneinheit. Von den Sternen müssen wir herniedersteigen zu den schwächlichen, dunklen, kalten Dingen, die wir Planeten nennen. Diese besitzen etwa ein Zehntausendstel der Sonnenmasse. Dann gibt es noch die Satelliten der Planeten, die eine fünfte Größenordnung bilden ... Kleinere Dinge als diese hat die Natur in ein buntes Allerlei zusammengewürfelt, bis die Einförmigkeit von Molekülen und Atomen erreicht wird. Wir selbst befinden uns in diesem Gemisch, blicken stolz um uns und fühlen uns ein wenig beleidigt. Wir bedauern, daß wir so klein sind, bewundern aber unsere Intelligenz.

Woher ist die Urwolke gekommen? Möglicherweise aus der fünften Dimension! Sir J. H. Jeans meint, die Schwierigkeit, die Gestalt der Spiralarme in den großen Sternnebeln zu erklären, könne nur durch die Entdeckung behoben werden, daß die Zentren solcher Nebel Kanäle sind, durch die Stoff von irgendeinem anderen Universum in das unsere einfließt ..."

Unsterbliche Götter! Hier haben wir einen modernen Wissenschaftler, jedenfalls einen ganz bekannten wissenschaftlichen Schriftsteller, der in diesem Auszug aus seinem höchst interessanten Artikel wie ein mystischer Seher der Weisheit der Zeitalter spricht!

Fahren wir in dem Zitat fort:

> "Wenn das wahr sein sollte, wie sieht es dann mit der fünften Dimension aus? Welcher Art ist das Hyper-Universum der fünften Dimension? Welche Art Wesen bevölkern es? Woher kam die fünfte Dimension selbst?"

Hier erleben wir, wie ein moderner wissenschaftlicher Schriftsteller sich in Gedankengängen äußert, die ein alter Seher gehabt haben könnte. Er spricht von anderen 'Dimensionen', wie er sie nennt, und zieht augenblicklich die Schlußfolgerung, daß von diesen anderen 'Dimensionen' Stoff, das heißt Energie, von einem höheren als unserem eigenen Universum in unser physisches Universum einströmt. Dies ist eine alte Lehre der Esoterischen Tradition prähistorischer Zeitalter und der großen Religionen und Philosophien der Folgezeiten, die aus jener prähistorischen Esoterischen Tradition ihre eigenen wesentlichen Inhalte schöpften.

Der von diesem Schriftsteller erwähnte J.H. Jeans trat zu jener Zeit mit gewissen Ideen hervor, denen, offengestanden, der Verfasser dieses Werkes nicht völlig zustimmen kann. Aber dessenungeachtet drückt Jeans in höchst bemerkenswert knapper und glänzender Redeweise eine ganz wunderbare Lehre der Esoterischen Philosophie, eine Naturwahrheit aus. Diese alte Lehre, die von Jeans unbewußt in die auf seinen wissenschaftlichen Studien basierende Deduktion eingearbeitet wurde, ist eine wahre und intuitive Darlegung okkulter Weisheit, nämlich, daß im Herzen der Sternennebel, die in den Räumen des Raumes verstreut sind, etwas existiert, was er 'sonderbare Punkte' oder Zentren nennt, von denen und durch die Stoff in unser physisches Universum einströmt. Und dieser Strom substantieller Energie kommt aus einer 'fünften Dimension' zu uns, wie er es ausdrückte, oder mit seinen eigenen Worten: Diese Zentren sind Punkte, "an denen aus irgendeiner anderen, gänzlich fremden räumlichen Dimension Stoff in unser Universum eingeschleust wird, so daß diese einem Bewohner unseres Universums als Punkte erscheinen, an denen fortgesetzt Materie geschaffen wird" ("Astronomy and Cosmogony", S. 352; mit Erlaubnis des Verlages Macmillan Company.).

Gegen den Gebrauch des Wortes 'Dimension' erheben wir aber energischen Widerspruch: erstens, weil er unangemessen, zweitens, weil er nicht exakt, und drittens, weil er nicht anschaulich ist. 'Dimension' ist ein Ausdruck des Maßes, des Messens. Aber was macht das schließlich aus, wenn im wesentlichen die Idee, über die wir reden, vorhanden ist? Diese 'fünfte Dimension', von der dieser Schriftsteller spricht, nennt er darum die 'fünfte', weil für die moderne Wissenschaft, wenn wir Doktor Albert Einstein - berühmt durch die Relativitätstheorie - folgen, die Zeit anscheinend die 'vierte Dimension' ist. Man kann sie in gewissem Sinne mit Recht so nennen, denn Zeit ist der Meßkunst, der Vermessung unterworfen. Andererseits aber würden wir es vorziehen, die 'Dimensionen' dieses sehr interessanten wissenschaftlichen Schriftstellers und anderer moderner Wissenschaftler 'Welten', 'Sphären', 'Ebenen' zu nennen, wobei es auf den einzelnen Fall ankommt. Und wir behaupten, daß sie den kausalen Hintergrund des ganzen sichtbaren Universums bilden und daß unsere eigenen höheren menschlichen Prinzipien, die höheren Teile unserer Konstitution, in diesen unsichtbaren Reichen leben, in dieser sogenannten, aber fälschlich so genannten 'anderen

Dimension'. Wir sind dort ebensogut zu Hause, wie unser physischer Körper hier auf unserer physischen Erde zu Hause ist.

Das Universum ist *ein* gewaltig großer Organismus, von dem alles, was sich darin befindet, ein untrennbarer, weil inhärenter und es aufbauender Teil ist. Der Mensch ist daher gleichfalls ein unlösbarer Teil von ihm und hat somit auch alles in sich, was das Universum enthält, eben weil er ein untrennbarer Teil des kosmischen Ganzen ist. Er kann nicht mehr haben, denn der Teil kann nicht mehr haben als das Ganze. Ferner: Weil der Mensch ein unlösbarer Teil des Universums ist, finden wir in ihm - latent oder aktiv, je nachdem - jede Energie, jede Substanz, jede Bewußtseinsform, die wir auch in den Unendlichkeiten des grenzenlosen Raumes finden. *Darum kann er wissen, und zwar indem er den Pfad verfolgt, der nach innen führt* in ihn selbst hinein und immer tiefer in ihn hinein, immer tiefer hinein auf das essentielle Selbst, seinen Geist zu, der ein Strahl aus dem Universalen ist. Auf diese Weise erlangt er Kenntnis von der Wirklichkeit aus erster Hand, und hierauf basiert die Tatsache des ganzen Einweihungszyklus und die ungeheure Weisheit und das Wissen, die darin und dadurch gewonnen werden.

Die alte hermetische Lehre der alexandrinischen Griechen, die von ihnen aus weitaus älteren Quellen übernommen und weitergegeben wurde, ist sehr fein. Kurz ausgedrückt ist sie in dem sehr bekannten Aphorismus enthalten: "Was oben ist, spiegelt sich unten wider; was sich unten befindet, ist ein Spiegelbild der oberen Welten." Oder noch einfacher: "Wie unten, so oben, und wie oben, so unten."

Dies ist eine der Grundlehren der Weisheit der Zeitalter, der Esoterischen Philosophie. Auf ihr beruht das sogenannte Gesetz der Analogie. Es besagt, daß sich das Große im Winzigen, im Allerwinzigsten widerspiegelt, mit anderen Worten: das Allerwinzigste reflektiert das Kosmische. Warum? Weil, wie schon gesagt wurde, das Universum *ein* riesengroßer Organismus ist, der von *einem* universalen Leben beseelt wird; und in diesem allen wirkt *ein* Gesetz. Was daher auf seiner Ebene, in einer Welt oder einer Sphäre aktiv oder latent ist, muß folglich, mutatis mutandis, in allen aktiv oder latent sein - unter berechtigter und notwendiger Berücksichtigung der unterschiedlichen Grade von Ätherhaftigkeit oder Materialität der Substanz dieser jeweiligen Welten.

Unsere Welt mit den Dingen und Wesen, die wir sehen und fühlen können, mit der Menschheit unserer gegenwärtigen Zeit, mit unseren Zivilisationstypen; unsere Welt, welche die Menschen, die Vegetation, die Tiere und Mineralien trägt, die auf ihr leben und sind: sie ist so, wie sie ist, weil sie eine Reflexion, ein Spiegelbild, eine Wirkung, mit anderen Worten, eine Manifestation innerer, verborgener, vitaler Ursachen ist, die sich analog um uns herum reproduzieren und unsere Welt zu dem machen, was sie ist. Diese inneren Welten beherrschen die äußeren dergestalt, daß alles, was sich auf dieser unserer physischen Ebene zuträgt, das Resultat der inneren Kräfte und Energien, Substanzen und Mächte ist, die am Werke sind, sich nach außen hin zum Ausdruck zu bringen. Die Fähigkeiten eines Menschen wirken in derselben Weise durch seinen physischen Körper hindurch, denn der Mensch ist im Kleinen eine Kopie dessen, was das Universum im Großen ist.

Erdbeben, Sturmfluten, Vulkanausbrüche, Nordlichter, Südlichter, Stürme, Unwetter, Hagelschläge und elektrische Stürme, das Gehen und Kommen von Eiszeiten, endemische, epidemische und pandemische Krankheiten, das stille Wachsen des Grases auf den Wiesen oder das Blühen der Blumen, die Entwicklung des Menschen aus einer mikroskopischen Zelle zu einem menschlichen Wesen, die entsprechende Entwicklung einer jeden anderen beseelten Wesenheit, die ungeheuren titanischen Kräfte, die im Innern und an der Oberfläche unserer Sonne am Werke sind, und die regelmäßigen, periodischen Pfade, denen die Planeten mit unabänderlicher Genauigkeit und Pünktlichkeit folgen, sowie auch die Phänomene ihrer eigenen planetarischen Evolution - dies alles sind weitere Beispiele, und überall in der physischen Natur läßt sich dieselbe Beobachtung anstellen. Es sind Beispiele dafür, wie diese inneren kausalen Kräfte von innen heraus nach außen wirken; sie illustrieren die inneren, treibenden, zwingenden Kräfte, die in den inneren Welten eingeschlossen und wirksam sind und sich nun nach außen hin zum Ausdruck bringen. Tatsächlich sind, um es klarer auszudrücken, alle diese physischen Phänomene, die soeben aufgezählt wurden, und auch alle anderen, die des Lesers eigene Kenntnis und Phantasie leicht als Beispiele geben können, nur die in unserer äußeren physischen Sphäre erscheinenden Wirkungen dessen, was in den inneren, unsichtbaren Reichen vor sich geht - den inneren, unsichtbaren Welten und Ebenen. Dort drinnen geschehen die Dinge, und wenn uns die Vereinigungs- oder Berührungspunkte nahe genug sind, fühlt unsere physische Sphäre die Wirkungen, wie sie sich in der verwirrenden Menge von Phänomenen zeigen, welche die Natur hervorbringt.

Wie bereits erwähnt, sagen die Wissenschaftler einige erstaunliche Dinge, die im großen und ganzen - wenn man die vorsichtige Ausdrucksweise moderner wissenschaftlicher Methoden in Betracht zieht - einige der Lehren der Weisheit der Zeitalter bestätigen. Jedoch haben sie bisher noch nicht die Existenz unsichtbarer kausaler Welten akzeptiert - es sei denn, daß viele unserer hervorragenden verdienten Wissenschaftler und scharfen Denker ihre persönlichen Ansichten haben, die sich mit diesen Gedankengängen decken. Sie sind aber entweder zu vorsichtig, sie öffentlich zu verkünden, oder aber in ihrem eigenen Urteil zu unsicher, sie offen auszusprechen.

Vor einigen Jahren war viel über die sogenannten 'Gesetze der Wahrscheinlichkeit' zu hören - nach Äußerungen eines Wissenschaftlers ist dies nur eine andere Bezeichnung für Zufall oder Glück. Der Gedanke ist folgender: Wenn jemand eine gewisse Gruppe von Umständen, einerlei welcher Art, wählt und eine gewisse Anzahl von Handlungen mit dieser Gruppe von Umständen vornimmt, treten bestimmte numerische Faktoren dieser Gruppe von Umständen aufgrund der quantitativen Beziehungen dieser Faktorengruppe der Gesamtheit gegenüber immer wieder in Erscheinung. Werden zum Beispiel eine bestimmte Anzahl schwarzer Bohnen mit einer bestimmten Anzahl weißer Bohnen in einen Sack geschüttet und gründlich gemischt und werden dann die Bohnen wahllos einzeln oder jeweils zwei oder zehn oder ein Dutzend herausgenommen, wird man finden, daß, nachdem einhundert und wieder einhundert und vielleicht ein drittes, viertes und fünftes Hundert herausgenommen und die Anzahl der schwarzen mit der der weißen Bohnen verglichen wurde, das Verhältnis der schwarzen Bohnen zu den weißen stückzahlmäßig immer mehr oder weniger dasselbe ist. Wird dies von Hunderten bis zu jeweils Zehntausenden fortgesetzt, stimmt das gleiche allgemeine Zahlenverhältnis der herausgenommenen schwarzen zu den weißen Bohnen immer noch. Dies illustriert kurz den Sinn des Gesetzes von der Wahrscheinlichkeit.

Was bedeutet denn nun dieses 'Gesetz'? Es bedeutet, daß alle Dinge untereinander in Beziehung stehen, miteinander in Verbindung stehen und wenn gewisse Dinge zahlenmäßig in bestimmter Weise behandelt werden, der Vorgang auch zahlenmäßige Resultate aufweisen wird. Werden dieselben Dinge oder Verhältnisse in anderer Weise gehandhabt, so werden sie zwar verschiedene Erscheinungen hervorrufen, aber doch wohl ähnliche, wenn nicht absolut gleiche Resultate erzielen. Denn die Art, wie die Operationen gehandhabt werden, und die Dinge selbst, mit denen in einer solchen Weise verfahren wird, zeitigen in allen Fällen bestimmte mathematische Folgen. Mit anderen Worten, wir haben hier den allgemeinen Fall des 'Durchschnittsgesetzes', das zum Beispiel bei Versicherungsgesellschaften gut bekannt ist. Wo aber ist da 'Zufall' oder 'blindes Glück'? Man könnte, wenn man so will, an eine Lotterie oder ein Roulettrad denken. Ein Mensch kann Lose ziehen, und die Chancen sind fast alle gegen ihn, denn er hat vielleicht nur eine Chance unter einer Million. Dennoch kann er der millionsten begegnen, der 'glücklichen Nummer', wie man zu sagen pflegt, und dann spricht man von 'Glück'.

Aber geschehen die Dinge wirklich 'so zufällig'? Der Studierende sagt: "Nein." Wir leben nicht in einem Universum, in dem alles drunter und drüber geht, das von Zufälligkeit, Chance oder Unvernunft regiert wird, von etwas, das als unzusammenhängende oder zufällige Aktion materieller Partikel, Atome genannt, bezeichnet werden könnte. Im Gegenteil, die Lehre der Esoterischen Philosophie ist die der großen Denker aller Zeiten und der größten Denker unter den Gelehrten der heutigen Wissenschaft: sie besagt, daß Wirkungen von vorhergehenden Ursachen erzeugt werden, Wirkungen, die gewissermaßen Kinder von dem sind, was vorausging. Und diese Wirkungen werden ihrerseits wieder zu Ursachen und erzeugen etwas anderes. Dieses Natursystem, dieses Wirken der Natur, wird

'Karman' oder Handlung genannt - mit anderen Worten, das sogenannte Gesetz von Ursache und Wirkung. Man mag dieses Naturgeschehen verfolgen, wo man auch will, immer wird man finden, daß die Wurzel dem Baume vorangeht, der dann den Samen hervorbringt, der zur Erde fällt und wieder eine Wurzel erzeugt, der wieder eine Pflanze und Samen folgen und so fort ad infinitum. Hierin liegt weder 'blindes Glück' noch 'Zufall', noch sinnloses Handeln - sowenig wie sonst irgendwo im Universum -, welche das Resultat einer endlosen Ursachenkette sind. Denn gäbe es sinnloses, dem Zufall unterworfenes Handeln, läge kein denkbarer Grund, keine Regel vor, warum die Wurzel einen Baum und der Baum einen Samen hervorbringen sollte, der wiederum eine andere Wurzel, einen anderen Baum und andere Samen hervorbringt und somit das folgerichtige, regelrechte Handeln verfolgt, welches das Gesetz von Ursache und Wirkung demonstriert - mit anderen Worten, das Kausalgesetz.

Scheinbare Ausnahmen bestätigen eine Regel mehr oder weniger für denjenigen, der imstande ist zu verstehen, was eine Ausnahme bedeutet; und wenn wir genug Wissen besäßen, würden wir sehen, daß diese Ausnahmen nur im Bereich unserer Unwissenheit Ausnahmen sind. Was zum Beispiel die Genies in der Welt anbelangt, so könnten wir, würden wir nur dem Gesetz des Durchschnitts folgen und es auf die fast universal vorhandene menschliche Intelligenz anwenden, argumentieren, daß es unmöglich sei, daß so ein Mensch wie ein Genie existiere, denn das in dem Beispiel angeführte 'Durchschnittsgesetz' berücksichtigt keine Genies. Nichtsdestoweniger wissen wir, daß es Genies gibt. Angenommen, man würde alle Genies der Welt sammeln und ihre verschiedenen charakteristischen Merkmale analysieren, so daß wir ein vollständiges

Bild von ihnen erhielten, bei dem nicht ein Merkmal fehlt, und auch auf sie das 'Durchschnittsgesetz' anwenden, so würde sich herausstellen, daß einer von ihnen ein Musiker ist, ein anderer ein Dichter, wieder ein anderer ein Philosoph und so fort. Diese Klassen würde der beobachtende Scharfsinn als Variationen der Spezies des Genius 'Genie' auffassen, aber sie alle wären Genies.

Tatsächlich gibt es in der Natur selbst keine Ausnahmen. Was wir Menschen 'Ausnahmen' nennen, sind nur solche für unseren Verstand, der zur Zeit der Prüfung nicht richtig einordnen kann, wohin sie gehören. Sie sind lediglich Manifestationen von Verursachungen, Glied um Glied, endlos und anfanglos. Jedes Wesen, jede Wesenheit, ob hoch- oder niedrigstehend, durchschnittlich oder genial, ist ein solches Glied in den unveränderlichen und im Grunde streng mathematischen Prozessen und Vorgängen der Natur.

Die Idee einiger Wissenschaftler, im ganzen Universum sei 'blindes Glück' oder 'Zufall' vorherrschend, ist vielleicht der Tatsache zuzuschreiben, daß sie unbewußt mentale Opfer des alten materialistischen, sogenannten 'physikalischen Determinismus' sind, der hauptsächlich in dem Gedanken wurzelt, daß es im Universum nichts als impulslose, unbeseelte, nicht vital gelenkte Materie gibt, die sich ganz von ungefähr auf unerkennbare oder jedenfalls unbekannte Ziele hinbewegt, mit anderen Worten: ein seelenloses Universum, in dem sich die Dinge von ungefähr oder zufällig ereignen, in dem aber dennoch in irgendeiner gänzlich unerklärten Weise Ursache und Wirkung blind regieren. Die Wissenschaftler haben gegen die Unlogik dieser Auffassung unserer unmittelbaren Vorfahren revoltiert und versucht, in den neueren spekulativen Theorien ultramoderner Wissenschaft eine Zuflucht in rein mathematischen Begriffen zu finden, wo ihr unausgesprochener Hunger nach Gesetz und Regelmäßigkeit überall in Erscheinung tritt, wo es jedoch in bezug auf den kausativen Hintergrund genügend Unbestimmtheit gibt, um das Eindringen einer kosmischen leitenden Intelligenz zuzugestehen. Doch versäumen sie zu erkennen, daß die Idee vom 'blinden Glück' oder 'Zufall' an sich nur ein Rückfall in denselben alten, materialistischen physikalischen Determinismus ist unter einer anderen, einer neuen Form und unter neuem Namen.

Für intuitive Wissenschaftler dieser Art, wie zum Beispiel Jeans und Eddington, die in ihren letzten Werken nicht zögern auszusprechen, daß ihnen das Universum und seine verwirrenden Operationen wie Produkte eines kosmischen Geistes erscheinen, kann eine gewisse Sympathie und uneingeschränkter Respekt empfunden werden.

Als vergleichende Beispiele: "The Universe Around Us", 1929, von Sir James Jeans; "The Mysterious Universe", 1930, von Sir James Jeans; "The Expanding Universe", 1933, von Sir Arthur Eddington; "My Philosophy", 1933, von Sir Oliver Lodge.

Und ferner: "The Architecture of the Universe", von Professor W. T. G. Swann, Direktor der Bartol Research Foundation des Franklin-Instituts. Dies ist ein interessantes, anregendes Werk; es wurde 1934 gedruckt.

Mit gleichem Nachdruck könnte auf die bewundernswerte und erstaunlich feine wissenschaftliche Arbeit in der Forschung sowie der philosophischen Schlußfolgerung, die von anderen hervorragenden Wissenschaftlern in Europa und Amerika geleistet worden ist, hingewiesen werden, als da sind: Einstein, Bohr, Planck, Millikan und andere. Die Arbeit dieser Männer läuft letzten Endes auf dasselbe spekulative Ziel hinaus wie diejenige der hier soeben erwähnten englischen und amerikanischen Wissenschaftler.

Die bloße Tatsache, daß in unserer Zeit der Veränderung und Entwicklung die wissenschaftliche Forschung für die gedankenlosen Menschen ihre spekulativen Denkgrundlagen fast von Jahr zu Jahr zu ändern scheint, so daß, was 1930 Ansicht der Wissenschaftler war, 1935 nicht mehr ihre Ansicht war, zeigt nur, daß der Durchschnittsmensch, so sehr er sich auch für wissenschaftliche Arbeit interessieren mag, sich der fortschrittlichen Natur wissenschaftlicher Forschung und Entdeckung nicht völlig bewußt ist. Jeder neue Schritt vorwärts in der Wissenschaft sollte nicht als Beitrag eines neuen Bausteins angesehen werden, einer neuen Kelle voll Mörtel zum Bau des Tempels der Erkenntnis, sondern er sollte lieber als das betrachtet werden, was er ist: die Manifestation einer relativen oder vollständigen Revolution in der wissenschaftlichen Anschauung. Denn die durch die Entdeckung neuer Naturtatsachen vorgebrachten wechselnden Ansichten der Wissenschaftler bedeuten nicht, daß das Universum das ist, was diese Herren meinen, sondern sie bedeuten lediglich, daß diese ganz hervorragenden wissenschaftlichen Entdecker stetig radikale Meinungsänderungen durchmachen; daß das wissenschaftliche Denken im Fluß ist und ein Ende noch nicht abzusehen ist. Zweifellos mögen viele Ideen, die in den letzten Jahren als wissenschaftlich verbreitet worden sind und die hernach um anderer und neuerer Ideen willen wieder fallengelassen wurden, zurückgerufen, neu gestaltet und ummodelliert werden, um sich dem einzufügen, was die Zukunft bringen wird.

Diese Möglichkeit trifft besonders in Verbindung mit den äußerst vagen und unbefriedigenden wissenschaftlichen Ansichten über 'Indeterminismus' zu, wie heute der Volksmund sagt, der in mancher Hinsicht ebenso stark materialistisch ist, wie es der alte jetzt verworfene physikalische Determinismus war, und der vielen Menschen nichts als der alte in neuer Form zu sein scheint. Denn es sollte doch jedem denkenden

Menschen einleuchten, daß, wenn Indeterminismus als bloßes Ungefähr, bloßer Zufall zu betrachten wäre oder als ziellose Tätigkeit, dieser nicht in wasserdichten Behältern in einem Universum existieren könnte, von dem diese selben Wissenschaftler so oft nachdrücklich als von dem Werk 'eines kosmischen Mathematikers' sprechen, das heißt von einer kosmischen Intelligenz. Intelligenz und Zufall lassen sich ebensowenig miteinander vereinbaren wie einerseits kosmische Ordnung, die Gesetzmäßigkeit und zielstrebiges Handeln in sich schließt, und andererseits verantwortungsloser Zufall, der von kosmischer Unordnung zeugen würde.

## V

Ein Schüler der Esoterischen Philosophie ist kein Fatalist. Wenn gesagt wird, das Universum und alles darin Enthaltene resultiere aus einer inhärenten Ursachenkette und sei an diese, die sich aus der Unendlichkeit der Vergangenheit in die Unendlichkeit der Zukunft erstreckt, gebunden und alles im Universum sei ein Produkt, eine Konsequenz, ein Resultat, eine Frucht früherer Ursachen, die gegenwärtige Folgen erzeugen, so wird dies als Beweis für die Tätigkeit oder Wirksamkeit zahlloser Willen und Intelligenzen im Universum hervorgebracht. Mit noch größerer Genauigkeit gesagt: Dies ist Beweis für die Tätigkeit oder Wirksamkeit zahlloser Willen und Intelligenzen von denkbar verschiedenster Macht und verschiedenster Qualität, die auf der Lebensleiter aufwärtssteigen. Die Leiter hat in Wirklichkeit weder Anfang noch Ende, denn sie ruht wie das Universum, das sie selbst ist, in jener anfanglosen und endlosen Kausalkette. Diese Kette ist nichts anderes als der universale

Kosmos, der aus seinem eigenen ihm eingeborenen Wesen heraus und ihm gemäß wirksam ist.

So wie Spinoza, der niederländische, jüdische Pantheist, die Lehre der Upanishaden des alten Hindustan im Kern seiner eigenen philosophischen Lehre widerhallen läßt, wenn er ausspricht, daß das Universum nur eine Manifestation oder ein Spiegelbild des Bewußtseins der kosmischen Göttlichkeit ist, leitet die Esoterische Philosophie alles, was ist, von diesem unbegreiflichen göttlichen Urquell her, aus dem alles entsprang und zu dem alles zurückwandert. Aus diesem Grunde sagt sie, daß der Kosmos und alles, was er enthält, auf Bewußtsein-Substanz als seiner Essenz aufgebaut ist. Es entspräche purer Unkenntnis anzunehmen, daß es zwischen dieser unsichtbaren göttlichen Quelle und unserem groben, physischen, materiellen Universum keine Zwischengrade oder -stufen oder vermittelnde Glieder gäbe. Gerade diese 'Glieder' sind die ungeheuren Bereiche unsichtbarer Welten oder Sphären, die, wie schon gesagt wurde, die kausalen Faktoren bei der kosmischen Manifestation ausmachen.

Gerade weil der Mensch eine der geringeren Hierarchien ist und aus derselben göttlichen Quelle hervorging, besitzt er auch sozusagen seinen Anteil an Intelligenz und Willenskraft, und zwar als inhärente Teile seiner inneren Konstitution. Der Mensch oder vielmehr die Menschheit insgesamt ist eine der zahllosen Heerscharen hierarchischer Anhäufungen von Intelligenzen und Willen, die das Universum anfüllen; und eine jede solche Hierarchie lebt auf und in ihrer eigenen Welt oder Sphäre, sei sie nun unsichtbar oder sichtbar für uns. Der Mensch ist dadurch imstande, sein Geschick nach seinem Willen zu gestalten, denn er hat in sich, im Innersten seines Innersten, dieselben Faktoren, die das Universum inspirieren und regieren.

Aus dieser Tatsache folgt die unvermeidliche Konsequenz, daß er an der Gestaltung jenes Teiles des Universums teilhat, den er erfüllen kann, innerhalb der Sphäre seiner eigenen Betätigungen, die sich aus seinem Willen, seiner Intelligenz und seinem Höhergeistigen herleiten. Die unausweichlichen Gesetze des Universums, mit denen er unentrinnbar solidarisch ist, umgeben ihn, denn er ist ein Teil desselben. Aus dem Universum kann nichts heraus, und es kann auch von außen nichts hereinkommen, denn es gibt kein Außen. Und weil der Mensch alles enthält, was das Universum zum Inhalt hat, so hat er die Möglichkeit, alles im Universum zu verstehen: die größten Probleme der kosmischen Natur können und müssen in ihm ihre Lösung finden, wenn er tief genug in die unsichtbaren Bereiche seiner eigenen Konstitution eindringt.

Was wir um uns herum sehen, unsere eigene Welt, die Sterne und die Planeten, kann nicht nur gerade deshalb dasein, weil es eben da ist, oder mit anderen Worten, sie können nicht Produkt des 'Zufalls' sein. Was ist 'Zufall'? Zufall ist ein Wort, das unsere Unwissenheit über Tatsachen ausdrückt oder kundtut. Wenn sich etwas zuträgt, dessen kausale Beziehungen wir nicht verfolgen können, so sagt der Volksmund, es geschehe 'zufällig' so. Dabei sollte nicht vergessen werden, daß die Benennung von Dingen - etwa nach Art der hebräischen Legende von Adam im Garten Eden, der die Tiere benannte, während sie an ihm vorüberzogen - keineswegs das ausdrückt, was sie sind. Dinge mit einem Namen zu belegen ist nur eine Zweckdienlichkeit, die uns in den Stand setzt, sie zu nennen oder zu definieren, wenn wir von ihnen sprechen wollen. Der logische Sinn des Menschen verlangt nach Gedankengliedern und weist alle sinnlosen und daher unlogischen Begriffe als unverständlich zurück. Der menschliche Geist, der ein Ausdruck der Energien des Universums ist, zu dem er gehört, muß grundsätzlich nach dem Muster dieses Universums funktionieren. Das kann gleichermaßen so ausgedrückt werden: Weil des Menschen Geist bewußt und logisch ist, ist auch das Universum seinem Wesen nach bewußt und logisch. Und weil des Menschen Intellekt nach kausativen Bindegliedern verlangt, ist auch das Universum gliedhaft zusammengefügt und nicht ein zufälliger Traum eines kosmischen Irrsinnigen.

Aus dem bereits Gesagten wird also zu erkennen sein, daß diese 'Bindeglieder' im Universum die verschiedenen Sphären und Ebenen sind, die ineinanderwirken und untereinander verbunden sind und auf diese Weise die kosmische Struktur bilden. Da der Mensch in seiner Konstitution sowohl sichtbar als auch unsichtbar ist, da er sowohl Körper als auch Verstand oder Intellekt und Geist hat, so muß auch das Universum sichtbar und unsichtbar sein, denn der Teil kann nicht mehr enthalten als das Ganze, von dem er ein integraler Ausschnitt ist.

Unsere Erdkugel, die Sonne und die anderen Planeten, die Sterne, die Nebel und die Kometen, die Atome und die Elektronen - was für Körper es auch immer sein mögen -, sie alle werden nach derselben allgemeinen kosmischen Regel von sie erfüllenden und inspirierenden Energien regiert und geleitet, die, weil sie substantiell sind, ihre eigenen inneren Ebenen haben und sich auf unserer physischen Ebene zum Ausdruck bringen, indem sie auf sie herab und durch sie hindurch wirken. Diese Energien stammen aus jenen unsichtbaren Welten, ja, sie sind letzten Endes jene unsichtbaren Welten.

Jedes Ding und jedes Wesen, einerlei wie klein oder wie groß es sein mag, ist ein sich entwickelndes Leben; und da jeder sichtbare uns umgebende Körper im Universum nur ein Aggregat dieser Leben ist, haben wir hier somit einen Schlüssel zu der wirklichen Auffassung vieler der alten Philosophen, die von den Sonnen und Sternen als von lebenden Wesenheiten sprachen, von lebendigen und intelligenten Wesenheiten, die das tun und abtragen, was Karman genannt wird. Sie sind das, was die alten Griechen 'beseelte Wesenheiten' nannten - zôa. Hiervon ist das Wort 'Zodiak' abgeleitet, das sogar in unseren gebräuchlichen astronomischen Büchern zu finden ist. Es bedeutet den Kreis der 'Lebenden', die die lateinischen Philosophen animae (animals) nannten - ein Wort, das sie in der ursprünglichen lateinischen Bedeutung für beseelte Wesenheiten gebrauchten und nicht in der beschränkten Bedeutung moderner europäischer Sprachen, die damit nur die Tiere bezeichnen.

Selbst einige der größten unter den frühen christlichen Kirchenvätern lehrten mehr oder weniger dasselbe, nämlich daß die Sonnen, Sterne und Planeten 'lebende Wesen' seien. Dies wird besonders in der Lehre des großen griechischen Theologen Origenes und zweifellos auch bei Clemens betont.

Aufgrund des großen Interesses werden hier einige Stellen aus Origenes Werken zitiert:

> "Die Sterne können der Sünde nicht nur untertan sein, sondern sie sind tatsächlich nicht vor ihrer Ansteckung gefeit; ..."
>
> "De principiis" (Über die Prinzipien),
> Buch I, Kap. VII, Abschnitt 2

> "Und wenn wir beobachten, daß sich die Sterne mit solcher Ordnung und Regelmäßigkeit bewegen, daß diese Bewegungen niemals und zu keiner Zeit der Störung unterworfen zu sein scheinen, würde es dann nicht der Gipfel der Dummheit sein zu sagen, daß eine so stetige und ordnungsgemäße Beobachtung von Methode und Plan von Wesen ohne Ver-

nunft ausgeführt oder vollzogen werden könnte ...? Da die Sterne jedoch lebende und vernünftige Wesen sind, wird es fraglos Fortschritt so gut wie Rückfall unter ihnen geben ..."

ebenda, Buch I, Kap. VII, Abschnitt 3

Wiederum bemerkt Origenes in seinem Traktat "Gegen Celsus":

"Da wir überzeugt sind, daß die Sonne selbst und auch der Mond und die Sterne zur höchsten Gottheit durch deren einzig-gezeugten Sohn beten, halten wir es für unangebracht, zu diesen Wesen zu beten, die selbst Gebete darbingen."

"Contra Celsum", Buch V, Kap. XI

Und in demselben Traktat "Contra Celsum" bemerkt Origenes noch einmal ganz in der christlichen Art seiner Zeit:

"Denn Hymnen singen wir nur dem Allerhöchsten und seinem Einzig-Erzeugten, welcher der Logos und auch Gott ist; wir preisen Gott und seinen Einzig-Erzeugten, wie auch die Sonne, der Mond und die Sterne es tun und all die Menge der himmlischen Heerscharen."

ebenda, Buch VIII, Kap. LXVII

Zeigen wir ferner die frühchristliche Anschauung von der eingeborenen Lebenskraft, die in den Himmelskörpern und durch die Himmelskörper als Vehikel jenes kosmischen Lebens am Werke ist, so wird der Leser in den Schriften des lateinischen Kirchenvaters Hieronymus folgende Stelle finden, welche die Lehren des Origenes wiederholt:

"In bezug auf die Himmelskörper sollten wir beachten, daß die Seele der Sonne, oder wie man es sonst nennen sollte, nicht erst zu existieren anfing, als die Welt geschaffen wurde, sondern schon vorher in jenen scheinenden, leuchtenden Körper eintrat. Gleiche Anschauungen sollten wir in bezug auf den Mond und die Sterne haben."

"Briefe", 'Brief an Avitus'

Es ist auch interessant zu beobachten, daß trotz der Verdammung der Ansichten des Origenes und seiner Schule durch die beiden Konzilien von Konstantinopel im sechsten Jahrhundert, auf die schon Bezug genommen wurde, jene Ansichten in der ganzen christlichen Gemeinde mehr oder weniger offen vorherrschten und bis zu einer ziemlich späten Periode der christlichen Geschichte fortbestanden; ja, selbst bis in das Mittelalter hinein hallte ein Echo davon wider. Die kirchlichen Schriftsteller der dunklen, mittelalterlichen Zeiten haben in ihren Werken viele Stellen, die auf die Sonne und die Sterne Bezug nehmen, welche, historisch gesehen, nur unter der Voraussetzung verständlich sind, daß sie mehr oder weniger entstellte Widerspiegelungen der Ansichten des Origenes und seiner Schule sind, die, wie schon gezeigt wurde, ihrerseits entstellte Wiedergaben von ursprünglichen sogenannten 'heidnischen' Lehren waren. Denn alle die soeben beschriebenen Lehren des Origenes waren schon zum großen Teil degeneriert und mißverstanden zu der Zeit, als Origenes und seine Schule sie der christlichen Gemeinde verkündeten. Ferner waren sie durch die theologische mentale Richtung der Christen, die sie später lehrten, von ihrer ursprünglichen heidnischen Bedeutung mehr oder weniger abgekommen.

An die Alten selbst müssen wir uns wenden, wenn wir einen klareren und bestimmteren Umriß des ursprünglichen Gedankens gewinnen wollen. Nebenbei gesagt sind diese Lehren, die von gewissen christlichen Kirchenvätern übernommen und für ihre speziellen patristischen Zwecke modifiziert wurden, hauptsächlich von Plato und Pythagoras und deren Schule abgeleitet.

Die alte Lehre besagt nicht, daß die Sterne und andere leuchtende Himmelskörper in ihren physischen Formen 'Engel' oder 'Erzengel' wären, sondern daß ein jeder die 'Wohnung' oder das Vehikel oder der Ausdruckskanal irgendeiner dahinterstehenden 'engelhaften' Wesenheit sei. Die Wahrheit über die ganze Angelegenheit ist die: Jeder Himmelskörper, sei es ein Nebel oder ein Komet, eine Sonne, ein Stern oder ein harter, felsiger Planet wie unsere eigene Erdensphäre, ist ein Fokus oder eine psycho-elektrische Linse, wenn man es so ausdrücken darf, welche die Energien, Kräfte und Substanzen durchströmen, die aus den unsichtbaren Sphären auf sie übergehen. Diese Behauptung beruht auf gesunden philosophischen Grundsätzen und wissenschaftlichen Tatsachen, welche die unsichtbare Natur betreffen.

Wenn man diese alte okkulte Lehre der esoterischen Schulen überdenkt, so sieht man sogleich, daß die Erde als Mutter und Erzeugerin der beseelten Wesen, die ihr Leben von ihr herleiten, mit vollem Recht als ein "animal" oder beseeltes Wesen angesehen wird und also offenbar eine Wesenheit, ein belebter und beseelter Organismus ist. Die Erde hat sogar ein geheimnisvolles Instinkt-Prinzip oder "quasi denkendes Prinzip", und sie hat auch ihre vitalen Aktionen und Reaktionen, die sich als die der Wissenschaft bekannten elektromagnetischen Phänomene manifestieren, die tatsächlich aus dem Jîva der Erde hervorgehen - elektrische Stürme, magnetische Stürme, Erdbeben und so weiter. Ebenso wie das menschliche Wesen in seine niedrigeren Prinzipien ein "Tier" oder eine "animalische" oder beseelte Wesenheit ist, ebenso ist die Erde in ihren niedrigeren Prinzipien ein animalisches

Wesen und somit ein 'Tier'. Doch würde es irreführend sein und in zu viele verwirrende Einzelheiten führen, wenn wir versuchten, die Analogie zwischen dem physischen Körper des Menschen und dem der Erde in Dingen wie Besitz von Sinnen, psychomagnetischen Eigenschaften und so weiter zu genau zu verfolgen. Ein jedes Wesen hat seinen eigenen evolutionären Fortschritt, wenn auch die Erde und ihre physischen Kinder in sehr verwickelter und enger Weise aneinandergekettet sind. So wie der Mensch aus einem mikroskopisch kleinen menschlichen Samen ins Menschendasein trat, trat auch die Erde oder, besser gesagt, eine jede Welt aus einem kosmischen Samen ins Dasein. Ebenso, wie der Mensch geboren wird, wird relativ gesehen und unter Berücksichtigung von Umstand und Zeit eine Welt geboren. Beide werden aus Energiepunkten oder -zentren erzeugt, und diese Energiepunkte sind immer in einem größeren oder weniger großen Aggregat atomistischer Substanzen verkörpert.

So entstand der Mensch, so entstand die Erde. So entstand das Sonnensystem, die Galaxie, und so entstanden eine Billion Galaxien. Kommt dann der große Wechsel im Leben, den die Menschen Tod nennen, werden der Mensch, die Welt oder das Weltensystem zu Ruhe und Frieden in die unsichtbaren Sphären zurückgezogen, und sie gehen daraus wiederum hervor und beginnen einen neuen evolutionären Lauf auf einer etwas höheren Skala, einer etwas höheren Ebene.

Als Beispiel mag ein Planet dienen: Das Lebenszentrum, der Same oder Energiepunkt kommt auf seiner Reise aus den unsichtbaren Sphären herab in gröbere Substanz als diejenige, die in den unsichtbaren Welten, die er verließ, vorherrschte. Und während er gröber und in zunehmendem Maße materiell wird, umgibt er sich mit Lebensatomen, wie sie genannt werden, die bereit sind und auf den Abstieg dieses sich entwickelnden Samens oder Energiepunktes warten. Dieser letztere setzt seine Reise in die gröbere Materie fort, wobei er die verschiedenen inneren und unsichtbaren Sphären erdenwärts oder vielmehr stoffwärts durchdringt, bis er im höheren materiellen Teil unseres eigenen Weltsystems als ein Nebelfleck erscheint, als ein Streifen schwachen Lichtes, das am mitternächtlichen Himmel zu sehen ist. Dann geht er in dem Verdichtungsprozeß durch mehrere Stadien und Zustände hindurch. Ein solcher vorübergehender Prozeß ist der eines Kometen. Dieser wird schließlich ein Planet in einem höchst ätherischen Stadium oder Zustand. Der Prozeß der Verdichtung, Vergröberung oder der Materialisierung dauert an, bis der Planet ein Stadium wie zum Beispiel das des Planeten Saturn in unserem Sonnensystem erreicht hat, denn der Saturn ist, wie wir wissen, weniger dicht als selbst das Wasser auf unserer Erde. Ein solcher Planet ist in einer der frühesten Phasen seiner Existenz eine planetarische Sphäre, und im Laufe der Zeit wird er in dem Maße, wie er die Evolution seiner Lebensbahn verfolgt, dichter werden, bis er schließlich eine felsige, harte, feste Kugel wird wie unsere Mutter Erde.

Diese alte Lehre des Eintritts von Welt und Mensch in physischer Existenz und ihres Wachstums vom Kleinen zum Größeren, und zwar beide gemäß derselben allgemeinen energiegeladenen Entwicklungslinie, hat H. P. Blavatsky vor über fünfzig Jahren dem Abendland aufs neue verkündet. Doch sie ist von den modernen Wissenschaftlern nicht akzeptiert worden - außer vielleicht im Sinne einer vagen mentalen Ahnung, die im Bewußtsein einiger weniger halbintuitiver Wissenschaftler aufstieg. Die Entstehung der Welten ist immer ein Rätsel gewesen, und sie ist es noch, ein Rätsel, das wissenschaftliche Forschung und Entdeckung noch nicht völlig gelöst haben. Infolgedessen gibt es eine Anzahl Theorien darüber, deren jede ihre Vorgängerin in einigen Punkten korrigiert hat und deren jede in gewissen Punkten weniger befriedigend zu sein scheint als ihre Vorgängerin.

Eine dieser neueren planetarischen Hypothesen ist die Theorie von Professor Moulton und Professor Chamberlin, die von ihnen mit charakteristischer wissenschaftlicher Geschicklichkeit zuerst 1929 in einem interessanten Pamphlet unter dem Titel "The Planetesimal Hypothesis" veröffentlicht wurde. Die Verfasser beschreiben hier ihre Theorie über die Geburt der Planeten aus der Sonne in irgendeiner fernen Periode der Vergangenheit. Sie wurde durch die herausreißende Wirkung verursacht, welche die Annäherung einer anderen Sonne oder eines Sternes an unsere Sonne hervorrief, von der angenommen wird, sie sei zu jener Zeit ohne planetarische Kinder oder Gefährten gewesen. Auf diese Weise wären auf der Oberfläche der Sonne ungeheure Fluten entstanden, die dazu führten, daß gewaltige Massen der Sonnensubstanz von dem Sonnenkörper abgerissen wurden. Die Sonnenstücke, die so von der Sonne losgerissen wurden, sammelten sich kraft dessen, was gemeinhin als Tätigkeit der Gravitation bekannt ist. Diese Ansammlungen oder Aggregate von Sonnenstücken sollen den Anfang der einzelnen jetzt bestehenden Planeten bilden.

Dies ist nur eine kurze und unvollkommene Darstellung der planetarischen Hypothese, aber sie mag genügen, denjenigen, die nicht mit ihr bekannt sind, eine kleine Idee von dieser Theorie zu geben. Sie ist nicht die Lehre der Esoterischen Philosophie.

Für eine Theorie wie die vorstehend erwähnte ist der Mangel an Kenntnis von der Existenz unsichtbarer und mächtiger kausaler Reiche verantwortlich, Reiche, die sich in etwas kleiden, was hierbei zu einem

Gewand wird, welches das physische Universum genannt wird. Alle großen Religionen und Philosophien vergangener Zeiten, ja alle alten Wissenschaften hatten die universale und fundamentale Idee von inneren, unsichtbaren, unberührbaren, aber kausalen Reichen und waren sogar darauf gegründet als auf der Basis und dem Hintergrund ihrer jeweiligen Formulierungen religiös-philosophischen Denkens. Universal lehrten sie, daß unsere physische Welt, einschließlich der Sterne, Sonnen, Planeten und so weiter, nur die äußere Schale, das Gewand oder der Schleier eines inneren, vitalen, intelligenten Aggregats von Ursachen ist, das in seiner Gesamtheit das kosmische Leben bildet oder vielmehr ist. Dieses kosmische Leben ist keine Person, keine individualisierte Wesenheit. Es geht weit über eine solche rein menschliche Vorstellung hinaus, die wie alle Individualisierung notwendigerweise logische Beschränkungen in sich schließt, weil "ES" unendlich, schrankenlos, anfanglos, endlos ist: in der Größe an Ausdehnung der Unendlichkeit gleich, in endloser Dauer an Ausdehnung der Ewigkeit gleich. Das kosmische Leben ist in Wahrheit die unaussprechliche Realität hinter allem, was ist, in allen Wesen und Dingen, die sind. Geist und Stoff sind nur zwei Manifestationen dieses unbeschreibbaren, weil unausdenkbaren Mysteriums, dieser universalen Lebenssubstanz, das heißt der universalen Bewußtsein-Substanz. In der Esoterischen Philosophie wird dies zuweilen abstrakter Raum genannt, was nicht dasselbe ist wie die bloße nackte räumliche Ausdehnung der europäischen Wissenschaft. Er ist durch seine Agenten, die aus ihm hervorgehen, die essentielle und die instrumentale wie auch die substantielle Ursache von Geist und Stoff bzw. Energie und Substanz. Denn Geist und Stoff, oder Energie und Substanz, sind in Wirklichkeit eins - zwei Formen, zwei Attribute, zwei Eigenschaften, zwei Manifestationen der einen zugrundeliegenden unsichtbaren Realität.

Raum an sich, womit abstrakter Raum gemeint ist, ist also Realität, das zugrundeliegende Noumenon oder die immerwährende, ewige und grenzenlose substantielle Verursachung, die sich in ihren vielfältigsten Formen oder Aktivitäten als das kosmische Leben zeigt. Dieses kommt an der Oberfläche des Grenzenlosen und innerhalb des Grenzenlosen, durch es und von ihm als ewige Bewegung zum Ausdruck, verbunden mit Bewußtsein und Intelligenz, und durch Manifestation als unaufhörliche kosmische Bewegung, die von kosmischem Bewußtsein und kosmischem Willen gelenkt wird.

Soll man es nun Gott oder einen Gott nennen? Warum? Wenn man ihm solche individualisierten Attribute oder Eigenschaften beilegt, so begrenzt und beschränkt man sein essentiell unbegrenztes und schrankenloses Wesen. Im Grunde ist es spirituelle Wesenheit, ja, göttliche Wesenheit, von der wir mit unserem unvollkommenen Sinnesapparat nur das wahrnehmen, was wir Menschen den materiellen und den energetischen Aspekt nennen. Aber ist dieses ES "Gott" im modernen oder vielmehr im altmodischen abendländischen religiösen Sinn? Mit Nachdruck NEIN, denn es gibt viele Universen, nicht nur eins, unser eigenes Heimatuniversum, die Galaxie. Aus diesem Grunde gibt es viele 'Räume' mit einem vollkommen unbegreiflich größeren Raum als Hintergrund, der von keiner begrenzten Größe ist und der alles in sich schließt. Ein Raum, der noch ätherischer, noch feiner, nein, spiritueller, ja, göttlicher ist als der Raum-Stoff, von dem wir Menschen wissen oder uns auch nur in unseren höchsten Gedankenflügen eine analoge Vorstellung machen. Dieser Raum-Stoff manifestiert in dem niedrigsten Aspekt, den wir unser Universum nennen, die

Grobheit der physischen Materie des allgemeinen menschlichen Wissens. Unser eigenes Heimatuniversum ist nur eines von buchstäblich unzählbaren solcher oder ähnlicher Universen, die über die Gefilde der Räume des grenzenlosen Raumes verstreut sind. Letzterer ist anfang- und endlos. Jedes Universum wird belebt und intelligent inspiriert durch das innewohnende und hineinwirkende grenzenlose kosmische Leben, das durch ein solches Universum und alle seine zahllosen Scharen verwandter Art hindurchwirkt. Aus diesem Grunde ist jedes andere derartige Universum der physische Ausdruck oder das physische Vehikel einer anderen, für uns unbegreiflich großen und riesenhaften kosmischen Wesenheit - genauso wie sich ein Mensch auf unserer eigenen winzigen Erde von einem anderen Menschen und von jedem anderen beseelten Wesen unterscheidet. Die universale Welt, der universale Raum ist voll von Göttern, 'Funken der Ewigkeit', Gliedern in einer endlosen Ursachenkette kosmischer Intelligenzen, die in den ungeheuren Räumen der Unendlichkeit leben, sich bewegen und sind, genauso wie wir im kleineren Maßstab in unserem eigenen Heimatuniversum.

## VI

Während einige der inneren, unsichtbaren Welten aus einer Substanz und Energie oder vielmehr aus Substanzen und Energien bestehen, die weit ätherischer und subtiler als diejenigen sind, die in den sichtbaren und greifbaren Welten wirksam sind und sie beleben, ja, sie strukturell zusammensetzen, gibt es ebenfalls noch weit materiellere und gröbere Welten als die durch unsere physischen Sinne wahrgenommene Welt. Diese sind für uns ebenso unsichtbar und ungreifbar wie die ätherischeren und subtileren Welten, und zwar aus demselben Grunde: Unsere physischen Sinne reagieren nämlich nicht auf die Vibrationsraten, die diese höheren und niederen Welten sind, sondern nur auf die besonderen und begrenzten Vibrationsraten, die unsere eigene, besondere physische Welt charakterisieren. Ja unsere Sinne reagieren sogar nur auf einen kleinen Umfang der weit ausgedehnten Bereiche oder Skalen, die selbst das physische Universum enthält, welch letzteres die Mutter unserer Sinne und auch deren relativ begrenztes Aktionsfeld ist. Diese Beschränktheit der Kräfte unseres Sinnesapparates ist es, die uns daran hindert, uns auf die anderen, sehr unterschiedlichen Vibrationsraten 'einzustellen', die in den sichtbaren und unsichtbaren Welten vorherrschen.

Die erstaunlich erfolgreichen Resultate wissenschaftlicher Forschung und wissenschaftlichen Studiums in jenen faszinierenden Entdeckungsbereichen, die modernes wissenschaftliches Denken unter dem allgemeinen Namen 'Strahlung' gruppiert hat (was in der letzten Analyse nur ein Sammelname für Energien und Stoffe ist, die in verschiedenen Graden der Weite und Schnelligkeit vibrieren), haben uns klar vor Augen geführt, daß wir Menschen trotz der wirklich wunderbaren Geschicklichkeit unseres Sinnesapparates im Auffangen gewisser Teile der wunderbaren Strahlenskala und in ihrer Übermittlung an unser wahrnehmendes Gehirn bisher noch sehr wenig über die erstaunlichen Geheimnisse wissen, die die Natur schon in diesem einen Feld ihrer Wirksamkeit besitzt.

Von modernen wissenschaftlichen Forschern wurde gesagt, daß Strahlung allein eine Skala vibrierender Substanzen umfaßt, die etwa siebzig Oktaven in sich schließt. Diese reichen von den uns bis jetzt bekannten durchdringendsten und härtesten Strahlen, die von Dr. Millikan zuerst 'kosmische Strahlen' genannt wurden, durch Oktaven geringerer Weite und geringeren Schwingungsgrades, wie zum Beispiel die Röntgenstrahlen, gewöhnliches Licht, Wärme, bis zu jenen Frequenzen, die beim Radio benutzt werden. Von dieser ganzen Reihe, Skala oder Strahlungsleiter von siebzig Oktaven nehmen unsere Augen höchstens eine Oktave wahr. Unser Tastsinn nimmt, jedoch unvollkommen, einen anderen kleinen Abschnitt in dieser langen Skala wahr, den der Wärmestrahlen, denn Wärme ist ebensogut eine Form der Strahlung wie das Licht.

So erstaunlich und fesselnd die Fähigkeit unserer physischen Sehwerkzeuge auch ist, wenn diese dem Gehirn die Strahlung, die wir Licht nennen, übermitteln, so ist es doch schließlich nur ein Teil von siebzig, eine Oktave von siebzig Oktaven, über die sie uns etwas mitteilen - und dieses Etwas ist eine an sich unvollkommene Information. Es wundert uns wenig, daß die große Theosophin H.P. Blavatsky in ihrem Meisterwerk "Die Geheimlehre" schrieb, daß unser gesamtes physisches Universum nur konkret gewordenes oder kristallisiertes 'Licht' ist. Mit diesem Ausdruck meinte sie fast genau das, was die Wissenschaft des zwanzigsten Jahrhunderts Strahlung nennt, eine Angabe, die heute klar genug ist, wenn man richtig versteht, daß das, was physikalisch Licht genannt wird, nur eine Oktave im Strahlenband ist, das sich nach beiden Richtungen zu beiden Seiten der Lichtoktave in die für uns unsichtbaren und fast unberührbaren Reiche und Sphären von Kraft und Stoff ausdehnt.

Wenn also das Licht die substantielle Basis unseres physischen Universums ist, wie sieht es dann mit den Universen oder Welten, Reichen oder Sphären intensiver Aktivität aus, auf die durch die nach rechts und nach links weitergehenden Strahlungsgruppen hingedeutet wurde, die wir weder sehen, fühlen, noch sonst durch einen unserer fünf Sinne erkennen können, von denen uns jetzt aber der Fleiß moderner Wissenschaftler Kunde gibt? Tatsächlich würde der Okkultist oder Schüler der Esoterischen Philosophie diese Skala von siebzig Oktaven nur als einen größeren Teil jener besonderen Gefilde kosmischer Aktivität und Substanz bezeichnen, die in den niederen Bereichen des Astrallichtes, wie er es nennt, enthalten sind.

Statt einiger siebzig Strahlungsoktaven oder Vibrationstätigkeiten in der Materie gibt es für Schüler der Esoterischen Philosophie zumindest einhundert, deren besonderes Gebiet die physischen und die astralen Welten sind. Über diesen und jenseits von ihnen liegen, soweit es größere Ätherhaftigkeit anbetrifft, buchstäblich unausdenkbare Gefilde kosmischer Aktivität, von denen ein jedes Feld, eine jede Ebene, ein jedes Reich sein eigenes Sortiment an Substanzen und Kräften besitzt und folglich mit dorthin gehörenden Welten und Sphären, Wesen und Dingen angefüllt ist. Hier mag der gewissenhafte Schüler vielleicht so etwas wie einen Anfang eines wissenschaftlichen Beweises sehen für die Behauptung der Weisheit der Zeitalter, heute Esoterische Philosophie, daß es Welten innerhalb von Welten gibt, daß ätherischere Substanzen innerhalb gröberer Substanzen existieren, wobei erstere die ursächlichen Noumena der letzteren sind. Somit erkennen wir den Grund für das alte Wort, daß die sichtbare, greifbare, sogenannte physische Welt nur der Schleier oder das Gewand ist, das die unsichtbare und nicht sichtbare Welt bekleidet und bedeckt.

Und dies ist nicht einmal alles: Denn diese unsichtbaren oder ungesehenen, diese nicht greifbaren, nicht gefühlten Welten oder Universen sind, wie hier schon wiederholt gesagt wurde, die kausalen Noumena dessen, was wir Menschen mit unseren Sinnen wahrnehmen und mehr oder weniger erfolgreich erkennen können und daher als die Welt materieller Substanzen und Kräfte kennen.

Es gibt viele Denker in moderner wissenschaftlicher Arbeit, die sich sowohl der inneren Überzeugung nach als auch in öffentlichen Aussagen den Lehren der prähistorischen Esoterischen Tradition in einer Anzahl höchst interessanter Parallelen nähern; ja, in vielen Fällen finden wir Annäherungen an eine, wie man sagen könnte, moderne exoterische Auslegung der Esoterischen Philosophie.

Dr. James Arnold Crowther hat in einer Art und Weise über Strahlung geschrieben, die eine erstaunliche wissenschaftliche Parallele liefert zu einer oder zwei Lehren der Esoterischen Philosophie, und er steht mit seinen Ansichten keineswegs allein da. Er legt in anschaulicher und eindrucksvoller Sprache dar, daß die Gesamtheit unseres Erdballs mit all seiner scheinbaren Festigkeit und seiner offenbaren Mannigfaltigkeit und Verschiedenheit physischer Erscheinungen und Substanzen letzten Endes nichts anderes als Strahlung ist, die engstens mit Elektrizität verbunden und wahrscheinlich mit ihr identisch ist und dennoch elektrisch so zusammengehalten wird, daß die Strahlung nicht im äußeren Raum verloren geht.

"Strahlung" von James Arnold Crowther, M. A., SC. D., F. Inst. P., Professor der Physik an der Universität Reading. Dies ist der zweite Artikel der Serie, die unter dem Titel "The Great Design" veröffentlicht und von Frances Mason herausgegeben ist (Macmillan, 1934).

Dieser wirklich gedankenreiche Mann äußert ferner einen ausgesprochen esoterischen Grundsatz, wenn er sagt, daß die essentielle oder eigentliche Substanz des Universums Strahlung ist, was nur ein anderer Name für Kraft oder Energie ist. Mit einer solchen Bestätigung aus eminenten wissenschaftlichen Quellen kann der Schüler wohl das Gefühl haben, daß es unnötig ist, sich mit dem Argument betreffs des substantiellen Charakters der Strahlung fernerhin abzumühen oder zu beweisen, daß H.P. Blavatsky völlig recht hatte mit der Behauptung in der "Geheimlehre" (1888), daß die physische Welt letzten Endes nichts als konkret gewordenes oder kristallisiertes Licht, das heißt Strahlung sei. Sie drückt sich so aus: "An lumen sit corpus nec non?" - "Ist Licht nicht auch ein Körper, das heißt substantiell?"

Doch ist Professor Crowthers interessantester Punkt der Konformität mit der Esoterischen Philosophie vielleicht der, daß er überzeugend erklärt, Gesetz und Ordnung, die im Universum so offenbar herrschen, seien nicht das Produkt von Irrationalität, sondern das der Vernunft.

Bewußtsein, in welcher Form es auch immer zum Ausdruck kommen mag, ist im Grunde die edelste und spirituellste Form kosmischer Energie; ja, Bewußtsein ist die Quelle und der Ursprung aller Formen kosmischer Kraft. Und da alle diese inneren und unsichtbaren Welten mittels Kraft in ihrer dualen Form von vitaler Bewegung und substantieller Basis existieren und diese inneren, unsichtbaren Welten in der Tat nichts anderes sind als Formen von Kraft oder Energie, die sich in zahllosen Formen und Arten ausdrückt, so ist mithin die unausweichliche Schlußfolgerung die, daß diese inneren, unsichtbaren Welten oder Sphären voll angefüllt sind mit Bewußtseinseinheiten und Leben - mit Scharen zahlloser Mengen bewußter, lebender, sich selbst zum Ausdruck bringender Wesenheiten. Diese Wesenheiten operieren und fungieren in ihren eigenen und jeweiligen Sphären oder Welten genauso wie auch wir in diesem Teile des kosmischen Ganzen, und alle stehen unter der Herrschaft der allgemeinen kosmischen Gesetze evolutionärer Entwicklung. Sie alle schreiten darum gleich uns Menschen stetig und ständig von relativer Unvollkommenheit zu sich immer mehr erweiternder Vollkommenheit fort.

Genauso wie unsere physische Welt und andere der unseren ähnliche Welten, die zu dieser allgemeinen materiellen kosmischen Ebene oder dieser Sphäre gehören, Bewohner vieler und mannigfaltiger Arten und Klassen haben, so besitzen diese höheren (und niedrigeren) Welten Bewohner, die ihre eigenen, besonderen Bürger sind. Diese sind mit entsprechenden Sinnen und einem solchen Verstand ausgerüstet, daß sie die Schwingungsraten der Welten, in denen sie leben, kennen und darauf reagieren. Ebenso sind unsere physischen Sinne hier so eingerichtet und entwickelt, daß sie auf die Schwingungsraten desjenigen Teiles der Lebensskala reagieren, der der physischen Ebene angehört, auf welcher diese Sinne funktionieren und zu der sie organisch gehören.

Ferner: Ebenso wie der Mensch zum Beispiel vermöge seiner feineren psychischen und mentalen Fähigkeiten undeutlich etwas von anderen Ebenen und Sphären weiß und in der Zukunft weit mehr darüber wissen wird als jetzt, und zwar in dem Grade, in dem die Evolution diese inneren Sinne und Fähigkeiten vervollkommnet, so ist es auch mit den Bewohnern oder Bürgern dieser höheren (und niedrigeren) Welten: Evolution oder fortschreitendes Wachstum an Fähigkeit und Sinnesorganen bringt langsam alle Wesenheiten und Wesen in Kontakt und Verkehr mit anderen Ebenen und Sphären und gibt ihnen davon Kunde, einerlei auf welchen Ebenen oder Sphären der Wirksamkeit und Bewußtheit diese Armeen oder Heerscharen von Wesen gegenwärtig sein mögen.

Für diese Bewohner oder die Bevölkerung einer jeden dieser höheren oder niedrigeren Welten ist ihre eigene Materie ebenso sinnlich wahrnehmbar und real wie die unsere für uns; andererseits und in Wahrheit ist sie jedoch ebenso unwirklich wie für uns die unsere, wenn wir verstehen - was wir sollten -, wie vergänglich und darum unwirklich unsere physische Materie ist. Denn die Materie, welche die höheren Welten zusammensetzt, ist für uns Kraft oder Kräfte, und unsere Materie ist Kraft und Kräfte für die Welten unter der unseren oder vielmehr für die Welten, die niedriger sind als unsere eigene Welt.

Was objektive Existenz oder objektives Sein genannt wird, ist jener Teil des grenzenlosen Ganzen, der auf einer jeden Ebene, in einer jeden Welt oder Sphäre von den Wesen wahrgenommen wird, deren Bewußtsein zu der entsprechenden Zeit dort tätig und wirksam ist. Aber dieses Objektive ist subjektiv für Wesen, deren Bewußtsein gleichzeitig auf anderen Ebenen, in anderen Welten oder Sphären tätig und wirksam ist. Für Wesen, deren Bewußtsein zu dieser Zeit auf anderen Ebenen tätig und wirksam ist, ist daher unser gesamtes physisches Universum offenbar ebenso subjektiv, daher ebenso unsichtbar und ungreifbar, wie diese inneren, unsichtbaren Welten für uns subjektiv und daher für uns unsichtbar und ungreifbar sind.

Wo aber sind diese unsichtbaren und für uns Menschen nicht greifbaren Welten und Sphären des gesamten Kosmos, des Universums, zu dem wir nur kosmische Beziehungen haben? Wird in bezug auf diese anderen Ebenen und Sphären von 'übergeordnet' oder 'untergeordnet', von 'hoch' oder 'niedrig' gesprochen, ist damit nicht unbedingt gemeint, daß sie sich 'oberhalb' oder 'unterhalb' von uns befänden.

Diese anderen Welten, Sphären und Ebenen durchdringen unsere Welt, unsere Sphäre, unsere Ebene, wobei wir uns durch sie und sie sich durch uns hindurchbewegen, ja, sich mit unserer physischen Welt vermischen. Sie werden ebensowenig von uns mit unseren groben physischen Sinnen wahrgenommen, wie sich ihre Bewohner unser und unserer Welt, unserer Sphäre bewußt sind.

Es gibt eine sehr bemerkenswerte Stelle in der "Geheimlehre" von H. P. Blavatsky, die auf dieses Thema Bezug nimmt. Sie sagt:

"... so versetzt der Okkultist diese Sphären weder außerhalb noch innerhalb der Erde, wie es die Theologen und die Dichter tun; denn ihre Lage ist nirgends in dem den Profanen bekannten und von ihnen verstandenen Raume. Sie sind gewissermaßen mit unserer Welt vermischt - sie durchdringen dieselbe und sind von ihr durchdrungen. Es gibt Millionen und Millionen von uns sichtbaren Welten; es gibt eine noch größere Anzahl außer den für das Fernrohr sichtbaren, und viele von der letzteren Art gehören nicht unserer *objektiven* Daseinssphäre an. Obwohl so unsichtbar, als ob sie Millionen von Meilen jenseits unseres Sonnensystems wären, sind sie doch bei uns, uns nahe, *innerhalb* unserer Welt, ebenso objektiv und materiell für ihre betreffenden Bewohner wie die unsrige für uns ...; eine jede untersteht gänzlich ihren eigenen Gesetzen und Bedingungen und hat keine unmittelbare Beziehung zu unserer Sphäre. Die Bewohner dieser Welten können, wie bereits gesagt, soviel wir wissen und fühlen, *durch* uns und *rund um* uns vorbeiziehen, wie durch den leeren Raum; sogar ihre Wohnungen und Länder sind mit den unsern vermengt, aber stören nicht unseren Gesichtskreis, weil wir bis jetzt noch nicht die Fähigkeiten haben, die zu ihrer Unterscheidung notwendig sind ...

Nichtsdestoweniger existieren solche unsichtbaren Welten tatsächlich.

Ebenso dicht bewohnt wie unsere eigene, sind sie

durch den scheinbar leeren Raum in unermeßlicher Anzahl verstreut; einige viel materieller als unsere eigene Welt, andere stufenweise ätherisch werdend, bis sie formlos werden und wie 'Atem' sind. Die Tatsache, daß unser Auge sie nicht sieht, ist kein Grund dafür, an sie nicht zu glauben. Die Physiker können ihren Äther, ihre Atome, 'Bewegungsarten' oder Kräfte auch nicht sehen, und doch nehmen sie dieselben an und lehren sie ...

Wenn wir uns aber eine Welt vorstellen können, die aus einem Stoffe besteht, der für *unsere* Sinne noch verfeinerter ist als der Schweif eines Kometen, somit Einwohner auf derselben, die im Verhältnis zu *ihrer* Kugel ebenso ätherisch sind wie wir im Verhältnis zu *unserer* felsigen, hartkrustigen Erde, so ist es kein Wunder, wenn wir sie nicht wahrnehmen und ihre Gegenwart oder auch nur Existenz nicht fühlen ..."

H. P. Blavatsky, "Die Geheimlehre",
Bd. I, S. 662 ff.

Ja, wie könnten wir wohl ihrer Anwesenheit oder auch nur ihrer Existenz gewahr werden, solange unsere Sinne nicht genügend entwickelt sind, um diese unsichtbaren Welten und ihre Bewohner zu bemerken, Sinne, die fähig wären, uns Bürgern dieser physischen Ebene von ihnen zu berichten. Nichtsdestoweniger haben wir aber subtilere, innere Sinnes- und Verstandesorgane, die den wirklichen, inneren Menschen ausmachen - jenen Teil unserer Konstitution, dessen tiefere Teile an die inneren, höheren Teile des Kosmos geknüpft sind, genauso wie unser physischer Körper in ähnlicher, vielleicht gar in gleicher Weise mit der physischen Erde verbunden ist.

Der folgende Auszug, der einem Buch des amerikanischen Wissenschaftlers M. Luckiesh entnommen ist, stellt einen Widerhall der Lehre H. P. Blavatskys dar, obgleich sich dieser wissenschaftliche Schriftsteller der Tatsache wahrscheinlich nicht bewußt war. Er sprach über die Unvollkommenheiten unserer physischen Sinne als Instrumente zur Berichterstattung selbst da, wo es sich um die äußere physische Welt handelt, und fährt dann fort:

> "Dies unterstreicht die außerordentlichen Beschränkungen unserer menschlichen Sinne bei der Schätzung alles dessen, was im Universum um uns her existieren mag. Mit unseren nur menschlichen Sinnen leben wir vielleicht in einer Welt innerhalb einer Welt. Über unsere Erfahrungen hinaus ist alles möglich. Unsere Einbildungskraft könnte eine andere Welt heraufbeschwören, die mit unserer 'menschlichen' Welt zusammenfällt, die für uns aber ungesehen, ungefühlt und unbekannt ist. Obgleich wir viel über die physische Welt, in der wir leben, wissen, so mögen doch jenseits des von unseren Sinnen nicht durchdrungenen Schleiers gleichzeitig andere Welten bestehen."
>
> "Foundations of the Universe", S. 71

Ferner wird der Leser aufgrund einer vielleicht noch bemerkenswerteren Aussage, die auf dasselbe hinausläuft, wiederum auf ein von Professor W. F. G. Swann geschriebenes Buch hingewiesen, das noch klarer zeigt, wie das beste Denken supermoderner Wissenschaftler dem Grenzbereich des Okkulten erstaunlich nahekommt. Was bestimmte Abschnitte dieses Werkes in bewunderswert klarer Sprache darstellen, läuft auf eine Paraphrase des zuletzt gegebenen Zitats aus der "Geheimlehre" von H. P. Blavatsky hinaus.

In diesem außerordentlich interessanten Werk schreibt Dr. Swann wie ein geborener Theosoph, wenn er von der mathematischen Möglichkeit verschiedener Universen spricht, die an Zahl praktisch unbegrenzt sind und die - werden seine Worte richtig verstanden -, anscheinend einander durchdringend, denselben Raum einnehmen könnten, von denen sich aber doch jedes von allen anderen unterscheiden würde, so daß Wesen, die eines dieser Universen bewohnen, die anderen Universen und deren jeweilige Bewohner nicht wahrnehmen würden. Diese Unterscheidung zwischen Universum und Universum zerstört jedoch in keiner Weise die Möglichkeit, ja, die Wahrscheinlichkeit, daß Beziehungen mathematischer und vielleicht auch anderer Art zwischen sich mathematisch voneinander unterscheidenden Universen bestehen. Aufgrund dieser Verbindung oder in Beziehung stehenden Vereinigungslinien könnten daher Wesen in einem jeden Universum die Möglichkeit finden, sich nicht nur der Existenz anderer Universen neben ihrem eigenen bewußt zu werden, sie könnten sogar - in irgendeiner mathematischen Art und Weise? - in ein anderes Universum oder in andere Universen übergehen und so von anderen Universen und ihren betreffenden Einwohnern Kenntnis nehmen und mit ihnen bekannt werden. ("The Architecture of the Universe", S. 414 f.; Macmillan, 1934)

Dies könnte sowohl für einen Christen der alten als auch für einen der modernen Schule ein anziehender Gedanke sein, da er die Möglichkeit der Existenz des altmodischen Himmels und der altmodischen Hölle nahelegt, doch kann wohl getrost und mit Sicherheit erraten werden, daß Dr. Swanns intuitiver Geist nicht so sehr die Aufstellung einer wissenschaftlichen Begründung für die Existenz des alten theologischen Himmels und der Hölle im Sinne hatte, sondern vielmehr das, was der moderne Okkultist oder Esoteriker meint, wenn er von den unsichtbaren Welten und deren Bewohnern spricht.

VII

Diese höheren und niederen Welten, einbegriffen unsere eigene Welt, sind buchstäblich so unbegreiflich zahlreich wie die Atome, die die physische Materie bilden, welch letztere sich wiederum in einem jeden der sie zusammensetzenden Atome widerspiegelt. Zum Beispiel ist in einem Körper von physischer Materie, der nicht größer als eine Bohne oder eine kleine Weinbeere ist, die Zahl der Atome, die seine Substanz bilden oder zusammensetzen, so unberechenbar gewaltig, daß sie nach Trilliarden von Trilliarden berechnet werden müssen. Die höheren und niederen Welten der Räume des Raumes sind zumindest ebenso zahlreich, denn sie sind nur die 'Atome' des Universums im Maßstab kosmischer Größe und, vom Menschen aus gesehen, in umgekehrter Richtung jenes ebenfalls unausdenkbaren Universums in der Skala unendlich kleiner Größen - wobei das eine das andere getreu widerspiegelt, es gänzlich durchdringt und von ihm gänzlich durchdrungen wird.

Nun ist ein solches Universum in der Skala kosmischer Größen seinerseits vielfältig, zusammengesetzt oder aufgebaut aus geringeren Universen, die zwar untereinander variieren, von denen aber ein jedes das getreue Abbild seines unfaßbar großen Erzeugers ist. An sich betrachtet, ist jedes dieser geringeren Universen selbst ein organisches Ganzes oder eine Einheit, ein kosmisches Molekül, das aus unbegreiflich zahlreichen Scharen kosmischer 'atomistischer' Wesenheiten, 'kosmischer Atome', besteht. Diese letzteren sind die verschiedenen Sonnen und ihre sie begleitenden Planetensysteme, die über die weiten Gefilde des Raumes verstreut sind. Ein jeder dieser Himmelskörper, sei es Sonne oder Planet, Sternennebel oder Komet, ist gleichfalls eine organische Wesenheit, die ihrerseits aus unberechenbar zahlreichen Scharen noch kleinerer Wesenheiten oder Wesen zusammengefügt ist. Unsere Erde zum Beispiel ist letzten Endes aus Atomen aufgebaut, die ihrerseits aus anderen, noch winzigeren Partikeln oder Wesenheiten bestehen, die wissenschaftlich Protonen und Elektronen, Positronen, Neutronen usw. genannt werden; und sehr wahrscheinlich sind diese letzteren auch wiederum zusammengesetzt und aus noch winzigeren Winzigkeiten aufgebaut.

Die gegenseitige Durchdringung und das Verbundensein großer sowie kleiner, hoher und auch niedriger riesiger Heerscharen von Welten untereinander, die alle in bezug auf Hoch und Niedrig nach beiden Richtungen hin unbegrenzt sind, ist die Grundidee in der esoterischen Lehre von den kosmischen Hierarchien. Eine jede dieser Hierarchien hat ihren eigenen Gipfel und ihre eigene Basis, mit anderen Worten, ihre eigene höchste Ebene, ihre höchste Welt oder Sphäre sowie ihre niedrigste. Die höchste Ebene einer jeden Hierarchie geht allmählich in die niedrigste der nächstfolgenden höheren Hierarchie über, während wiederum ihre niedrigste Ebene hinübergreift in die höchste oder den Gipfel der nächstfolgenden Hierarchie auf dem absteigenden Bogen, und so geht es endlos weiter nach allen Richtungen. Aus diesem Grunde lehrt die Esoterische Philosophie, daß die Ausdehnung nach innen so gut wie nach außen stattfindet. Ebenso, wie es Welten innerhalb von Welten gibt, gibt es auch Welten außerhalb von Welten. Eine jede Hierarchie ist somit mit jeder anderen ähnlich verbundenen Hierarchie untrennbar verknüpft und von deren Kräften und Schwingungen innerlich durchdrungen.

Jedes Pünktchen Raum ist daher der Aufenthaltsort von Leben, und noch dazu auf vielen Ebenen, denn die Hierarchien sind dicht bevölkert mit den allerverschiedensten Arten und Klassen lebender Wesenheiten in allen Graden der Evolution, vom Göttlichen durch das Spirituellste bis hinab zum Niedrigsten oder Materiellsten einer jeden Hierarchie. Und jede Einheit dieser zahllosen Scharen von Leben ist ein lernendes, sich entwickelndes Wesen oder eine Wesenheit auf ihrem Wege aufwärts zu sich immer weiter ausdehnenden Graden evolutionärer Vollkommenheit.

Als eine menschliche Heerschar kennen wir uns mehr oder weniger, doch wie viele von uns nehmen sich die Zeit, darüber nachzudenken, daß andere, noch größere Scharen, höher oder niedriger entwickelt als wir, uns auf allen Seiten umgeben und entsprechende Teile der Struktur desselben Universums bilden, in dem wir gleich ihnen leben, weben und sind? Ein jeder Punkt im Raum stellt eine sich entwickelnde Wesenheit dar - essentiell eine Monade. Intelligente Wesen - auf Erden nennen wir sie Menschen - leben und existieren überall in den grenzenlosen Bereichen der Gefilde des endlosen Raumes. Einige von ihnen stehen in der Entwicklung hoch, einige in der Mitte, einige tief; sie alle aber wirken zusammen, und ihre vereinigten Wirksamkeiten und Substanzen sind die mannigfaltigen und wunderbaren Abstufungen an Energie und Substanz, aus denen das Universum zusammengesetzt ist.

H. P. Blavatsky schrieb:

> "Von den Göttern zu den Menschen, von Welten zu Atomen, von einem Stern zu einem Nachtlicht, von der Sonne bis zur Lebenswärme des geringsten organischen Wesens ist die Welt der Form und des Daseins eine ungeheure Kette, deren Glieder alle zusammenhängen. Das Gesetz der Analogie ist der erste Schlüssel zum Welträtsel, und diese Glieder müssen koordiniert in ihren gegenseitigen okkulten Beziehungen studiert werden."

"Die Geheimlehre", Bd. I, S. 662

Verkörperte Bewußtheiten - hier ist bitte der Plural zu beachten - existieren in einer praktisch unendlichen Stufenfolge variierender Entwicklungsgrade, einer richtigen Lebensleiter oder Lebenstreppe, die sich endlos in beiden Richtungen erstreckt und so durch das ungeheuer große hierarchische System der Milchstraße, ja tatsächlich des grenzenlosen Raumes hinhindurchgeht. Es gibt daher außer einer hierarchischen Begrenzung keine anderen Begrenzungen, und diese hierarchische Begrenzung besteht nur in bezug auf den Raum und nicht tatsächlich. Aber diese Lebensleiter ist an gewissen Intervallen durch Landungsplätze markiert, durch Etappen, die sogenannten verschiedenen 'Seinsebenen', welche andererseits die verschiedenen Sphären kosmischen Bewußtseins sind, das sich in den vielfältigsten Graden von Bewußtheiten ausdrückt.

## VIII

Nicht unsere Erde, dieser Flecken kosmischen Staubes, ist es, die mit ihren Toten die unsichtbaren Welten und Sphären der Räume des unbegrenzbaren Raumes bevölkert. Wir Menschen sind weder Ausnahmen noch bevorzugte Günstlinge in der Ewigkeit und in den grenzenlosen Gefilden der Unendlichkeit. Die Bevölkerungen, Bewohner oder Bürger dieser anderen Welten und Sphären, die für uns Menschen unsichtbar und die uns daher unbekannt sind, gehören, je nachdem, jenen anderen, höheren (oder niederen) Welten oder Sphären an, geradeso, wie wir zu unserer gegenwärtigen physischen Welt gehören, weil wir gegenwärtig in Körpern leben, die aus ihr hervorgegangen sind, aus den Substanzen, Stoffen und Energien dieser physischen Welt.

Unser essentielles Selbst, die Monade, gehört jedoch nicht dieser Erde an. Sie nimmt verschiedene und viele Körper an und benutzt sie für eine Weile; dann wirft sie diese beiseite und wandert weiter. Sie selbst aber schmeckt den Tod niemals, denn ihre innerste Natur ist Leben, ein integraler Teil des kosmischen Lebens, so wie ein Atom ein integraler Teil dichter Materie ist. Die toten Körper aber, welche die Monade zurückläßt, sind nur zusammengesetzte Wesenheiten, keine integralen Wesenheiten, keine einheitlichen Ganzen. Diese Körper, die nur zusammengesetzte Dinge sind, müssen selbstverständlich verschleißen, in Stücke zerbrechen und sich in ihre jeweiligen Elemente auflösen. Der Körper lebt aufgrund des monadischen Lebens, das ihn erfüllt, und wenn dieses Leben zurückgezogen wird, weil die Kraft, welche die Kohäsion seiner Partikel zuwege brachte, zurückgezogen wird, muß der Körper notwendigerweise zerfallen. Körper sind sozusagen Träume, Illusionen, mâyâvische oder illusorische Formen, denn sie sind zeitweilig, vorübergehend und an sich, wie schon gesagt wurde, lediglich lockere Zusammensetzungen, die während eines jeden inkarnierten Lebens der Monade durch die psychomagnetische Energie dieser Monade zusammengehalten werden.

Leben an sich aber ist kontinuierlich und strömt aus dem Innern hervor, aus jenen inneren, unsichtbaren und ungreifbaren Welten, als ein zusammengesetzter Strom vitaler Kraft. Das Leben ist innen oder innerlich ebenso kontinuierlich wie innerhalb der gesamten Gefilde des Raumes unseres physischen Universums. Das Leben ist unendlich mannigfaltig in seinen Manifestationen. Wahrlich, zu kühn und zu kurzsichtig ist der Mensch, der da sagt: 'So weit geht das Leben und nicht weiter. Es hat seine Grenzen.' Wie will er das wissen? Das Leben ist grenzenlos, denn Leben ist Kraft, oder vielmehr Kraft ist Leben. Und in *einem*

Sinne ist Leben nur ein anderer Name für die wesenhaften Bewegungen kosmischer Intelligenz.

Einige der Bevölkerungen der höheren Sphären sind im evolutionären Wachstum den Erdenmenschen weit voraus, und da die Substanzen und Materien ihrer verschiedenen Welten so viel feiner und ätherischer sind als die unseren, würden uns ihre Bewohner tatsächlich als leuchtende Götter erscheinen. Selbst der Zustand, der dem entspricht, den unsere Tiere hier einnehmen, ist auf gewissen inneren Sphären höher als unser eigener menschlicher Zustand hier auf Erden. Man stelle sich nun erst einmal vor, welcher Art der Zustand ihrer großen 'Menschen' sein muß! Andererseits sind die Bewohner von geringeren Welten als unserer eigenen von einem Stoff, der in jeder Hinsicht viel gröber und materieller ist, als wir Menschen es auf Erden sind.

Langsam im Laufe der Zeitalter und in dem Maße, in dem die Bevölkerungen der Unmengen von Welten durch Evolution wachsen, entfalten und entwickeln sich dabei die Fähigkeiten und Sinne dieser Bevölkerungen. Weil nun diese Welten, sowohl die inneren als auch die äußeren, von kosmischer Vitalität durchsetzt und angefüllt sind und weil alle diese Welten auf der endlosen Lebensleiter einander durchdringen, werden die Bevölkerungen einer jeden Welt, einer jeden Ebene, einer jeden Sphäre im Laufe der Zeit in andere Reiche, Sphären und Welten übergehen und sie somit kennenlernen, denn diese Bevölkerungen werden zu einem Bestandteil der Welten. Diese sich entwickelnden Bevölkerungen werden Körper, Sinnesorgane und Sinnesapparate haben, die geeignet, eingerichtet und durch evolutionäre Entfaltung imstande sind, die Natur dieser inneren Reiche und die darin gewonnenen Erfahrungen für das wahrnehmende Bewußtsein aufzunehmen und sie ihm mitzuteilen.

Wir Bewohner dieser unserer Erde sind in der im

vorigen Abschnitt skizzierten Weise vor Zeitaltern und Zeitaltern, vor Äonen und Äonen hierher gekommen, und in den Äonen der weit entfernten Zukunft werden wir aus dieser physischen Welt wieder in die inneren Reiche übergehen, und zwar alle miteinander als die gesamte sich entwickelnde menschliche Heerschar. Wenn in ferner Zukunft diese Zeit kommt, werden wir wie Götter sein, denn der göttliche Teil in uns hat dann begonnen, bewußt zu sein, und er wird aufgrund dessen auf den relativ unter ihm stehenden Ebenen handeln und wirken. Infolgedessen werden wir dann als wahrhaft göttliche Wesen wissen und fühlen und auch wirken und handeln.

Oder, den Gedanken in anderer Weise ausgedrückt: Der Mensch - und gleichermaßen die Wesen, die in allen anderen Welten und auf allen anderen Planeten, sichtbaren und unsichtbaren, den menschlichen Rang einnehmen - ist in seiner Essenz ein Funke des zentralen Intelligenz-Bewußtsein-Feuers des Universums. Da der Mensch ein Funke dieses zentralen Feuers ist, befindet er sich in unlösbarer Verbindung mit allem, was das Universum enthält, denn das zentrale Feuer ist alldurchdringend. Daher ist diese Einheit mit dem zentralen Feuer des Universums in der ganzen inneren Konstitution des Menschen, in seiner inneren Natur, zu finden. Dort steht sie sozusagen in Lettern von flammender Energie geschrieben. Und wenn wir den Bedingungen dieses unseres unlösbaren Bündnisses mit der Natur, dieser Vereinigung von Essenzen, diesem Bund des Seins mit jenem zentralen Feuer folgen, wenn wir diesen Banden flammenden Bewußtseins immer weiter nach innen, immer mehr in uns selbst hinein folgen, dann können und werden wir Menschen im Laufe zukünftiger Zeiten Höhen der Weisheit und der Erkenntnis erreichen, die über gegenwärtiges menschliches Verstehen weit hinausgehen.

## KAPITEL VI

# SICHTBARE UND UNSICHTBARE WELTEN - II

Nach sorgfältigem Studium des voraufgegangenen Kapitels, dessen Fortsetzung das vorliegende ist und das von den mehr technischen Seiten des zur Betrachtung stehenden Themas handelt, sollte klar ersichtlich sein, daß die grundlegende Auffassung der Lehre der Esoterischen Philosophie in Hinblick auf die sichtbaren und unsichtbaren Welten die ist, daß das Universum in allen seinen Teilen oder, was gleichbedeutend ist, in seiner gesamten hierarchischen Struktur im Grunde genommen durch und durch lebendig ist. Es ist ein lebender Organismus, der in jedem Teil oder auf jeder Stufe von ineinander wirkenden Kräften aufgebaut ist, die sich auf, in und durch die verschiedenen Nuancen und Grade ätherischer Substanzen hin und her bewegen. Vom Standpunkt der ultra-modernen Naturwissenschaft aus gesehen sind letztere nur konkret gewordene oder kristallisierte Kräfte.

Einzeln betrachtet sind diese Kräfte samt und sonders selbst Manifestationen einer Intelligenz; kollektiv betrachtet bilden sie den energetischen Aspekt jenes so ungeheuer großen Aggregates von Intelligenzen, die in ihrer Gesamtheit den kollektiven 'dritten Logos' des Kosmos bilden. Diese kosmischen Logoi wiederum, und zwar ein jeder als der formative oder sogenannte 'erschaffende Logos' seiner Hierarchie, sind in den Gefilden der Unendlichkeit tatsächlich unzählbar in ihrer Tätigkeit. Wenn wir also von einem Universum sprechen, von einer Hierarchie oder von einem Logos, so ist es immer zweckdienlich, sich zu fragen: Welches Universum, welche Hierarchie, welcher Logos ist hier gemeint?

Wie im Verlauf der in den voraufgegangenen Kapiteln dieses Werkes enthaltenen Untersuchung oft gesagt wurde, spiegelt das Kleine - ungeachtet seines Grades an unendlicher Kleinheit oder kosmischer Größe - das Große wider, einerlei, von welcher kosmischen Größenskala dieses sein mag. Denn durch alles Sein hindurch läuft e i n universales, identisches Bewußtsein, e i n universales, gemeinsames Leben; und dieses fundamental einheitliche System des kosmischen Gesetzes durchdringt, wie aus dem soeben Gesagten hervorgeht, mit Notwendigkeit alle Manifestationen und zwingt sie, weil sie ihm notwendigerweise untergeordnet sind, unter seinen Machtbereich.

Auf dieser dargelegten großartigen Wahrheit der universalen Natur basiert das erhabene Prinzip der Analogie im gesamten Universum, das alle kleineren Universen, Hierarchien, Systeme sichtbarer und unsichtbarer Welten und der zahllosen Heerscharen lebender, fühlender, bewußter und selbstbewußter Wesen und Wesenheiten umschließt, die ihre Bürger, ihre Bewohner und ihre Bevölkerung bilden.

Nirgendwo in der Unendlichkeit läßt die Esoterische Philosophie sogenannte 'tote Materie' gelten, denn alles, was wir erfassen können, ist von Bewegung, von Leben erfüllt. Was es auch immer ist, alles ist in Wahrheit in größerem oder geringerem Grade nicht nur intelligent, das heißt bewußt und oft selbst-bewußt, sondern zuerst und vor allem lebendig.

Vom kosmischen Logos ist als von einem Aggregat gesprochen worden, und ein solches ist er in der Tat. Doch ist er etwas mehr als eine bloße Anhäufung von Wesenheiten, die in ihrer "untrennbaren" Vereinigung oder Einheit somit eine Wesenheit bilden, die sie alle umfaßt und größer ist als sie alle. Der Logos selbst ist ein Individuum, ein kosmischer Geist, und aus diesem Grunde wird er ein kosmischer Hierarch genannt, das heißt der 'oberste Geist' für seine Hierarchie. Denn er ist sowohl ihre Quelle und ihr Ursprung als auch das allumfassende Individuum, das im Umkreis seines eigenen Wesens die Heerscharen geringerer Wesen und Wesenheiten und Dinge enthält, durch die es lebt und sich zum Ausdruck bringt.

Gerade hierin liegt eines der schwierigsten Probleme der Esoterischen Philosophie: Wie das Eine im Verlauf seiner manvantarischen Manifestationen zu den Vielen wird und doch durchaus getrennt davon und seinen verschiedenen Komponenten die ganze manvantarische Zeit hindurch überlegen bleibt. Krishna drückt es dem Sinne nach in der Bhagavad-Gîtâ so aus: "Ich manifestiere dieses Universum aus Teilen meiner selbst und bleibe dennoch getrennt von ihm und ihm überlegen." (Kap. X,42)

Ebenso ist der Mensch - um ein anderes Beispiel zu geben - in seiner siebenfältigen oder zehnfältigen Konstitution ein hierarchisches Aggregat von Heerscharen von Wesen, über die der Geist seiner Konstitution als der Hierarch oder Logos den Vorsitz führt, wobei er jedoch getrennt bleibt und sich von seinen Kindern unterscheidet, die er während einer jeden Inkarnation aus sich selbst hervorgehen läßt; und doch bilden diese Heerscharen von Wesen in ihrem Aggregat die Konstitution des Menschen oder das Vehikel seines Geistes.

Es ist eine für die meisten Abendländer schwer zu erfassende Tatsache, daß das Bewußtsein, obwohl essentiell einheitlich, doch während der Manifestation in kleinere oder kinderähnliche Bewußtseinspunkte teilbar ist. Gerade so, wie sich das kosmische Bewußtsein, das man sich als einen Ozean kosmischen Lebens vorstellen kann, fast automatisch in Tröpfchen teilt, wobei diese Tröpfchen die kleineren Einzel-Individuen seiner selbst sind und die verschiedenen hierarchischen Klassen bilden, so ist auch der Mensch, der Spiegel des universalen Großen, eine essentielle oder einheitliche Bewußtheit, die während ihrer Manifestationen oder Inkarnationen aus ihrem eigenen Wesen, ihrer eigenen Essenz Heerscharen von Bewußtseinsatomen, sozusagen Tröpfchen ihrer selbst, ausscheidet, wobei jedoch ein jedes solches Tröpfchen oder Atom seine eigene inhärente und eingeborene Individualität hat.

Diese Idee war es, die der Buddha Gautama, der große Lehrer, bei der Beschreibung der endgültigen Auflösung des Kleineren in dem Größeren im Sinne hatte und wie folgt durch spätere Zeitalter überliefert worden ist: "Der Tautropfen gleitet in das leuchtende Meer" ("The Dewdrop slips into the Shining Sea") - wobei wir hier die schöne Ausdrucksweise Sir Edwin Arnolds bringen ("The Light of Asia" (Die Leuchte Asiens), Buch VIII).

Der Mensch ist also gleich jedem anderen einheitlichen oder monadischen Wesen in der universalen Natur zusammengesetzt, eine vielfältige Wesenheit, zum mindesten während der Perioden evolutionärer Manifestation; und die jeweiligen Teile dieses zusammengesetzten Aggregats existieren aufgrund unterschiedlicher Grade der Ätherhaftigkeit oder Stofflichkeit oder vielmehr der Materialität auf verschiedenen Ebenen oder in verschiedenen Welten. So kommt es, daß sechs Siebentel oder - nach einer anderen Zählweise - sieben Zehntel der menschlichen Konstitution unsichtbar sind, nicht gesehen werden, da sie auf und in Ebenen kosmischen Seins wohnhaft und wirksam sind, die weit ätherischer sind als unsere physische Sphäre, auf und in welcher der physische Körper des Menschen lebt.

Genau im Verfolg derselben Gedankengänge berichtet uns die Lehre von den unsichtbaren Sphären des Universums, die somit sechs Siebentel - oder sieben

Zehntel - des kosmischen Ganzen ausmachen und daher für die Sinnesorgane des physischen Menschen unsichtbar und ungreifbar sind.

I

Das universale Aggregat oder das kosmische Ganze kann auf zweierlei Art und Weise betrachtet werden. Erstens, indem das All als ein ungeheures und individuelles System ineinandergreifender und ineinander wirkender Welten oder Reiche, Sphären oder Ebenen angesehen wird, vom Göttlichen der Universal-Hierarchie durch alle Zwischen-Ebenen, -Welten und -Sphären abwärts bis zum Physischen; dies ist der einfachere und leichtere Weg. Der zweite Weg, der in bezug auf mentale Schau und Vorstellungskraft etwas schwieriger ist, bewahrt das soeben Erwähnte als Hintergrund oder Gerüst und beinhaltet eine innere Schau von der Art und Weise, in welcher sich das universale Aggregat als ein Individuum in hierarchische Strukturdetails zergliedert.

So haben wir also erstens die unsichtbaren und für uns Menschenwesen ungreifbaren Welten und Sphären des allgemeinen Kosmos, zu denen wir nur in kosmischer Beziehung stehen; zweitens - und als ein Beispiel dessen, was auch anderswo existiert - unsere eigene Erdkette mit sieben bestimmten, individuellen Globen, die gleichfalls unlösbar mit den sogenannten 'sieben heiligen Planeten' des Sonnensystems verbunden und verknüpft sind wie auch mit den siebenfältigen Welten oder Globen, die zu einem jeden dieser sieben heiligen Planeten gehören. Diese letzteren, die heiligen Sieben, bilden zusammen mit der Erdkette eine besondere Hierarchie innerhalb des allgemeinen Sonnenreiches, weil sie in bezug auf Ursprung und

Schicksal innig vereinigt sind. Auch in evolutionärem Wachstum und evolutionärer Entwicklung bilden sie eine eng untereinander verbundene Körperschaft, einen besonders zusammengesetzten Teil des Sonnensystems.

Ein jeder der physischen Globen, die wir über die Gefilde des Raumes verstreut sehen, ist von sechs unsichtbaren und höheren Globen begleitet, die zusammen sozusagen eine Kette bilden. Dies trifft gleichfalls auf jede Sonne oder jeden Stern zu und, wie oben gesagt, auf jeden Planeten und sogar auch auf jeden Mond eines Planeten. Ebenso ist dies der Fall bei jenen wandernden "Radikalen" der Milchstraße wie auch unseres eigenen Sonnensystems, die je nachdem Nebel oder Kometen genannt werden: sie alle sind siebenfältige Wesenheiten, das heißt, sie alle haben eine siebenfältige Konstitution wie der Mensch, weil sich das Große mit Notwendigkeit in jedem Teil seiner selbst widerspiegelt. Zwar besagt die esoterische Lehre, daß zu jeder Kette zwölf Globen gehören, doch zum Studium und in exoterischer oder offener Darstellung wird gewöhnlich die Zahl sieben gebraucht, und zwar aus dem Grunde, weil diese sieben, die untere Siebenheit des zwölffachen Ganzen, es offenbar leichter machen, das Ineinander- und Zusammenwirken von sieben Dingen zu studieren und zu verstehen als das einer größeren Anzahl.

Eine jede solche Kette ist eine kosmische Einheit oder ein kosmisches Individuum, wie zum Beispiel die Planetenkette der Erde. Die anderen sechs Globen unserer Erdkette sind natürlich für unseren physischen Sinnesapparat oder unsere Sinnesorgane völlig unsichtbar und ungreifbar, denn diese Organe wurden zur Wahrnehmung unseres Erdplanes und keines anderen entwickelt. Die anderen sechs Globen aber existieren je zwei auf drei Ebenen des Sonnensystems, die höher sind als die physische Ebene, auf der sich unsere Erdkugel befindet, daher liegen sie über dieser Ebene und sind folglich ätherhafter. Von diesen drei höheren oder inneren Ebenen oder Welten steht jede höher als die unmittelbar unter ihr stehende oder nach ihr kommende Welt oder Ebene. Unsere Erdkugel ist also der niedrigste von den sieben Globen unserer Erdkette. Drei Globen gehen ihr auf dem absteigenden Bogen der Evolution vorauf, und drei Globen folgen ihr auf dem aufsteigenden Bogen.

Um nun die schematische Darstellung dieser hierarchischen Struktur des Sonnensystems oder auch unseres Heimatuniversums klarer zu machen, wird das folgende Diagramm gegeben, wobei hier die den einzelnen Ebenen oder Sphären beigegebenen Namen diejenigen sind, welche zu diesem Zweck im Brâhmaismus gebraucht werden. Im Vishnu-Purâna, einem der interessantesten altindischen Werke, werden die unsichtbaren Welten in vierzehn Lokas eingeteilt, von welchen sieben der höheren Klasse oder dem höheren Range angehören und sieben dem niederen. Ein anderer Name für die sieben niederen Welten ist Talas. Die Erde steht in diesem Aufzählungsschema in der Mitte und wird sowohl in der aufsteigenden als auch in der absteigenden Skala als erste gerechnet. Es gibt andere Methoden, unser Weltsystem als eine hierarchische Folge von Stufen oder Stadien aufzustellen, aber die Aufzählung, die man fast immer findet, ist entweder sieben in jedem Rang oder in jeder Klasse oder neun oder zehn; das hängt von der Art und Weise ab, wie die hierarchische Aufeinanderfolge von Welten gesehen wird und wie man sie daher als aufsteigend oder absteigend zählt.

Das Sanskritwort लोक (loka) hat die Bedeutung von "Platz", "Ort" oder, wie wir in dieser Verbindung sagen würden, von Welt, Sphäre oder Ebene, wohingegen das Wort रूप (rûpa) "Form" bedeutet. Nun wird "Form"

(1)

(2)

(3)

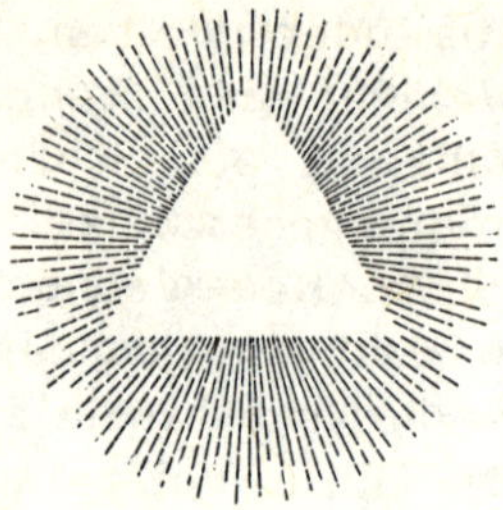

Parârûpa-Lokas
oder
göttliche Welt

| | |
|---|---|
| 1. Satya-(Brahma-)Loka<br>2. Tapar-Loka<br>3. Janar-Loka | Arûpa-Lokas oder spirituelle Sphären |
| 4. Mahar-Loka<br>5. Swar-Loka<br>6. Bhuvar-Loka<br>7. Bhûr-Loka | Rûpa-Lokas oder materielle Welten |

hier technisch gebraucht - nicht in genau dem populären Sinne, in dem es in europäischen Sprachen benutzt wird; es bezeichnet vielmehr eine atomare oder monadische Anhäufung um das zentrale, innewohnende Bewußtsein herum und bildet somit ein Vehikel, einen Körper oder Vermittler desselben. अरूप (arûpa) bedeutet dementsprechend "formlos", doch muß dieses Wort "formlos" nicht so strenggenommen werden, als gäbe es da überhaupt keinerlei "Form"; es besagt nur, daß, wie in obigem Schema skizziert, die "Formen" in den spirituellen Welten von spirituellem Typ oder Charakter und demzufolge weit ätherischer, ja spiritueller sind als die "Formen" der Rûpa-Lokas.

Die technische Bedeutung ließe sich vielleicht noch

besser zum Ausdruck bringen, wenn man sagen würde, Rûpa-Lokas seien Lokas oder Welten, in denen die Körperform oder das Vehikel eine mehr oder weniger scharfe Abgrenzung hat und aus Stoff, ätherischem oder physischem, zusammengesetzt ist. In den Arûpa-Lokas hingegen, den spirituellen Welten, Sphären oder Ebenen, muß man sich das Vehikel, den Körper oder Vermittler eher als eine aus substantieller Energie bestehende umschließende Hülle vorstellen. Wenn man von den Wesenheiten in diesen Arûpa-Lokas, wenigstens in deren höheren Teilen, sagen würde, sie seien in Körper von Licht gekleidet, so würde dieser Ausdruck zweifellos der wahren Idee näher kommen, da selbst in der modernen Physik das Licht als substantiell angesehen wird - was die Alte Weisheit ebenfalls lehrt, obgleich offenbar nicht die Licht-Substanz oder der Licht-Stoff unserer physischen Welt gemeint ist. Während die drei höchsten Rûpa-Lokas für uns Bewohner des niedrigsten oder Bhûr-Loka relativ immateriell sind und die drei höheren oder arûpa oder spirituellen Sphären noch mehr, so sind sie doch in allen Fällen für ihre jeweiligen Bewohner ebenso substantiell oder scheinbar fest, wie unsere physische Sphäre es für uns ist.

Es sollte ferner beachtet werden, daß die sieben Lokas dieses schematischen Diagramms, welche die drei der Arûpa und die vier der Rûpa einschließen, alle manifestierten Universen umfassen, das heiß, die der manifestierten Verkörperung unterworfenen Universen, von den spirituellen bis hinab zu den Sphären stofflichster Dichte, und daher - obgleich in diesem Diagramm nicht eingezeichnet - tatsächlich auch das mit einschließen, wovon oftmals andeutungsweise als von dem Geheimnis der 'achten Sphäre' gesprochen wird. In bezug auf diese letzte oder achte Sphäre kann in einem öffentlichen Werk nichts weiter gesagt werden, außer der beiläufigen Feststellung oder Bemerkung, daß sie eine noch materiellere Sphäre ist als unsere Erde. Vielleicht kann sie am besten und kürzesten als die Sphäre 'absoluter' Materie beschrieben werden, mit anderen Worten des tiefstmöglichen Grades unserer eigenen Heimat-Hierarchie; auf dieser letzten Stufe hat die Materie ihr Äußerstes an Dichte und physischer Erhärtung erreicht.

Unterhalb dieser letzten Stufe beginnt eine neue Hierarchie. Wenn wir bewußt die verschiedenen Stufen, Grade oder Sprossen unserer Lebensleiter hinaufsteigen könnten, würden wir auf der höchsten Stufe, mit anderen Worten oberhalb unserer eigenen gegenwärtigen Heimat-Hierarchie durch das dort vorhandene Layazentrum hindurchdringen und in die niedrigste existente oder vorherrschende Stufe der nächsten über unserer eigenen stehenden Hierarchie eintreten.

Was das 'Dreieck im Strahlenkranz' oder das strahlende Dreieck betrifft, welches obiges Diagramm ebenfalls darstellt und das dort Parârûpa-Loka genannt ist, so stellt dieses Dreieck in symbolischer Form den gemeinsamen Gipfel, Höhepunkt oder die Spitze der Leiter unserer Heimat-Hierarchie dar und ist für uns, als Kinder dieser Hierarchie, unsere göttliche Welt. Diese göttliche Welt darf nicht nur als der lebendige göttliche Same betrachtet werden, aus dem in den kosmischen Manifestationsperioden die sieben darunterliegenden Grade oder Stufen hervorkommen, denn sie ist auch das spirituelle Ziel, zu dem hin und in das hinein schließlich alles wieder aufgelöst wird, wenn eine solche hierarchische oder kosmische Manifestationsperiode ihren Evolutionslauf im Selbstausdruck abgeschlossen hat.

Aus obigem ist ersichtlich, daß sich strenggenommen eine jede Hierarchie aus zehn Graden, Stadien oder Stufen zusammensetzt. Wenn man jedoch abwärts zählt und die höchste von allen oder die erste gleichzeitig als die niedrigste der nächsthöheren Hierarchie ansieht, so haben wir neun Grade, Stadien oder Stufen, die in aufeinanderfolgenden Bereichen von Welten oder Ebenen absteigen. Der Unterschied zwischen sieben und zehn oder auch zwischen sieben und neun ist somit nur eine Sache des Blickpunktes und der Zählweise und an sich bedeutungslos. Jeder Leser, der mit der theogonischen, mythologischen Seite alter und gegenwärtig existierender orientalischer Religionen und Philosophien vertraut ist, weiß, wie häufig die Zahlen zehn, neun, sieben, fünf, vier und drei darin vorkommen und in Beziehung zu den verschiedenen Familien, Gruppen oder Hierarchien der Welten, der Wesen und Dinge, die sie jeweils bewohnen, stehen.

Nebenbei könnte hier noch hinzugefügt werden, daß es gewisse orientalische Yogis gibt, die über Lokas und Talas lehren, sie seien mehr Zentren im menschlichen Körper als Ebenen oder Sphären im Universum. Wenn diese Zentren durch richtiges Training angeregt würden, könnten sie uns befähigen, größeres Wissen von allen Existenz-Ebenen zu erlangen. Doch ist diese Lehre unzulänglich, weil unvollkommen, und wahr ist sie nur insofern, als diese inneren Zentren Organe sind oder gewissermaßen die Enden lebendiger Drähte - um eine Metapher aus der Elektrizität zu gebrauchen -, deren andere Enden im kosmischen Gewebe befestigt sind und aus derselben Substanz bestehen wie dieses Gewebe. Es ist die Lehre der großen Weisen und Seher, daß das kosmische Universum oder der universale Kosmos in einem mâyâvischen Sinne außerhalb des Menschen existiert, obgleich die großen Weisen und Seher gleichfalls lehren, daß die Essenz des Menschen und die Essenz des Universums "eins" sind. Diese letztere Lehre sollte nachdrücklichst betont werden.

In der Esoterischen Philosophie werden die in der voraufgehenden Tabelle gegebenen Bezeichnungen in einem weiteren als dem im brâhmanischen System angewandten Sinn benutzt. Unsere physische Sphäre wird nicht nur in den niedrigsten oder siebenten Grad oder auf die siebente Stufe des obigen Schemas verlegt, in das Bhûr-Loka, sondern hierin ist auch unser Sonnensystem eingeschlossen, ja, unser gesamtes p h y s i s c h e s Heimat-Universum.

II

Damit der Leser dieses Werkes oder der Schüler der Esoterischen Philosophie wenigstens in etwa eine Vorstellung von der Art und Weise bekommt, wie die Natur durch, von und aus Lokas und Talas aufgebaut ist, werden folgende Bemerkungen mit dem Wunsche niedergeschrieben, etwas zur Förderung dieses Zwekkes beizutragen.

Der erste Gedanke, den man klar im Sinn haben sollte, ist der, daß diese verschiedenen Lokas und Talas nicht vom Universum losgelöst oder von ihm verschieden sind und als eine vielgestaltige, von ihm unterschiedliche Struktur im Universum existieren. Diese Idee ist völlig unzutreffend, denn das Universum ist in seinem riesigen Aggregat selbst diese Lokas und Talas; dies sind bloße Namen oder anschauliche Bezeichnungen, die schildern, in welcher Weise das Universum aufgebaut ist. Die Idee differiert also gewaltig von den im Abendland vorherrschenden Anschauungen über Himmel und Höllen, die innerhalb des Körpers eines ätherischen oder spirituellen Kosmos existieren.

Wenn es möglich wäre - was aber nicht der Fall ist -, die Lokas und Talas zu vernichten, würde man damit das Universum selbst vernichten; denn die Lokas und Talas sind, wie oben gesagt, das Universum.

Der nächste Gedanke, der uns klar sein sollte, ist der, daß diese Lokas und Talas, einzeln betrachtet, nicht wasserdichte oder vielmehr geistdichte Abteilungen der Natur sind; in Wahrheit sind sie gerade das Gegenteil hiervon. Die Lokas und Talas, vom höchsten bis zum niedrigsten, durchdringen einander, wirken ineinander, vermengen sich miteinander und bilden alle miteinander den kosmischen Organismus. Sie sind somit eine organische Einheit.

Ferner wiederholt jede untergeordnete Hierarchie, jede Reihe untergeordneter Hierarchien, da sich das Große im Kleinen widerspiegelt, mit vollkommener Treue in sich alles, was immer im Großen existiert, und zwar aus dem Grunde, weil das allgegenwärtige kosmische Leben und das fundamentale oder essentielle kosmische Gesetz - einerlei, was für verschiedene Verflechtungen es in diesen untergeordneten Hierarchien geben mag - in ein und derselben Weise durch sie alle hindurchwirkt. So haben wir hier wieder dasselbe Struktursystem, auf das in anderen Teilen des vorliegenden Werkes Bezug genommen wurde. Jede untergeordnete Hierarchie ist ein integraler Teil des kosmischen Ganzen und wiederholt und enthält daher in sich alle Gesetze und Substanzen, Funktionen und Attribute, die das kosmische Ganze enthält.

Ein erläuterndes Beispiel sei gegeben: Unsere Milchstraße, die ja unser Heimat-Universum ist, ist eine großartige Hierarchie und spiegelt all das wider, was sich in einer noch riesenhafteren Hierarchie befindet. Umgekehrt ist die Sache ähnlich: Geradeso, wie unsere Milchstraße aus Gruppen von Himmelskörpern aufgebaut ist, das heißt aus den verschiedenen Sonnen mit oder ohne sie begleitende Planeten, mit anderen Worten aus Sonnensystemen, so ist auch ein jedes solches Sonnensystem eine untergeordnete Hierarchie, eine getreue Wiederholung der Gesetze, Substanzen und Funktionen und alles dessen, was in der allumfassenden galaktischen Hierarchie existieren mag.

Hieraus folgt: ebenso, wie die Galaxie aus diesen Lokas und Talas aufgebaut ist, die alle ineinanderwirken, sich alle untereinander vermengen, alle miteinander verbunden sind, und zwar in galaktischen Ausmaßen, so ist in gleicher Weise jedes Sonnensystem in der Milchstraße, zum Beispiel unser eigenes, ebenfalls aus Lokas und Talas aufgebaut, und es funktioniert und wirkt und ist strukturell nach dem Muster gebildet, das durch die größere Hierarchie, die Galaxie, gegeben ist. Derselben Regel der Wiederholung zufolge, was nur eine andere Art der Benennung der Regel der Analogie ist, wiederholt auch jeder Planet in unserem Sonnensystem im kleinen dasselbe strukturelle System von Lokas und Talas, wobei ein solches Planetensystem in denselben Substanzen und Kräften lebt und funktioniert und von ihnen aufgebaut ist und durch dieselben Gesetze regiert wird, die in der größeren Hierarchie, dem Sonnensystem, wirksam sind.

Wie bereits gesagt wurde, ist jeder sichtbare Planet des Sonnensystems nur ein Repräsentant einer Planetenkette, die aus sieben manifestierten Globen und fünf relativ unmanifestierten Globen besteht, und zwar ein Repräsentant auf dieser niedrigsten oder physischen Ebene des Sonnensystems. Die sieben manifestierten Globen sind als zu den Rûpa-Lokas oder materiellen Welten gehörig zu betrachten, wie sie in dem bereits gegebenen schematischen Diagramm skizziert wurden, wohingegen die fünf relativ unmanifestierten Globen als zu den Arûpa-Lokas oder spirituellen Sphären gehörig zu betrachten sind, die ebenfalls in dem gerade erwähnten Diagramm eingezeichnet sind.

Wenn sich der Leser H. P. Blavatskys Meisterwerk, der "Geheimlehre", Bd. I, S. 195 (dt. Ausg.) zuwenden will, so wird er dort ein interessantes und nützliches Diagramm über die Art und Weise finden, in der Mond- und Erdkette miteinander verknüpft sind in bezug auf die Wanderung der Lebenskräfte und Monaden von ersterer zur letzteren. Das Diagramm ist natürlich stark stilisiert, aber sehr instruktiv.

Hat der Schüler der Esoterischen Philosophie den Wunsch, die Art und Weise zu verstehen, in der die sieben manifestierten Globen und die fünf relativ unmanifestierten Globen des gesamten strukturellen Systems der Planetenkette unserer Erde untereinander verbunden sind und miteinander wirken, wird ihm geraten, sich des Verfassers "Grundlagen der Esoterischen Philosophie", Bd. II, S. 361 vorzunehmen, wo er ein schematisches Diagramm finden wird, das die gesuchte Information bietet.

Es sollte daran gedacht werden, daß auch dieses Diagramm stilisiert ist, und es darf nicht vergessen werden, daß ein stilisiertes Diagramm weder ein Bild oder Foto von Stellungen im Raum ist, noch von Attributen und Eigenschaften von Körpern, die solche Stellungen einnehmen, sondern es deutet auf die ineinanderwirkenden und untereinander verbundenen Einheiten einer jeden der vielen Planetenketten hin, die im Sonnensystem existieren.

So ist zu erkennen, daß von den sieben manifestierten Ebenen oder Welten der Hierarchie unseres Sonnensystems eine jede solare Ebene oder Welt zwei Globen der Planetenkette unserer Erde umfaßt, mit Ausnahme des niedrigsten Globus, des vierten, der sich allein auf seiner Ebene befindet. Dies trifft genauso in bezug auf die jeweiligen Strukturen der anderen Planeten unseres Sonnensystems zu.

Die Darstellung der folgenden parallelen Spalten der Rûpa-Lokas und der sieben manifestierten Globen unserer Planetenkette wird lehrreich sein und sollte sorgfältig studiert werden.

| | | |
|---|---|---|
| Rûpa-Lokas oder materielle Welten | 4. Mahar-Loka ... | Globen A und G |
| | 5. Swar-Loka .... | Globen B und F |
| | 6. Bhuvar-Loka .. | Globen C und E |
| | 7. Bhûr-Loka .... | Globus D (unsere physische Erde) |

Bei dem vorstehenden und anregenden Vergleich zwischen Lokas und Globen ist es von höchster Wichtigkeit zu beachten, daß keine einzige solare Ebene ein Einzelloka ist, der für sich allein wirksam wäre, wie beispielsweise im obigen Vergleich, wo gesagt ist, daß die Globen A und G dem Mahar-Loka angehören. Es ist nicht so zu verstehen, daß auf jener Ebene, auf der die Globen A und G tätig sind, die Eigenschaft von Mahar die einzige dort aktive oder wirksame Eigenschaft sei. In Wirklichkeit ist es so, daß diese Lokas einander durchdringen, so daß jeder der sieben Lokas und sieben Talas auf jeder kosmischen Ebene nicht nur manifest, sondern auch stark und potentiell tätig ist. Aber auf einer jeden solaren Ebene ist einer der Lokas und einer der Talas in seinem Einfluß vorherrschend, das heißt, je ein Loka und ein Tala sind kraft der jeweiligen Charaktermerkmale eines jeden und durch diese dort dominierend.

Unser Bhûr-Loka der physischen Welt, des physischen Sonnensystems oder der physischen Milchstraße enthält somit trotzdem, und zwar eng mit ihm verbunden und gleichzeitig und nebengeordnet durch ihn hindurchwirkend, alle anderen Lokas und Talas, wenn auch die Bhûr-Eigenschaft hier die vorherrschende ist. Und so kommt es, daß er wegen dieser Vorherrschaft der charakteristischen Bhûr-Eigenschaft gewöhnlich

Bhûr-Loka genannt wird, mit seinem korrespondierenden Tala, den man Pâtâla nennt. Dieselbe Regel trifft auch für die anderen kosmischen Ebenen zu.

Wir wollen noch einmal die auf und in Mahar-Loka und seinem korrespondierenden Tala existierenden Globen A und G betrachten. Diese beiden Globen, A und G, haben die dominierenden Mahar-Loka-Merkmale, aber dennoch sind sie durch und durch mit den Einflüssen, Funktionen und Merkmalen aller anderen sechs Lokas und der sechs mit ihnen korrespondierenden Talas durchsetzt, das heißt, ein jeder der Lokas hat sozusagen seinen entsprechenden niederen Pol, der seinen mit ihm korrespondierenden Tala darstellt.

Ferner werden diese Lokas und Talas in Substanz, Funktionen und Merkmalen in dem Maße fortschreitend materieller, wie sie die Skala vom Satya-Loka zum Bhûr-Loka abwärts laufen. Doch hat der Satya-Loka, wie oben schon nachdrücklich gesagt, seine entsprechenden physischen Attribute, weil der Bhûr-Loka ihn in seinen höchsten und ätherischsten Teilen durchdringt. Ähnlich hat der Bhûr-Loka die Funktionen, Attribute und Merkmale des Satya-Loka, weil der Satya-Loka in seinen 'niedrigsten' Aspekten den Bhûr-Loka völlig durchdringt. Jede Welt, jede Ebene, jede Sphäre ist aus allen sieben Lokas mit ihren entsprechenden Talas zusammengesetzt, ist aber nichtsdestoweniger durch die Dominanz der Funktionen, Substanzen und Kräfte charakterisiert, die dem besonderen Loka und Tala angehören, die sich am stärksten darin manifestieren.

Bevor wir dieses Unterthema unseres Kapitels endgültig verlassen, fassen wir noch einmal zusammen: Das soeben Erwähnte enthält, philosophisch ausgedrückt, den Grund, warum selbst das niedrigste der Wesen oder Wesenheiten relativ latent in sich alle Attribute und Möglichkeiten enthält, die den höheren Reichen oder Sphären angehören, das heißt den höheren Lokas und Talas. Der Mensch selbst ist ein leuchtendes Beispiel dafür. In seinem gegenwärtigen manifestierten Leben ist er ein Bhûr-Loka-Pâtâla-Wesen, und doch enthalten die ätherischen Teile seiner Konstitution gleicherweise die allen anderen Lokas und Talas zugehörigen Essenzen. Der Makrokosmos wiederholt sich im Mikrokosmos - eine der großartigsten und erhabensten Grundlehren der Esoterischen Philosophie, der Esoterischen Tradition, die in all ihrer unausdenkbaren Schönheit der Symmetrie in Substanz, Kraft und Struktur gänzlich auf der universalen Natur selbst basiert.

III

Mit jedem Lustrum oder jeder Fünfjahresperiode kommt die ultramoderne Wissenschaft gewissen uralten Lehren immer näher, die Bezug haben auf die Natur von Stoff und Kraft, deren Ursprung in einer gemeinsamen göttlich-spirituellen "prima essentia", einem "primum substantiale" liegt und aus ihr kommt. So haben unsere größten Wissenschaftler heute die Tendenz, das Universum und alles, was darin ist, von einer prä-kosmischen Substanz-Energie herzuleiten, und Männer wie Jeans, Eddington, Einstein, Planck, Younghusband usw. suchten ihre Vorstellungen davon in menschlicher Terminologie auszudrücken wie "ein kosmischer Mathematiker" oder "ein kosmischer Künstler". Doch neigen oder tendieren Bezeichnungen dieser Art, wenn man sie analysiert und die etwas anthropomorphe Färbung außer acht läßt, einer Auffassung zu, die das Universum und alles, was darin enthalten ist, von kosmischer Ideation herleitet.

Über diesen ungeheuer wichtigen Punkt sollte einige Augenblicke gründlich nachgedacht werden. Unsere besten Wissenschaftler leiten also das Universum mit allem, was darin ist, von Geist, Gemüt (mind) oder Bewußtsein ab, das offenbar Intelligenz und künstlerisches Können in Verrichtungen kosmischen Ausmaßes besitzt. Und vom Geist-Gemüt leiten sie, abweichend von strikt metaphysischem Denken idealistischer Philosophen, nicht nur das grobe physische Universum und alles ab, was darin ist, sondern auch alle dazwischenliegenden Übergangsstufen. Eine wirklich höchst bedeutsame Deduktion! Sie liegt genau und soweit wahrheitsgetreu auf derselben Linie mit der Lehre der Esoterischen Philosophie, der Esoterischen Tradition, und stimmt auch darin mit ihr überein, daß sich alles manifestierte Sein und Leben aus kosmischem Denken evolviert oder entwickelt hat. So kann von dem Atom und all den Winzigkeiten atomarer Struktur, aus denen unsere grobe physische Welt aufgebaut ist, mit streng logischer Berechtigung als von verkörpertem Denken gesprochen werden oder - wie die Esoterische Philosophie sagen würde - von kosmischen Gedanken, die sich in unzähligen Heerscharen sich verkörpernder und verkörperter Wesenheiten, Wesen und Dinge ausdrücken.

Wenn wir also dem in den vorigen Abschnitten enthaltenen Grundgedanken folgen, so werden wir sogleich verstehen, wie die ganze Struktur des Universums Stufe um Stufe und Grad um Grad entfaltet, ausgewickelt, das heißt entwickelt wurde, und zwar aus dem kosmischen Urquell abwärts oder, was auf dasselbe hinausläuft, aus dem höchsten Loka und seinem korrespondierenden, ihn begleitenden Zwillings-Tala. Ob es sich nun um eine Galaxie, ein Sonnensystem oder einen Planeten handelt: Aus Satya-Loka also mit seinem dazugehörigen Zwillings-Tala kamen zu Beginn des manifestierten Lebens alle späteren oder nachfolgenden Lokas auf dem absteigenden Manifestationsbogen hervor, entrollten oder entwickelten sich, wobei ein jeder solcher Loka in untrennbarer Verbindung mit seinem ihn begleitenden Tala oder niederen Pol steht. So entrollte sich aus Satya-Loka Tapar-Loka, der nächstfolgende Loka auf dem absteigenden Bogen, oder entwickelte sich während der Manifestation. Aus Tapar-Loka, der gleichfalls die reflektierten Kräfte und Essenzen von Satya-Loka, seinem Erzeuger, enthält, entrollte oder entwickelte sich in derselben Weise Janar-Loka, der somit nicht nur seine eigenen swâbhâvischen Merkmale enthält, sondern in geringerem Grade ebenfalls die swâbhâvischen Merkmale oder Essenzen der Kräfte seines Vaters, des Tapar-Loka, und seines Großvaters, des Satya-Loka.

Das Entrollen oder die Evolution des Universums, des Sonnensystems oder eines Planeten vollzieht sich also in der gleichen Weise auch durch die folgenden Lokas und Talas, das heißt durch Mahar-Loka, Swar-Loka, Bhuvar-Loka, um schließlich den niedrigsten der hierarchischen Leiter, Bhûr-Loka, unsere grobe physische Welt, zu erreichen. Wenn der Fuß der Lebensleiter erreicht ist, wenn die Evolution in dieser besonderen Hierarchie, sei es Milchstraße, Sonnensystem, Planet usw., ihr Entrollen auf dem absteigenden Bogen zur Materie hin abgeschlossen hat, dann beginnt der entgegengesetzte Vorgang einzusetzen: Involution folgt auf Evolution, und all das ungeheure und faszinierende Schaugepränge der manifestierten Hierarchie beginnt sich einzurollen und - wie dies in den Lehren der Esoterischen Philosophie ausgedrückt wird - den leuchtenden Bogen hinaufzusteigen. Dieser Vorgang vollzieht sich, indem die niedrigsten Teile des Bhûr-Loka beginnen, ihre Energie in feinere Formen auszustrahlen, und diese Strahlung schreitet allmählich durch die ganze Skala oder alle Grade von Bhûr-Loka aufwärts, bis schließlich Bhûr-Loka in Strahlung aufgeht und, was auf dasselbe herauskommt und es vielleicht sorgfältiger ausdrückt, in den nächst höheren Bhuvar-Loka eingezogen wird. Dann beginnt Bhuvar-Loka seinerseits den Prozeß der Zersetzung, der Auflösung, der Strahlung, und führt ihn fort, bis er hineingezogen ist in den nächsthöheren Loka oder Swar-Loka. So geht der Vorgang des Einziehens stetig weiter, bis zuletzt, wenn alle niedrigeren Lokas und Talas eingezogen sind, Satya-Loka erreicht ist und der gleiche Prozeß dort beginnt, bis auch er schließlich aus der manifestierten Existenz in Amûla-mûla übergeht, wie man es im Sanskrit nennt, das heißt in Mûlaprakriti oder die Wurzelnatur, den substantiell-spirituellen Urquell, der zu Anbeginn der Manifestation "in Dunkel gehüllt" war.

Dieser Prozeß des Ausrollens und dann des Einrollens eines Universums, Sonnensystems oder Himmelskörpers ist in alten Literaturen unterschiedlich beschrieben und ausgemalt worden, aber alle haben die ursprünglich von der Esoterischen Philosophie hergeleitete fundamentale Auffassung. Die Stoiker lehrten den gleichen Prozeß, daß sich das Universum zu seiner verwirrenden Mannigfaltigkeit, zu diesem Irrgarten und zu den verworrenen Mustern entfaltete, bis das Ende der Möglichkeiten für diese Periode erreicht war. Dann setzte sofort der Beginn der Rückwanderung zum Geist (spirit) hin ein, die sich durch die genaue Umkehrung dessen vollzog, was das Entrollen oder Entfalten hervorgebracht hatte. Das Universum mit allem, was darin ist, wird also eingerollt, eingefaltet, eingewickelt und erreicht schließlich die Periode, daß das Universum, mit all seinen Heerscharen von Wesen, Wesenheiten und Dingen zurückgeht in die Essenz und das Leben des kosmischen Geistes (spirit), um dort in unausdenkbarer Glückseligkeit, Bewußtheit und Frieden zu verharren, bis die Zeit für eine neue Weltperiode anbricht, um eine neue

Evolution zu beginnen - aber auf einer höheren Ebene.

Selbst in den etwas groben Darstellungen der hebräischen und christlichen Schriften sind ganz definitive Anspielungen auf diesen Prozeß zu finden, besonders auf den der Involution, welchen die Christen 'den jüngsten Tag' oder 'den Tag des Gerichts' nennen, wenn alles vergangen ist und die letzte Abrechnung vollzogen wird.

> "Und wird alles Heer des Himmels verfaulen, und der Himmel wird zusammengerollt werden wie ein Buch."
>
> Jesaja 34, 4

Im Neuen Testament ist dieselbe Lehre zu finden:

> "Und der Himmel entwich wie ein zusammengerolltes Buch."
>
> Offenbarung 6, 14

Hier wird das etwas grobe, aber anschauliche Beispiel benutzt, die Evolution als das Entrollen einer Schriftrolle zu schildern, die aus einem Bande des kosmischen Lebensbuches oder aus einer Seite desselben besteht. Der entgegengesetzte Prozeß oder die Involution wird als ein Aufrollen des Lebensbuches oder einer Seite desselben dargestellt, wobei alle Dinge vergehen und das Gewesene nicht länger zu sehen ist.

## IV

Die bereits in früheren Abschnitten erwähnten sieben heiligen Planeten wurden von den Alten so genannt, weil sie mit unserer Erde eine planetarische Familie bilden. Diese sieben und unsere Erde sind enger miteinander verbunden als mit den unzähligen

Heerscharen anderer Welten, mögen diese im Sonnensystem oder im ganzen Kosmos existieren. Es gibt buchstäblich Dutzende von Planetenketten im Sonnensystem, deren einige viel höher und andere viel niedriger stehen als die planetarische Erdkette. Es gibt ganze Planetenketten innerhalb unseres Sonnensystems, von denen wir nicht einmal den niedrigsten Globus sehen, und zwar aus dem Grunde, weil in solchen Fällen diese niedrigsten Globen oberhalb unserer vierten kosmischen Ebene liegen. Ebenso gibt es Planetenketten so weit unterhalb unserer vierten kosmischen Ebene, daß selbst die höchsten Globen dieser letzteren unterhalb unserer vierten kosmischen Ebene liegen.

Doch sind alle diese Planetenketten ebensogut Bestandteile des universalen Sonnensystems wie unsere Erde oder Venus, Mars, Jupiter, Saturn usw. Eine jede solche Planetenkette, so unsichtbar sie auch für uns sein mag, ist ein integraler Teil eines Organismus oder einer organischen Verbindung von Ketten, die auf den multimyriaden Bühnen des kosmischen Lebens ihre entsprechenden Rollen spielen und sämtlich Behausungen von Wesen sind, deren einige in evolutionärer Entwicklung viel höher als wir, andere weit unter uns Menschen stehen.

Alle physischen Körper, die wir am Himmel sehen, sind Globen der vierten Ebene, das heißt Globen, die auf der "vierten" kosmischen Ebene existieren, und hier gibt es keine Ausnahme, wenigstens soweit unser Sonnensystem in Frage kommt. Selbst unsere Sonne (Father Sun) - die in Wirklichkeit kein physischer Körper ist -, die Sonne, die unsere physischen Augen sehen können, ist ein Globus der vierten Ebene. Sie ist aber nichtsdestoweniger ein materieller Körper von höchst ätherischem Charakter; sie besteht aus Materie im sechsten und siebenten oder höchsten Zustand der Stofflichkeit, die sich als Licht und daher als Strahlung manifestiert.

Nun sind die oben erwähnten sieben heiligen Planeten diejenigen, die uns Menschen bekannt sind als Saturn, Jupiter, Mars, die Sonne - als Stellvertreter für einen geheimen Planeten -, Venus, Merkur und Mond, der auch als Stellvertreter für einen geheimen Planeten gerechnet wird. Sie alle sind nicht nur mit menschlichem Schicksal auf das allerinnigste und höchst verwickelt verbunden, sondern auch mit dem Schicksal einer jeden Wesenheit, welche die Erde enthält, welcher Art, welchen Grades oder welcher Klasse diese auch sein mag. Einschließlich der Erde bilden diese acht Planeten oder, mit anderen Worten, diese acht Planetenketten das heilige Ogdoad der Alten, auf das in der klassischen Literatur Griechenlands und Roms so oft Bezug genommen wird. Tatsächlich jedoch gibt es nicht nur sieben heilige Planeten, sondern es gibt deren zwölf, obgleich aufgrund der äußerst schwierigen Lehren, die mit den fünf höchsten dieses zwölffachen Systems verbunden sind, in der griechischen und lateinischen Literatur gewöhnlich nur sieben erwähnt werden.

In derselben Weise sollten die Globen jeder Planetenkette als zwölf an der Zahl gerechnet werden, von denen fünf wegen des äußerst abstrakten und verborgenen Charakters der damit verbundenen Lehren in den exoterischen Literaturen selten, wenn überhaupt, erwähnt werden. Daher kommt es, daß auch von H. P. Blavatsky in der "Geheimlehre" nur sieben Globen einer Kette erwähnt und teilweise beschrieben werden.

Es gibt somit also zwölf Globen unserer eigenen Planetenkette Erde; und jeder Globus unserer Kette ist insbesondere von einem, im allgemeinen aber von allen zwölf heiligen Planeten oder Planetenketten aufgebaut, auf welche die Alten in ihren mystischen Schriften zumindest hingewiesen haben. Unsere Erde, das heißt der physische Globus, der nach üblicher Zählung der vierte Globus unserer Planetenkette ist, ist besonders vom Planeten Saturn aufgebaut und gebildet, wird von ihm bewacht und in gewissem Sinne geleitet; assistiert wird ihm in dieser Funktion und Operation von unserem eigenen physischen Mond. In ähnlicher Weise wurde jeder andere der zwölf Globen unserer Planetenkette von einem der zwölf heiligen Planeten der Alten besonders aufgebaut, besonders bewacht und besonders geleitet. Obgleich jedoch ein jeder der zwölf Globen der planetarischen Erdkette der besondere Schützling eines der zwölf heiligen Planeten ist, so hat doch in der Vergangenheit auch jeder der anderen elf heiligen Planeten bei der Bildung dieses besonderen Globus unserer Kette mitgeholfen oder mitgewirkt, wobei jedoch der dominierende Einfluß in dieser Arbeit und die Leitung von demjenigen der zwölf heiligen Planeten ausging, welcher der Haupthüter des Globus ist, den er leitet.

Wenn wir von den sieben heiligen Planeten sprechen, dann müssen wir eher an die sie beseelenden Gottheiten als lediglich an die physischen Körper denken, die als Lichtpunkte oder, mit teleskopischer Hilfe, als Lichtscheibchen zu sehen sind. Der Planetengeist unserer Erde ist nicht der physische Körper, die felsige Erde, obgleich auch diese Leben hat, sondern es ist die vitale Kraft, die sie zusammenhält und sie zu dem macht, was sie ist - mit anderen Worten, die sie beseelt. Das Leben ist die vitale Manifestation des Planetengeistes Erde, der durch dieses alldurchdringende Leben unseren Globus ebenfalls mit der Saat des Denkens erfüllt.

Unsere Erde ist ein Globus, die Sonne ist ein Globus, die Sterne sind Globen; jeder von diesen ist der sichtbare oder physische Körper, der die in ihm und hinter ihm wirksame vitale und mentale Energie ausdrückt und manifestiert, die ihn zu dem macht, was er ist. Die inneren Elemente oder Prinzipien eines jeden solchen physischen, kugelförmigen Körpers sind selbst kugelförmig, und die äußere oder physische Schale reflektiert oder spiegelt getreu die innere oder kausale, zusammengesetzte Struktur wider. Ständig werden von innen her Kräfte in unsere Welt oder unseren Globus eingegossen, und gleichfalls gießt unsere Welt, unser Globus, seinerseits ständig Kräfte aus sich heraus. Dasselbe kann in bezug auf die Arbeit und das Wirken der vitalen Kräfte in einem jeden Globus einer Planetenkette gesagt werden, und ebenfalls stimmt und paßt es in bezug auf die genau gleichartigen Zirkulationen von Substanzen und Stoffen. Die letztgenannten Zirkulationen von Energie-Substanzen oder Stoffen können, wenn man so will, als die verschiedenen Strahlungsarten bezeichnet werden, einschließlich der Radioaktivität in all ihren verschiedenen Phasen.

Moderne Wissenschaftler beginnen heute über die Möglichkeit zu sprechen, daß bei einem Energieausbruch (Schüler der Esoterischen Philosophie würden es eher einen Kraftausbruch nennen) 'Materie' vergeht, verschwindet oder sich auflöst. Um sich zu vergegenwärtigen, wie revolutionär dies für die Wissenschaft früher war, genügt es, sich das sogenannte Gesetz von der Erhaltung der Energie ins Gedächtnis zurückzurufen, das vor fünfzig oder mehr Jahren noch als eine der Hauptsäulen der Physik angesehen wurde. Dieses Gesetz besagt in etwa, daß das Universum eine bestimmte Menge an Energie enthält, der nichts hinzugefügt und von der kein Jota hinweggenommen werden kann, und daß die in einem solchen Universum enthaltene Energie nur ihre Formen ändert.

Das ist eine wissenschaftliche Lehre, welche die

Esoterische Philosophie niemals in der rein mechanistischen oder materialistischen Form, in der sie verkündet wurde, hat annehmen können. Infolgedessen erkennen die Schüler der Esoterischen Philosophie mit größter Dankbarkeit das neuere Licht an, das durch diese neueren naturwissenschaftlichen Entdeckungen auf diese Sache geworfen wurde, und die revolutionären Schlußfolgerungen, die von Männern der Wissenschaft aus diesen Entdeckungen abgeleitet wurden. Während es in universalem, kosmischem Sinn relativ wahr sein mag, daß jeder kosmische Körper, der in bezug auf die in ihm wirkenden Kräfte und Substanzen nach außen hin mehr oder weniger unabhängig ist, ein geschlossenes System bildet, so ist es doch immer die Lehre der Esoterischen Tradition gewesen, daß eine jede kosmische Einheit, ein jeder Organismus, so ungeheuer groß oder klein er auch immer sei, nur ein Tropfen, ein Partikel, ein Teil eines noch weit größeren kosmischen Lebens ist, in dem ein solcher Tropfen oder Teil, solch ein kleineres geschlossenes System existiert. Von diesem größeren kosmischen Leben empfängt die kleinere Einheit in fortgesetztem, nicht endendem Fließen ständig Ströme von Kräften und Substanzen, die sie ebenfalls an das sie umgebende oder einschließende kosmische Reservoir übergibt oder zurückgibt.

Zur Erläuterung betrachte man die Konstitution des Menschen. Hier haben wir ein vielfältig zusammengesetztes Wesen, das aus mannigfachen und verschiedenen Substanzen und Kräften besteht, vom Göttlichen durch viele Zwischengrade oder Zwischenstadien hinab bis zum physischen menschlichen Körper. Der Mensch ist somit in einer Hinsicht ein geschlossenes System, erhält aber dennoch aus dem ihn umschließenden Universum einen unaufhörlichen Einstrom von Kräften und Substanzen, die ihn ernähren und aufbauen und die er im ganzen Bereich seiner Konstitution gebraucht. Gleichzeitig gibt er ständig und in derselben nie endenden Weise an die ihn umhüllende Sphäre Kräfte und Substanzen zurück, die er empfangen und gebraucht hat und schließlich von sich stößt, ausscheidet oder dahin abgibt, von wo sie kamen.

Oder auch: Eine jede Planetenkette des Sonnensystems empfängt wieder in derselben Weise und gemäß derselben allgemeinen Regel der Analogie, die überall Gültigkeit hat - auch wenn sie als eine Einheit ein geschlossenes System darstellt - nichtsdestoweniger von dem sie umschließenden Sonnensystem, das heißt von der Sonne und den anderen Planetenketten, einen ständigen, unaufhörlichen Einstrom von Kraft und Substanz, die zu Zwecken des Aufbaus und der Erfahrung benutzt und schließlich ausgestoßen oder zurückgegeben werden, damit sie ihre interplanetarischen und intersolaren Kreisläufe fortsetzen können.

Aus diesen beiden Beispielen oder Illustrationen, die auf jedes größere geschlossene System unendlich ausgedehnt werden können, wie zum Beispiel auf ein Sonnensystem und eine Galaxie oder solche zwischen Milchstraße und Milchstraße, ist leicht der allgemeine Grund zu ersehen, warum die Esoterische Philosophie die wissenschaftliche Doktrin von der Erhaltung der Energie immer mit Vorbehalt angesehen hat, von der die Wissenschaftler selbst heutzutage ebenfalls vermuten, daß sie zum mindesten unzulänglich ist.

Das Argument in den obigen Abschnitten, das die Ablehnung der Esoterischen Philosophie gegenüber der wissenschaftlichen Lehre von der Erhaltung der Energie enthält, gründet sich natürlich auf die Tatsache, daß diese Lehre völlig mechanistisch ist, ein Kind des Materialismus eines jetzt überlebten wissenschaftlichen Zeitalters, die das Universum als ein geschlossenes System von Energien und Stoff ansieht, die in ihrem Aggregat unbeseelt sind und einen empfindungslosen, intelligenzlosen Mechanismus bilden. Ein solches Universum ist nur ein physisches; es erkennt keine spirituelle Quelle, keinen Hintergrund von Geist und Bewußtsein an.

Man kann die rein wissenschaftliche Lehre aber auch so ansehen, wie sie anzunehmen sich wahrscheinlich kein Schüler der Esoterischen Philosophie weigern würde. Es ist die Anschauung, welche die riesige Unendlichkeit als 'Universum', als Heimat und grenzenloses Feld schrankenlosen Bewußtseins betrachtet, das sich in eine buchstäblich unzählbare Zahl von Hierarchien geringerer Bewußtheiten gliedert, so daß das unaussprechlich großartige und erhabene Gepränge der Einzelabteilungen kosmischen Lebens aus dieser schrankenlosen Unendlichkeit hervorquillt in manifestierte multi-myriadenfache Formen lebender Existenz.

So betrachtet würde die sogenannte "Lehre von der Erhaltung der Energie" bei dem Schüler der Esoterischen Philosophie keinen besonderen Einwand hervorrufen, obschon er ihre Formulierung wahrscheinlich wissenschaftlich als bedauernswert weit hinter der Wirklichkeit zurückbleibend und im Ausdruck als hinkend und unvollkommen betrachten würde.

Nach dieser letztgenannten Ansicht würde das 'geschlossene System', das 'Universum' genannt wird, lediglich die grenzenlose Unendlichkeit sein, einschließlich aller möglichen Energien sowie Substanzen, welche die Unendlichkeit enthalten kann. So wird klar, daß bei einer solchen Auffassung der Unendlichkeit von außen keine Kräfte hinzugefügt werden können, da ein Außen nicht existiert, noch irgend etwas von seinem Vorrat an Kräften verlorengehen kann, da es ja kein Außen gibt, in das ausscheidende Kräfte dieser Art einströmen könnten.

In Verbindung mit der Unendlichkeit von einem 'geschlossenen System' zu sprechen, ist offensichtlich sowohl eine unrichtige Bezeichnung als auch ein logischer Widersinn. Der Ausdruck wird aber hier zur Erläuterung und nicht zur Beschreibung gebraucht. Ferner bezieht sich das, was hier von dem sogenannten Gesetz von der Erhaltung der Energie gesagt wird, ebenfalls auf das sogenannte wissenschaftliche Gesetz von der Erhaltung des Stoffes, denn selbst nach Ansicht der modernen Wissenschaft sind Kraft und Stoff grundsätzlich oder essentiell eins.

In ähnlicher Weise kann der Schüler der Esoterischen Philosophie das andere sogenannte wissenschaftliche Gesetz von der

Wechselbeziehung der Kräfte oder Energien nur mit großem Vorbehalt anerkennen. Dieselbe Bemerkung gilt mit gleichem Nachdruck in bezug auf die wissenschaftliche Spekulation, die Entropie genannt wird, oder auf die Theorie, daß der im Universum verfügbare Vorrat an Energie ständig niedrigeren Ebenen zufließt, so daß die verfügbaren Energieformen zu guter Letzt verschwunden sein werden und in dem System keine weitere Möglichkeit einer inhärenten Bewegung mehr bleibt, denn alle Energie wird dann auf einen toten Punkt gekommen sein. Jedoch lassen sich diese verschiedenen oben kurz skizzierten wissenschaftlichen Lehren auf "geschlossene Systeme", wie man sie überall findet, anwenden, weil "geschlossene Systeme" räumlich und zeitlich begrenzt sind.

Doch auch die Idee von einem "geschlossenen System", die den oben erwähnten wissenschaftlichen Gesetzen innewohnt oder deren Grundlage ist, scheint mir irreführend und nicht naturgetreu zu sein. Ein solches System würde einer Uhr gleichen, die sich, wenn einmal abgelaufen oder "entropiert", nicht von selbst wieder aufziehen kann - ein Bild, das für die vier Wände eines Studierzimmers oder Laboratoriums passen mag, doch dem völlig unähnlich ist, was in der Natur selbst zu finden ist. Bestenfalls ist ein natürliches organisches System oder ein sogenanntes "geschlossenes System" ein Energie- oder Substanz-System zweiter Ordnung, denn welcher Art auch immer sein eigener inhärenter oder schöpferischer Energiestrom sein mag, es ist umgeben von einem es einschließenden System erster Ordnung, von dessen Energien und Substanzen es völlig durchtränkt ist.

Natürlich wird ein solches umschließendes System erster Ordnung selbst zu einem System zweiter Ordnung aufgrund eines noch größeren Systems, das es umgibt und ernährt. So ist die Natur: System innerhalb System, und jedes System ist notwendig für alle, und alle wirken wechselseitig aufeinander ein.

Die Lehre von der Entropie leitet sich aus den hier soeben angeführten sogenannten wissenschaftlichen Gesetzen her. Wenn sie aber eine Tatsache im Universum ist, wie kommt es dann, daß Entropie noch nicht den kosmischen Tod oder "Hitzetod", von dem gesprochen wird, herbeigeführt hat, da sie doch die Ewigkeit hierfür zur Verfügung gehabt hat? Die Frage läßt sich nicht vom Standpunkt der materialistischen Wissenschaft aus beantworten, wie diese noch vor fünfzig Jahren bestand und wo am grünen Tisch Laboratoriumsgesetze zustande gebracht wurden, von denen jetzt viele in Mißkredit geraten sind.

Im besten Fall sind also die wissenschaftlichen Hypothesen oder Theorien, die, je nachdem, Erhaltung der Energie, Erhaltung des Stoffes, Korrelation der Energien genannt werden, und die davon abgeleitete Hypothese oder Theorie, die durch die Bezeichnung Entropie ausgedrückt wird, lauter sekundäre oder ungewisse sogenannte 'Gesetze'. Aus den in diesem Einschub gemachten Bemerkungen und Schlußfolgerungen sollte hervorgehen, daß sie sich als solche sekundäre oder ungewisse Gesetze nur auf geschlossene Systeme oder organische Einheiten anwenden lassen, aber zu bloßen Spekulationen ohne Fundierung in Naturtatsachen von kosmischem Ausmaß werden, wenn irgendwie versucht wird, sie auf das Universum, das grenzenlose All, anzuwenden.

Um die Sache mit anderen Worten kurz auszudrükken: Die Esoterische Philosophie lehrt, daß ein jedes geschlossenes System, sei es Universum oder Milchstraße, Sonnensystem oder individuelle Sonne oder Planet, ein Individuum ist, das seinen eigenen einheitlichen Geist, seinen Charakter, sein Leben und seine Eigenart besitzt. Da es mit göttlich-spirituellen Wurzeln im grenzenlosen Universum verankert ist, empfängt es in seinen höchsten Teilen einen ständigen Einstrom göttlich-spiritueller Kräfte und Substanzen, die seine Struktur, sein Gewebe völlig durchdringen, es aufbauen, anregen und inspirieren und schließlich von dem System unter verschiedenen Formen von Einfluß- oder Energieströmen - man mag diese Ströme nennen, wie man will - wieder ausgestrahlt werden.

So haben wir ein Bild von Individuen, die ihrem Wesen nach spirituell sind und aus Kräften und Substanzen hervorwachsen, die von innen aufquellen und ihre Energien oder besser Kräfte mit allen anderen Wesenheiten in dem sie umschließenden Universum austauschen. Jede Sonne, jede Planetenkette ist also ein spirituelles Individuum, dem Wesen und dem inneren Sein nach ein kosmischer "Geist" (Spirit) - um einen bekannteren Ausdruck zu gebrauchen -, der aufgrund karmischen Gesetzes oder karmischer Notwendigkeit zu Beginn einer jeden Periode der Weltmanifestation erscheint, seine evolutionäre Wanderung darin vollbringt und wieder in unaussprechliche Ruhe und Frieden versinkt, wenn die Weltperiode ihre Kulmination und ihr schließliches Ende erreicht hat - nur um wiederum aus dem Schoße des Universums hervorzugehen, wenn die Stunde für den Beginn einer neuen Weltperiode schlägt.

V

Die leitenden Seelen oder Geister (Spirits) der sieben heiligen Planeten - wir wollen sagen sieben, denn H. P. Blavatsky, die hierüber schrieb, war weise genug, die Wahrheit über die zwölf zu verhüllen oder zu verbergen -, ihre lenkenden Seelen sind die von den alten griechischen Philosophen so oft erwähnten Kosmokratoren oder Weltenerbauer. Diese Kosmokratoren haben unsere Welt, unsere gesamte Planetenkette aufgebaut. In der gleichen Weise und denselben Aktionsregeln folgend ist auch unsere Planetenkette, einschließlich unseres darin enthaltenen eigenen 'Globus', ein Kosmokrator oder Weltenerbauer, der beim Aufbau und bei der Leitung einer anderen siebenfältigen (oder zwölffältigen) Planetenkette mithilft: Arbeit und Zusammenarbeit überall im ganzen Universum - alles ineinander verzahnt und ineinander wirkend. Vom Anbeginn bis zum Ende des Sonnen-Manvantaras oder der solaren Weltperiode arbeiten alle Planetenketten gemeinsam und einmütig am Aufbau ihrer Strukturen und erfüllen sich gegenseitig mit den entsprechenden charakteristischen Energien und Strahlungen, die einer jeden solchen formativen Einheit, einem jeden Kosmokrator eigentümlich sind.

So kommt es, daß alle Planetenketten im gesamten Sonnensystem zusammenarbeiten, einander helfen, sich gegenseitig aufbauen; und so bewirken sie alle miteinander ihr gemeinsames Geschick. Wie aus obigen Abschnitten hervorgeht, lehrt die Esoterische Tradition, daß das Sonnensystem durch und durch voller Leben ist, ja, daß alle Sonnensysteme lebendig sind. Das Sonnensystem ist eine lebende, organische Wesenheit, deren Herz und Hirn in der Sonne vereinigt sind. Und dieses System besteht genauso aus Organen wie im kleinen der menschliche Körper, der ein Organismus aus Organen und Nebenerscheinungen wie Fleisch und Knochen, Sehnen und Nerven und was sonst noch ist.

In gleicher Weise und gemäß und zufolge derselben Logik ist jeder Planet des Sonnensystems eine Wesenheit, eine lebende Wesenheit. Unser Mond jedoch ist eine scheinbare Ausnahme, weil er ein Leichnam ist und daher nicht als ein lebendiges Wesen bezeichnet werden kann, obschon seine Partikel als Partikel in ihren kleinen Sphären ebenso lebendig und aktiv sind wie die eines menschlichen Leichnams. Dennoch ist er, wenngleich eine tote und in der Auflösung befindliche Wesenheit, siebenfältig, denn es handelt sich ebenfalls um eine Kette - wenn auch um eine tote - von sieben Monden, die einstmals ein lebendiges System oder einen Organismus bildeten. Die Mondkette hat somit sieben Körper, sieben tote Körper, die jetzt das darstellen, was der einst lebende Mond oder die planetarische Mondkette war. Die Planetenkette, deren Wiederverkörperung der Mond bei seinem ersten Erscheinen in verflossenen Äonen und Äonen gewesen ist, hatte sich in die sie zusammensetzenden Lebensatome aufgelöst, in die Atome von 'blauem Äther', die sich Zeitalter um Zeitalter später kraft psycho-magnetischer Anziehung wieder zusammenfanden, um die damals neue Mondkette in ihrer Gesamtheit wieder zu bilden, sie zu werden, sie wieder zu werden. Lange bevor wir auf unserer Erde die siebente Runde erreicht haben, werden sich unser Mond und alle Globen der Mondkette restlos aufgelöst haben. Das bedeutet lediglich, daß dann die sie zusammensetzenden Lebensatome auseinandergefallen sind und sich zersetzt haben, wie dies mit den Atomen eines jeden verwesenden physischen Leichnams geschieht. Alle diese in Zersetzung übergegangenen Mondatome werden dann zur Erde hin und in die Erde hineingezogen, weil sie durch dieselben psycho-magnetischen Kräfte, die einstmals die Mondkette und später die Erdkette aufgebaut haben, hierher angezogen werden.

Wenn unsere Erde ihre siebente Runde erreicht hat und bereit ist, ihre Lebensessenzen, das heißt ihre Heerscharen von Lebensatomen in 'neutrale' Zentren oder Laya-Zentren in den Weltenraum zu schleudern, um das (zukünftige) Kind der Erdkette zu bilden, wird diese Erde der Mond ihres (zukünftigen) Kindes, der zukünftigen Kette, des Abkömmlings der Erdkette sein oder werden. Aber dann ist unser Erdglobus tot, so wie der Mond es jetzt ist. Während die Zeitalter dahingehen und eines nach dem anderen in den Ozean vergangener Zeit versinkt, wird auch unsere Erdkette ihrerseits sich langsam, langsam zersetzen, sich auflösen und dabei jeden Tag, jedes Jahr - um in menschlichen Zeitmaßen zu reden - Atome in ungezählten Millionen von Millionen verlieren, bis schließlich der tote Körper oder Leichnam unserer Erde und die toten Körper oder Leichen aller Globen, die unsere jetzige Erdkette bilden, ihrerseits in den blauen Äther verschwunden sind. Dann werden sich alle die sie bildenden Lebensatome zerstreut haben, um sich bei der neuen Wiederverkörperung der zukünftigen Kette wieder zu vereinigen. So folgen die Planetenketten eine der anderen in regelmäßiger Reihenfolge, genauso wie die Reinkarnationen eines Menschen in völlig übereinstimmender, gleicher und regelmäßiger Reihe aufeinander folgen.

Die Lehre von der Reinkarnation der menschlichen Monade macht die Wiederverkörperung von Welten ganz deutlich, denn die Natur wiederholt sich in ihren Tätigkeiten allenthalben, obgleich offensichtlich nicht zwei Prozesse einer Reihe in allen Einzelheiten identisch sind. Nehmen wir einen physischen Körper: Jedes Atom, das sich im physischen Körper eines Menschen befindet - mit Ausnahme derer, die sich als Gäste in seinem Körper aufhalten, das heißt vorübergehend, eben nur durch ihn hindurchgehend -, jedes Atom, also praktisch alle diesen physischen Körper bildenden Atome waren dieselben Atome, die zu der einen oder anderen Zeit mithalfen, den vorherigen physischen Körper in der vorherigen Verkörperung des Menschen auf Erden zu bilden oder zu formen. Jedes Atom, das mithilft, diesen physischen Körper aufzubauen, wird, wenn der Mensch gestorben ist und dann wieder zur Erde zurückkehrt, mithelfen, diesen neuen menschlichen Körper zu bilden. Die Regel ist grundsätzlich dieselbe wie bei den himmlischen Globen und also auch bei den Planetenketten und ebenfalls dieselbe bei der Sonnenkette, der siebenfältigen oder, genauer gesagt, der zwölffältigen Globenkette der Sonne.

Vater-Sonne, so sagten die alten griechischen und römischen Dichter, ist von sieben strahlenden Kräften umgeben, von sieben Strahlen; eigentlich von zwölf Strahlen, welche die zwölf großen Mächte sind, die zwölf großen strahlenden Kräfte, die aus seinem Herzen und Hirn hervorströmen. Und jeder dieser Strahlen ist, wenn auch von einem jeden der anderen elf Strahlen unterstützt, das spirituell aktive Agens beim Aufbau eines 'Globus' in der Planetenkette.

Wir sehen also, wie eng und verschlungen die Beziehungen sind, die alle Wesen und Dinge miteinander verbinden. Jede Wesenheit, jede Kraft, jede Substanz des Sonnensystems wirkt in ihrer eigenen Weise und mit ihrem eigenen Leben und ihrer eigenen Substanz mit beim Aufbau der Körper aller anderen Wesen oder Wesenheiten im Sonnensystem. In derselben Weise ist das Sonnensystem selbst mit den es umgebenden vitalen Prozessen und dem strukturellen Rahmenwerk des Kosmos oder Universums eng verbunden und verwoben. So ist unser Sonnensystem und alles, was in ihm enthalten ist, mit allen anderen solaren Systemen unserer Galaxie eng verbunden, weil sie einander durchdringen.

Es besteht somit die direkteste Verbindungslinie zwischen den zwölf Häusern des Tierkreises, den zwölf heiligen Planeten unseres Sonnensystems, den zwölf Globen jeder Planetenkette im Sonnensystem und sogar dem universalen Sonnensystem selbst. Da die kosmische Natur ein Organismus, eine organische Wesenheit ist, ist zu ersehen, daß nichts in ihr von allem und jedem, was in ihrem umfassenden Bereich existiert oder sich ereignet, verschont bleibt oder ausgeschlossen werden kann. Aus diesem Grunde befindet sich jeder der Globen unserer eigenen Planetenkette, die wir die Erdkette nennen, unter der speziellen Leitung seines ihn betreffenden besonderen oder am engsten mit ihm verketteten Teiles des Tierkreises und wird von ihm beherrscht; ebenso verhält es sich auch mit jedem der zwölf heiligen Planeten.

Zu den zwölf heiligen Planeten werden weder Neptun noch Uranus gezählt, obgleich diese letzteren beiden Planeten natürlich zu dem universalen Sonnensystem gehören. Man darf nicht annehmen, Neptun und Uranus gehörten zu den fünf höheren Planetenketten, die mit den fünf höheren Globen unserer planetarischen Erdkette verbunden sind.

Der Leser sollte daran denken, einen klaren Unterschied zu machen zwischen jener besonderen Gruppe von Planeten im Sonnensystem, die aufs allerengste mit dem Schicksal der Erde und ihrer Bewohner verknüpft ist, und andererseits dem, was in der Esoterischen Tradition das universale Sonnensystem genannt wird, womit jedes Ding, jeder Körper oder jedes Wesen innerhalb des Bereiches der Sonne gemeint ist.

Das Buch "Grundlagen der Esoterischen Philosophie" enthält einige wertvolle Hinweise betreffs dieses Studiengebiets, und der Leser wird hierauf verwiesen (siehe Bd. II, Kap. XLIV, S. 361 das Diagramm von den zwölf Globen, welche die planetarische Erdkette bilden).

Ebenso, wie sechs der Häuser des Tierkreises psycho-magnetische und sogar spirituelle Gegensätze oder Gegenteile der anderen sechs Häuser des Tierkreises sind, deren Reflexionen sie in gewissem Sinne darstellen, so sind die fünf unteren Globen der planetarischen Erdkette Nachbildungen oder besser Reflexionen (was vielleicht ein genauerer Ausdruck ist) von den höheren fünf der zwölf Globen, welche die planetarische Erdkette bilden und um die zwei mittleren Globen herum wirksam sind; sie bilden somit gewissermaßen die Nabe und die zentrale Achse.

Wie schon im vorigen Abschnitt angedeutet, in dem ein Hinweis auf die entgegengesetzten Zeichen des Tierkreises und die entgegengesetzten Globen einer Planetenkette gegeben wurde, werden ferner in der esoterischen Astrologie die Planeten zeitweilig als geeignete Stellvertreter für andere eingesetzt, weil in einem solchen Vertretungsfall die spirituellen und psychischen Ähnlichkeiten zwischen den Komponenten zweier solcher Kräfte sehr groß sind.

In bezug hierauf werden jedoch nur Andeutungen gemacht, weil dies alles schwierige Lehren der esoterischen Astrologie sind. Nebenbei mag hier erwähnt werden, daß es tatsächlich eine echte Astrologie gibt. Es besteht eine große, edle, auf den verborgenen und erhabenen Wirksamkeiten der Natur basierende Wissenschaft, die in alten Zeiten die echte 'Wissenschaft von den Sternen' war. Sie schloß damals jedoch weit mehr in sich ein als das, was heutzutage im Abendland als 'Astrologie' gang und gäbe ist. Diese abendländische Astrologie ist nur ein Überbleibsel, ein Fragment davon, zerfetzte Überreste der alten astrologischen Weisheit in Verbindung mit völlig neuerlichen astrologischen Hypothesen, die der Einbildungskraft oder der Intuition - wie der Leser will - moderner Gelehrter entsprungen sind.

Die alte Weisheits-Astrologie handelte nicht nur von Einflüssen der Planeten und der Sonne, des Mondes und der Sterne auf die Erde und somit auf das menschliche Leben, sondern sie handelte von diesen Himmelskörpern in erster Linie als von völlig beseelten Wesenheiten. Sie zeigte in überzeugender und, wie man heute sagen würde, in wissenschaftlicher Weise unseren gemeinsamen Ursprung mit ihnen und mit allen anderen Wesen im Universum auf. Sie zeigte nicht nur, wie sie auf uns wirken, sondern sie zeigte auch, welche Beziehungen wir - karmisch und anderweitig - sowohl in der Vergangenheit als auch in der Zukunft zu ihnen haben.

Es gibt tatsächlich eine echte Astrologie, und sie ist wirklich und wahrhaftig einer der Hauptzweige der archaischen Weisheit, der Esoterischen Tradition, der Esoterischen Philosophie. Was nun das Befragen moderner Astrologen anbetrifft: Selbst die zerfetzten Überreste in der modernen Astrologie enthalten noch einige Wahrheitselemente, aber den modernen Astrologen bleibt trotz aller ernsten Aufrichtigkeit und allen guten Willens meistens nur ein Rätselraten übrig. Die Experten unter ihnen bedienen sich fast alle eines gewissen mathematischen Mechanismus, den sie mehr oder weniger geschickt handhaben. Und von der unterschiedlichen Art, in der dieser Mechanismus in jedem Einzelfall benutzt wird, leiten sie die wahre und richtige Antwort auf ihre Fragen ab oder versuchen es; letzten Endes bleiben die Ergebnisse jedoch zum großen Teil Vermutungen. Wenn sie die alte, erhabene Wissenschaft kennen würden, wäre ihnen klar, wie relativ unbedeutend der moderne Abkömmling der alten Astrologie ist. Dennoch glauben sie gleich jedem Schüler der Esoterischen Philosophie, daß wir mit den Sternen, der Sonne, den Planeten und allen anderen Himmelskörpern eng verbunden sind, einschließlich der Sternnebel und Kometen. So glaubt und behauptet es der wahre Esoteriker, und zwar nicht nur, weil diese auf uns, sondern auch, weil wir auf sie einwirken und reagieren, und ebenfalls darum, weil wir von ihnen herkommen und auf unseren Pilgerreisen gemäß den Zirkulationen des Universums zu ihnen hingehen in einer faszinierenden und wunderbaren Weise.

Ein moderner Dichter, Francis Thompson, sagt:

> Durch unsterbliche Kraft sind alle Dinge,
> nahe und fern,
> auf verborgene Weise
> mit allen anderen verkettet,
> so daß du keine Blume anrühren kannst,
> ohne daß ein Stern erzittert.
>
> 'The Mistress of Vision'

Es stimmt tatsächlich, daß selbst der Gedanke eines Menschen den ihm entsprechenden Körper einer jeden Himmelskugel mit zarter Kraft umranken und berühren kann. Denn in dem großen Organismus der universalen Natur bringt jede, auch die schwächste Vibration oder Energie-Strömung die ihr entsprechende

Wirkung hervor, und das verursachende Agens erfährt dadurch eine Gegenwirkung, die in ihrer Größe exakt dem ursprünglich kausativen Akt oder Impuls entspricht. Dieser Gedanke schließt den Kern oder das Wesentliche der Lehre von Karman in sich.

Mit Bezug auf die in den vorhergehenden Seiten erfolgte Aussage, daß weder Neptun noch Uranus zu den zwölf heiligen Planeten gehören, die ganz besonders mit dem Bau und der Evolution und daher auch mit dem Ursprung und dem Schicksal der Planetenkette der Erde verbunden sind, möchte es angebracht sein, hier noch einige Bemerkungen hinzuzufügen, die, wenn auch von mehr oder weniger flüchtigem Charakter, hoffentlich doch dem Leser oder Studierenden von einigem Wert sein werden. Uranus ist, wie oben gesagt, ein Glied des universalen Sonnensystems - tatsächlich ein integraler Teil desselben, das heißt ein Organ innerhalb des Organismus des Sonnensystems. Neptun aber ist das aufgrund seines Ursprungsrechts in diesem Sonnenmanvantara nicht. Der Planet Neptun könnte vielleicht als ein 'Einfang' bezeichnet werden. Vor einiger Zeit war viel von interessanten Entdeckungen auf dem Gebiet wissenschaftlicher chemischer Forschung und den daraus folgenden Theorien zu hören sowie auch von neuen wissenschaftlichen Folgerungen, die von diesen Entdeckungen und Theorien abgeleitet wurden. Sie laufen darauf hinaus, daß bestimmte chemische Atome, die aus 'Teilchen' oder kleinen 'Wellen' elektrischer Energie zusammengesetzt sind, zu gewissen Zeiten elektrisch hungrig werden, was besonders auf den Verlust eines Elektrons zurückzuführen ist. Ein vorüberkommendes Elektron wird dann von einem solchen Atom eingefangen, wodurch das Atom stabil, elektrisch gesättigt wird. Atome verlieren zuweilen Elektronen, die aus irgendeinem Grund aus dem Atom herausgerissen werden und in den atomistischen

Räumen vagabundieren, und zwar auch in weiten Fernen außerhalb des Atoms. Dann wird das Atom wiederum 'hungrig'.

Nun ist es seltsam, daß gemäß der Theorie moderner Chemie ein Atom, wenn es ein wanderndes oder vagabundierendes Elektron einfängt und dadurch elektrisch gesättigt wird, seine elektrische Polarität ändert. Diesen Gedanken würde der Schüler der Esoterischen Philosophie eine echte, der Natur entsprechende Idee nennen, und es ist wahrlich ein Wunder, wie sich einige der Physiko-Chemiker mit jedem Jahr wenigstens einigen der Lehren der alten Weisheit immer mehr nähern. Neptun kann als ein Einfang etwa derselben Art bezeichnet werden. Er ist kein echter Planet unseres Sonnensystems. Es würde zweifellos richtig sein, Neptun als einen eingefangenen Kometen gewissen Alters zu betrachten, denn in der Esoterischen Philosophie können 'Kometen' von mehr als einer Art sein. Es ist eine Tatsache, daß der Komet nur der erste Zustand der evolutionären Entwicklung aller Planeten ist und entsprechend auch aller Sonnen, denn es gibt planetarische Kometen und solare oder kosmische Kometen - das heißt solche, die zu Planeten werden, die eine Sonne umkreisen, und solche, die zu Sonnen werden.

So sind zum Beispiel Enckes Komet - sollte er noch existieren - sowie der von Vico und der von Biela drei Kometen, die als Eingeborene zu unserem Sonnensystem gehören. Sie haben Zeitalter hindurch in elliptischen Umläufen regelmäßige Bahnen um die Sonne verfolgt, und im Laufe der Zeit müßten diese Ellipsen die Tendenz zu größerer Kreisförmigkeit zeigen. Dann werden sich diese Kometen schließlich, wenn sie nicht vernichtet werden, bevor sie diese Periode ihrer Entwicklung erreichen, als respektable Baby-Planeten, junge Planeten, fürs Leben einrichten. Sie könnten

Planeten genannt werden, die sich in dem Zustand befinden, der ihrer ersten Planetenrunde vorausgeht. Oder klarer ausgedrückt: Sie sind Wiederverkörperungen früherer Planetenketten, die nun zu einem neuen manvantarischen Lauf im Sonnensystem zurückkehren.

Da Neptun ein Einfang ist, ist er nicht in der Weise mit den zwölf Häusern unseres Tierkreises verbunden wie die wahren und dazugehörigen Planeten unseres Sonnensystems. Ferner hat Neptun keine genetische Verbindung mit unserem Sonnensystem, aber dennoch beeinflußt er unser Sonnensystem - und sogar stark - und wird es weiter beeinflussen, solange er ein Teil desselben bleibt. Er ändert - elektrisch verstanden - nicht nur die gesamte Polarität unseres Sonnensystems, sondern er beeinflußt aufgrund dieser Tatsache auch alles innerhalb des Sonnensystems. Jeder kosmische Körper, was für ein Körper es auch immer sei, ist ein lebendiges Wesen. Zur Veranschaulichung nehme man eine Familie und führe in diese Familie ein neues Element ein, indem man in ihren heiligen Familienkreis einen Außenstehenden hereinbringt und damit dem Fremdling ein Heim in diesem Familienkreis gewährt. Natürlich wird der Fremde jedes Glied der Familie beeinflussen, vielleicht sogar stark beeinflussen.

Genauso verhält es sich mit dem Planeten Neptun. Astrologisch ausgedrückt übt er einen Einfluß auf alle Menschen, auf alle Wesen und Dinge auf Erden aus. Doch ist es ein 'von außen kommender' Einfluß, wiewohl natürlich ein streng karmischer, denn alles, was ist, ist karmisch; es kann nichts anderes sein als Karma. Die Ursache aller karmischen Beziehungen oder Bindungen, mögen sie nun innig und eng oder entfernter und weniger stark sein - in jedem Fall aber karmisch -, ist die, daß alle Dinge, die da sind, ursprünglich aus demselben großen Herzen kosmischen Seins hervorgegangen sind. So sind sie also nicht nur im Ursprung identisch und in all den komplizierten Existenzverhältnissen eng miteinander verwandt, sondern sie verfolgen letzten Endes, wenn auch durch myriadenfache Abänderungen des Pfades, denselben Lauf zur endgültigen Wiedervereinigung mit der göttlichen Quelle, aus der sie ursprünglich alle hervorgegangen sind. Noch einmal: Neptun gehört in dem Sinne nicht richtig zu unserem Sonnensystem wie die eingeborenen, verwandten Planeten oder wie Familienmitglieder zur Familie. Er ist also kein Glied unserer Sonnenfamilie. Dennoch aber ist er eine lebende Wesenheit, durch deren Adern sozusagen dasselbe kosmische Lebensblut fließt, das durch unsere eigenen Adern fließt. Wir haben Beziehungen zu ihm, karmische Beziehungen; andernfalls hätte er niemals von unserer Sonne und der sie begleitenden Familie von Planetenketten eingefangen werden können. Auch sollte man sich der Tatsache erinnern, daß Neptun ebenfalls - genau wie alle anderen Himmelskörper - eine Planetenkette ist; mit unseren physischen Augen aber sehen wir nur den Globus der Neptunkette, der auf derselben Wahrnehmungsebene liegt, auf der wir selbst uns befinden.

Nun ist nicht nur jede Planetenkette unseres Sonnensystems selbst eine lebende Wesenheit, sondern sie ist auch die Heimat einer ungeheuren, dem Charakter nach unterschiedlichen Bevölkerung. Ob sichtbar oder unsichtbar, jeder der sieben (oder zwölf) Globen, die eine jede solche Kette bilden, hat seine eigene Bevölkerung, seine Bewohner oder Bürger. Diese sieben unterschiedlichen Klassen oder Familien, die wir ebensogut Lebenswogen nennen können, sind alle in karmischer Einheit und karmischem Schicksal fest aneinandergekettet und bilden so eine deutliche Gruppe eng miteinander verbundener Wesenheiten. Dadurch ist jede Gruppe in evolutionärer Entwicklung und evolutionärem Wachstum mit ihrer eigenen besonderen Planetenkette aufs engste verbunden.

Ferner sind die verschiedenen Substanzen und Energien, aus denen ein Globus besteht, das tatsächliche Ergebnis der Heerscharen einer sich entwickelnden Bevölkerung oder der Bewohner, die auf diesen Globen arbeiten und sie benutzen. Ebenso sind die Substanzen und Energien, aus denen der menschliche Körper besteht, das Ergebnis seiner inneren und unsichtbaren Substanzen und Energien, die in ihrem Aggregat seine ebenfalls siebenfältige Konstitution bilden - zuzüglich jener wandernden Lebensatome oder monadischen Wesenheiten, die jederzeit durch seine verschiedenen Vehikel oder Körper hindurchgehen und dadurch beim Aufbau dieser letzteren helfen.

Während des Verlaufs ihrer gemeinsamen evolutionären Reise durch die Zeit gehen diese sieben Familien oder Lebenswogen nacheinander, eine der anderen folgend, von Globus zu Globus der Kette und gewinnen dabei Erfahrungen von den Kräften, Stoffen und Bewußtheiten auf all den verschiedenen Ebenen und Sphären, auf denen jede Kette lebt und die zu ihr gehören.

Unsere eigene Erdkette illustriert dies: Alle Monaden, die von der Mondkette herüberkamen, waren - und sind - in sieben, genauer gesagt in zehn große Klassen aufteilbar; auf die drei höchsten der zehn Klassen brauchen wir hier nicht weiter einzugehen. Diese sieben Klassen von Monaden bilden den gewaltigen Lebensstrom, der sich in sieben kleinere Rinnsale teilt, wobei ein jedes solches Rinnsal sozusagen eine monadische Familie darstellt; und doch sind sie alle untereinander verbunden, weil sie alle zu dem soeben erwähnten gewaltigen Lebensstrom gehören.

Die menschliche Familie oder Lebenswoge, die eine dieser sieben monadischen Familien oder Klassen bildet, verbringt viele, viele Millionen Jahre auf jedem der sieben Globen unserer Erdkette. Dann verläßt die Lebenswoge einen dieser Globen, um zum nächstfolgenden überzugehen, und so geht es weiter in regelmäßiger Reihenfolge durch alle Globen hindurch. Nach einer verhältnismäßig kurzen zwischensphärischen Ruheperiode verbringt die Lebenswoge auf jedem folgenden Globus wieder eine Zeitspanne von vielen Millionen Jahren. So vollzieht sich der majestätische Lauf evolutionärer Entwicklung oder evolutionären Wachstums Schritt für Schritt um die ganze Planetenkette herum und durch alle sieben (oder zwölf) Globen, aus denen sie besteht.

Auf jedem dieser Globen arbeitet die menschliche Lebenswoge in einer Weise, die den auf jedem dieser sieben Globen vorherrschenden Verhältnissen und Umständen gemäß ist, so wie wir jetzt auf unserem gegenwärtigen Globus, der Erde, in einer streng den hier vorherrschenden Verhältnissen und Umständen entsprechenden Art und Weise wirken, existieren oder leben. Da diese Erde eine materielle Welt ist, sind die Umstände und Verhältnisse dementsprechend materiell. Auf den höheren Globen unserer Kette sind die Umstände und Verhältnisse viel ätherischer, und auf den höchsten sind sie in der Tat quasi-spirituell.

Ferner sind die Perioden, die eine Lebenswoge auf den ätherischen Globen des absteigenden und des aufsteigenden Bogens zubringt, viel länger als die von einer Lebenswoge auf den materiellen Globen zugebrachten Perioden, wie zum Beispiel auf unserer Erde.

Man muß auch im Gedächtnis behalten, daß die anderen sechs Rinnsale oder monadischen Familien, die dem großen, vom Monde herübergekommenen Lebensstrom von Monaden angehören, sich, wie soeben in voraufgehenden Abschnitten skizziert, auch auf all den sieben (oder zwölf) Globen der Erdkette entwickeln. Sie tun dies aber nicht alle auf einem und demselben Globus während derselben Zeitperiode, mit anderen Worten: ihr Erscheinen auf dem einen oder anderen Globus findet nicht gleichzeitig statt. Es gibt Lebenswogen oder Rinnsale, die uns voraufgegangen sind, und es gibt andere Lebenswogen oder Rinnsale von Wesenheiten, die uns nachfolgen, und zwar in jedem dieser beiden Fälle auf anderen Globen unserer Kette. Aber jedes Rinnsal, mit anderen Worten jede der sieben Klassen oder Familien, welche die große Lebenswoge bilden, muß alle sieben Globen der Erdkette durchlaufen, und jeder Umlauf um die sieben Globen der Erdkette stellt für solch ein besonderes Rinnsal, für solch eine Lebenswoge, eine Planetenrunde oder Kettenrunde dar.

Diese sieben Lebenswogen, die Bevölkerung unserer Erdkette, gehen während des Verlaufs ihrer ungeheuer langen evolutionären Reise siebenmal um die Erdkette herum. Um die planetarische Evolution zu vollenden, sind mehrere Milliarden, das heißt Tausende von Millionen menschlicher Jahre nötig.

Weil die Bevölkerungen der sieben Globen unserer Erdkette nach Ursprung und Bestimmung so eng miteinander verbunden sind, bilden sie, wie oben gesagt, eine selbständige Gruppe nahe verwandter Wesenheiten. Darum ist eine jede in evolutionärer Entfaltung und evolutionärem Wachstum befindliche Gruppe natürlich mit unserer besonderen Kette aufs engste verbunden. Der Mensch als Individuum ist mit seiner eigenen essentiellen oder besonderen Lebenswoge verbunden und entwickelt sich mit ihr. Eine solche Lebenswoge ist in ihrem Evolutionsverlauf auf einem Globus in kleinere Gemeinschaften aufgespalten, die wir Nationen nennen können. Die Nation ist mit anderen Gruppen oder anderen Nationen verbunden, die zusammen eine menschliche Familie bilden. Die Familien der Erde sind auch alle miteinander verbunden; sie entwickeln sich gemeinsam und bilden die Erdbevölkerung. Die sieben Arten der Bevölkerung unserer Erdkette sind alle untereinander verbunden, entwikkeln sich gemeinsam und bilden eine planetarische Hierarchie. Mit den sieben Hierarchien der sieben heiligen Planeten, die ebenfalls alle untereinander verbunden sind, bilden wir eine Sonnenhierarchie; das ist eine kosmische Einheit in einem noch größeren Maßstab. Dies ist e i n Teil von dem, was der hebräische Prophet Hesekiel meinte, als er über seine Schau von den sogenannten 'Rädern in Rädern' berichtete, die sich alle drehen, alle als Individuen in Bewegung sind und doch alle in einer Bewegung größeren Maßstabes eine Einheit von Wesen bilden.

Die Sonnenhierarchie, als Aggregat betrachtet, wird sich in evolutionärer Entfaltung nicht enger mit der anderen oder zweiten großen Abteilung*) des Universums und seiner kosmischen Heerscharen verbinden, bis sich dieses Aggregat der planetarischen Bevölkerung gewissermaßen aus den gegenwärtigen Schwingungsraten der Substanzen, Stoffe und Kräfte hinausentwickelt haben wird. Aber in ungeheuer ferner Zukunft wird die Zeit kommen, da sich dieses Riesenaggregat von Wesen in mannigfachen Abstufungen von Bewußtsein und Evolution aus seinen gegenwärtigen Ebenen oder Systemen von Schwingungsraten oder, genauer gesagt, von Bewußtseinsgraden herausentwickelt hat. Dann werden sie sich - wir selbst als Menschen natürlich mit eingeschlossen - durch Evolution zu weiterer und universalerer Erkenntnis und Erfahrung in bezug auf Kräfte und Substanzen entfaltet haben und in wei-

*) Diese "zweite große Abteilung" bezieht sich, wie der Leser sich erinnern möge, auf eine der "zwei Hauptabteilungen unsichtbarer Welten und Sphären", auf die im ersten Teil dieses Kapitels Bezug genommen wurde.

tere und auch tiefere Phasen evolutionären Wachstums eintreten.

## VI

Das Universum ist, wie schon gesagt, in seiner Konstitution aus verschiedenen Welten, Ebenen und Sphären aufgebaut, aus unsichtbaren und sichtbaren, die sich endlos nach beiden Seins- und Existenzrichtungen erstrecken: endlos hin zum Spirituellen, wie man es vielleicht nennen kann, und auch endlos hin zu zunehmender Materialität, wie gesagt werden könnte. Aus diesem Grunde betritt die sich entwickelnde Wesenheit, wenn sie eines dieser kosmischen Stadien, eine dieser Welten oder Ebenen durchgemacht hat, ein höheres Stadium, einen höheren Zustand evolutionären Wachstums, mit anderen Worten: sie tritt in eine höhere Welt oder eine höhere Ebene der kosmischen Hierarchie ein. Aber sie betritt eine solche höhere Welt als Anfänger, als ein 'Kindlein', wie das Neue Testament es ausdrückt, sozusagen als ein spirituelles Kind, als ein Kleinkind in dieser für sie neuen und höheren Welt. Und es ist die Bestimmung dieser sich entwickelnden Wesenheit, daselbst eine Ausweitung des Bewußtseins zu erlangen, wie es zuvor in geringerem Grade in der vorausgegangenen und niedrigeren Welt geschehen war, in der sie ihren Abschluß erreicht hat.

Es könnte gefragt werden: Wenn wir seit Ewigkeit gewachsen sind, warum stehen wir dann nicht höher, warum sind wir in der evolutionären Entwicklung nicht weiter fortgeschritten, als wir es jetzt sind? Diese Frage beantwortet sich eigentlich von selbst. Kosmisches Leben, das im gesamten Universum arbeitet, betätigt sich nicht nur im physischen Universum, sondern in endlosen Stadien, Graden oder Stufen von Substanzen und Kräften, die in ihren Graden der Ätherhaftigkeit oder der Materialität beträchtlich variieren. Aus dieser Arbeit des kosmischen Lebens, das sich in Armeen oder Scharen im Fortschritt befindlicher Wesen manifestiert, folgt natürlich eine ständig zunehmende Ausweitung im Wahrnehmungsbereich des psychischen und physischen Sinnesapparates.

Hat die Menschenschar die höchste Stufe dieses gegenwärtigen Weltsystems, dieser Hierarchie erreicht, wird sie zu voll entfalteten Göttern erblühen, zu Dhyâni-Chohans. Nach einer langen Periode der Befreiung von allem, was auch nur schattenhaft an Leid und Weh, an Not und Heimsuchung teilhat, die den materiellen Sphären anhaften, macht sie sich bereit, in ein anderes und höheres System von Welten einzugehen. Dieses wird für sie ein weit spirituelleres Universum sein - oder ist es tatsächlich schon -, ein in jedem Sinne viel höheres Universum als das gegenwärtige.

Das ist die Bestimmung aller sich entwickelnden Leben, einschließlich des Menschen: endloses Wachstum, endlose Dauer, um dabei alle Teile aller Weltsysteme kennenzulernen, zunächst die des Sonnen-Universums, dann die des Milchstraßen-Universums, dann während zukünftiger Zeiten die Weltsysteme des grenzenlosen Raumes, und zwar alles in ordnungsgemäßer Reihenfolge. Sie lernen durch individuelle Erfahrung und lassen nichts aus, zu dem sie zurückkehren müßten, denn die Natur duldet niemals ein weites Vorgreifen in unregelmäßiger evolutionärer Entwicklung, wie es derartige evolutionäre 'Sprünge' sein würden.

Alles ist eine Sache der Ausweitung des Bewußtseins. Unser menschliches Bewußtsein zum Beispiel, das sich auf diese Erde beschränkt und nur vage Vorstellungen und Träume von einem Sonnenleben besitzt, befähigt uns jedoch, durch Teleskope in die Galaxie und zu Insel-Universen jenseits der Galaxie hinauszuschauen und uns Gedanken darüber zu machen. Aber das sind G e d a n k e n; es ist nicht das tatsächliche H i n e i n w a c h s e n unseres Bewußtseins i n jene weiten, mit Welten angefüllten Räume. Aber unser Bewußtsein weitet sich fortgesetzt durch Evolution: es weitet sich in selbstbewußter Weise, um zunächst alles im Sonnensystem zu verstehen, dann, in noch späterer äonenlanger Zeit, die Galaxie zu begreifen und schließlich zu noch unermeßlicheren Gefilden innerhalb der grenzenlosen Bereiche des kosmischen Raumes überzugehen.

Mag der kosmische Raum noch so ungeheuer groß sein, in gewissem Sinne ist er begrenzt, denn das Grenzenlose besteht aus relativ begrenzten Aggregationen kosmischer Räume oder kosmischer Universen, ja, es ist diese. Bloßes, reines Bewußtsein a n s i c h aber ist in seiner E s s e n z frei von Begrenzungen und kann somit zu kosmischen Dimensionen ausgeweitet werden oder kann umgekehrt zu Elektronengröße zusammenschrumpfen, wie wir Menschen sagen. Ein Mensch kann sein Bewußtsein so weit zusammenziehen oder einschnüren, daß er geeignet ist, ein Elektron zu bewohnen, und doch kann er in noch tieferen Tiefen seines Wesens so frei sein wie die wilden Winde oder der freie Vogel, weil Bewußtsein nicht an materielle, der Messung unterworfene Ausdehnung gebunden ist noch jemals daran gebunden sein kann.

Auf gewissen Elektronen, die auch unsere physische Materie bilden, gibt es tatsächlich Wesenheiten, die ebenso bewußt sind wie wir und, was sehr wohl möglich ist, gleich uns Menschen spirituell-göttliche Gedanken denken und über das Universum nachsinnen. Grund oder Ursache hierfür ist, daß alle Formen manifestierter Substanz, so klein oder groß sie auch sein mögen, Kinder der kosmischen Intelligenz sind.

Daher ist auch jedes Partikel des Universums, ja jeder mathematische Punkt, mit kosmischem Bewußtsein erfüllt, weil er ebenso wie das Universum selbst in ihm wurzelt. So kommt es, daß im Elektron und in seinen etwaigen Bewohnern das Bewußtsein ebenso wirksam und aktiv ist wie in jedem anderen Teil, jeder anderen räumlichen Ausdehnung, selbst wenn es sich um galaktische Größe oder um für uns praktisch unvorstellbar große Bereiche handelt.

Wir Menschen sind in unserem evolutionären Wachstum noch sehr unvollkommen. Auf anderen Planeten unseres Sonnensystems gibt es Wesen - 'Menschen' möchte man sie nicht nennen, und doch sind sie tatsächlich evolutionär weiter fortgeschritten als wir menschlichen Wesen -, die göttlichere Gedanken denken als wir. Es gibt auch Wesen oder Wesenheiten, die die Sonne und das Globensystem ihrer Kette bewohnen; folglich haben die Sonne und ihre Globen Bewohner, die göttliche Gedanken denken, weil sie ein göttliches oder solares Bewußtsein haben.

Wenden wir den Blick von der Welt des unendlich Kleinen ab, so können wir aufgrund des im vorigen Abschnitt aufgestellten Arguments mit gleicher Berechtigung sagen, daß es auch 'Elektronen' von kosmischem Ausmaß gibt. Unsere Erde könnte ein solches genannt werden. Man betrachte kurz die Skala wesenhafter Daseinsformen: da ist zunächst das Universum, das wir als eine kosmische Zelle bezeichnen könnten; dann Aggregate von aus Sternhaufen und Nebeln bestehenden Universen, die man kosmische Moleküle nennen könnte; in der anderen Richtung haben wir dann in unserer eigenen Galaxie Gruppen von Sonnensystemen, deren jedes aus einer Sonne oder aus Sonnen mit sie begleitenden Planeten besteht, die wir uns als kosmische Atome vorstellen können - die Sonne oder Sonnen als kosmische Protonen und die Planeten als kosmische Elektronen. Unsere Erde, die, wie wir wissen, ein solches kosmisches Elektron darstellt, ist aus Heerscharen von Wesen und Dingen aufgebaut, welche aus den chemischen Atomen bestehen, die ihrerseits aus atomaren Protonen und Elektronen gebildet sind. Hierdurch wird das kosmische Muster, die kosmische Regel sich wiederholender Manifestation exemplifiziert. Mit den chemischen Atomen aber betreten wir eine geringere Größenskala innerhalb der kosmischen Skala. Das Kleine spiegelt überall und in allen Dingen das Große wider. Das Atom spiegelt das Universum wider und ist ein Duplikat desselben. Das universale Leben, ein anderer Name für kosmische Bewußtsein-Kraft-Substanz, welch letztere die innere und immer zureichende Ursache unseres Heimatuniversums ist, in dem und durch welches dieses kosmische Leben arbeitet, ist die lebendige Tätigkeit irgendeiner riesengroßen und unbegreiflich erhabenen kosmischen Wesenheit. Genauso ist das Leben oder die vitale Aktivität, die durch des Menschen physischen Körper und in ihm flutet, die niedrigste Form des lebendig-bewußten Zements, der des Menschen ganze Konstitution samt all seinen Kräften und Fähigkeiten zu einer individualisierten Einheit zusammenkittet.

Nun könnte eine solche riesengroße Wesenheit von übergalaktischem Ausmaß uns in Gedanken betrachten, sich wundern und denken: "Können solche Winzigkeiten Gedanken haben, wie ich sie habe? Haben sie gleich mir ein freies Bewußtsein? Kann dieses in den abgrundtiefen Schoß der Dinge eindringen?" Die Antwort würde lauten: "Ja!" Denn Bewußtsein oder kosmisches Denken ist das wahre Herz von Wesen und Dingen, die Essenz von Wesen und Dingen. Wenn sich ein Mensch mit klarem oder reinem Bewußtsein verbindet, tritt er ins Herz des Universums ein, welches, da es überall gegenwärtig ist, nirgends im besonderen ist, wie Pascal sagte und damit den Gedanken früherer Philosophen zitierte. Die Hindû-Upanishaden drücken diesen Gedanken in edler Weise so aus: अणीयानणीयसाम् (anîyân anîyasâm), "Kleiner als das kleinste Atom", was in der Hindû-Philosophie ebensoviel bedeutet, wie wenn man sagt: viel größer als das Universum. So ist es in Wahrheit; denn dies ist Bewußtsein-Denkvermögen-Leben-Substanz.

Wie ist es möglich, daß das Herz des Universums überall ist? Nun, weil unser Heimat-Universum eine kosmische Hierarchie ist, das heißt eine in sich geschlossene Wesenheit, die sich von ihrem Höchsten, nämlich ihrer göttlichen Wurzel, durch viele Zwischengrade von Bewußtheiten, Substanzen und Kräften bis zu ihrem tiefsten Grad, dem Boden oder Ende dieser kosmischen Hierarchie, erstreckt; dies letztere ist für diese kosmische Hierarchie gleichzeitig Materie. Die göttliche Wurzel ist ihr göttlicher Hierarch, das göttliche Herz aller Dinge; und die sichtbaren und unsichtbaren Welten vereinigen sich in der Bildung des Körpers dieser darin wohnenden Göttlichkeit, deren Herzschläge die Diastole und Systole des Universums verursachen. Wie geht das vor sich? Es geschieht alles durch Wesen und Wesenheiten auf den höchsten Sprossen der Lebensleiter, die somit zu Trägern ihrer vielgestaltigen Tätigkeit werden. In ähnlicher Weise leben und wirken diese Wesen und Wesenheiten ihrerseits in und durch andere, noch materiellere Wesen und Wesenheiten, als sie selbst sind. So geht es weiter vorwärts und abwärts bis zur gröbsten Materie des betreffenden Weltsystems oder der Hierarchie oder des Universums - in unserem Falle unseres Heimatuniversums, der Milchstraße.

Außerdem ist jede Wesenheit innerhalb dieser kosmischen Hierarchie selbst eine geringere und somit untergeordnete Hierarchie, da sie eine in sich geschlossene Wesenheit, ein 'geschlossenes System' bildet, das seine eigenen höchsten und niedrigsten und alle dazwischenliegenden Grade an Stoffen und Kräften enthält und auf diese Weise sein Muster, die kosmische Hierarchie, in welcher die Wesenheit lebt und webt und ihr Dasein hat, getreu nachbildet. Das Sonnensystem ist eine solche geringere Hierarchie, die in allem eine wiederholende Kopie ihres gewaltigeren und größeren kosmischen Elters bildet. Ferner ist in jedem Sonnensystem jeder individuelle Planet wie auch die zentrale Leuchte, die Sonne, ein anschauliches Beispiel einer noch kleineren Hierarchie, die geformt und aufgebaut ist wie ihr sie einschließender hierarchischer Elter. Auf einem jeden Planeten, unserer Erde zum Beispiel - um noch vollständiger ins einzelne einzugehen -, ist jedes in sich geschlossene Wesen, jede in sich geschlossene Wesenheit, eine noch kleinere Hierarchie, und zwar ist dies so, eben weil es eine in sich selbst geschlossene Wesenheit ist.

Ein Beispiel hierfür ist der Mensch, denn er ist ein Wesen oder eine Wesenheit, die ihr Höchstes und ihr Niedrigstes hat. Das letztere ist ihr physischer Körper. Zudem hat der Mensch alle Zwischengrade von Bewußtsein und Substanz, die zusammen seine spirituellen und psychischen, seine leidenschaftlichen, gefühlsmäßigen und vitalen Betätigungen umfassen. Aber durch alles und in allem wirkt, lebt und wohnt das dominierende Selbst, der Oberherr von allem, des Menschen Höchstes, sein eigenes spirituelles 'Wunderbares Wesen'. Dies letztere Wort ist ein technischer Ausdruck in der Esoterischen Philosophie. Dieses Wunderbare Wesen ist das oberste Haupt, die Quelle und der Ursprung des fundamentalen Gesetzes oder Bewußtseins, des bewußten Lebens seiner Hierarchie, die an sich ein Aggregat seines konstitutionellen Gefüges ist.

Da die Hierarchien im Universum praktisch unendlich an Zahl sind, sind mithin die Wunderbaren Wesen auch unendlich an Zahl, denn jedes dieser Wunderbaren Wesen ist dies nur um der Reihe unter ihm stehender Leben willen. Da ist zum Beispiel das Wunderbare Wesen, der Stille Wächter für den Heiligen Orden oder die Bruderschaft des Mitleids; ein weiteres Wunderbares Wesen gibt es für unseren Globus, das oberste spirituelle Haupt, das in diesem Falle mit dem Hierarchen oder dem Wunderbaren Wesen der Bruderschaft des Mitleids identisch ist. Es gibt ein Wunderbares Wesen oder einen Stillen Wächter für unsere Planetenkette. Es gibt ein Wunderbares Wesen oder einen Stillen Wächter für unser Sonnensystem, dessen Residenz, dessen Wohnsitz die Sonne ist. Es gibt ein Wunderbares Wesen oder einen Stillen Wächter für unser Heimatuniversum, die Milchstraße, und so immer weiter.

In entgegengesetzter Denkrichtung und gemäß derselben Regel unabänderlich sich wiederholender Betätigung in der Natur gibt es für jedes Atom einen Stillen Wächter oder ein Wunderbares Wesen. Und so hat, wie schon gesagt, jeder Mann, jede Frau, jeder Mensch einen Stillen Wächter oder ein Wunderbares Wesen, nämlich den inneren Gott des Menschen - den Buddha in ihm und über ihm, den immanenten Christus, der den Kern seines Wesens ausmacht. Dieser sein Wesenskern ist ein Gottesfunke aus und von der göttlichen Sonnen-Wesenheit, die das gesamte Sonnensystem mit Lebenskraft erfüllt und beseelt und "in der", wie Paulus der Christen sagte, "wir leben und weben und sind" (Apostelgeschichte 17, 28).

Wir sind Kinder des solaren Bewußtsein-Lebens, so wie die unzähligen Leben der Zellen, der Atome und der unendlich kleinen Korpuskeln, die den menschlichen physischen Körper zusammensetzen, im Menschen, ihrem Oberherrn, leben und weben und ihr Dasein haben; seine Vitalität ist ihre Vitalität. So sind wir durch diese solare Wesenheit kosmischen Ausmaßes mit noch gewaltigeren Räumen verbunden, mit weit über, in und durch den kosmischen Raum verstreuten Kräften und Substanzen.

Jedes Glied in einer Hierarchie ist für diese Hierarchie wesentlich. Man betrachte Vater Sonne: alles in seinem Bereich ist seiner Gerichtsbarkeit unterworfen, und doch ist alles individuell relativ verantwortlich. Aus seinem Herzen gehen alle Geistes- und Lebensströme hervor und dringen bis in die äußersten Bereiche des Sonnensystems; jedes Atom reagiert sofort und spontan, unweigerlich und fortgesetzt auf die unausgesprochenen Befehle, die aus dem Herzen der Vater-Sonne hervorgehen. Sind aber nicht die Planeten schließlich Individuen und darum ein jeder in seiner eigenen Sphäre verantwortlich? Sind wir Menschen nicht an unseren Mutterplaneten gebunden, wie der Mutterplanet an das Sonnensystem gebunden ist? Und ist nicht auch die Vater-Sonne nur ein Glied in der aufsteigenden Kette von Wesen innerhalb der führenden und leitenden Einflußsphäre einer noch grandioseren kosmischen Intelligenz als der Sonne?

Der "Weise aus Concord" (Stadt in den USA - der Übersetzer), der große amerikanische Philosoph Emerson, verleiht dem antiken Denken des archaischen Orients eine Stimme, wie dieses uns mehr oder weniger schwach durch große Griechen übermittelt wurde, zum Beispiel durch Plato, Empedokles, Jamblichus, Plotin u.a. In seinem "Plato oder der Philosoph" schreibt Emerson von der göttlichen Einheit, die er mit verschiedenen Namen belegt, wie zum Beispiel mit 'Seele' sowie auch mit 'Geist':

> "Seele - ein und dasselbe in allen Körpern, das Durchdringende, Unveränderliche, Vollkommene, über die Natur Hin-

ausragende, das von Geburt, Wachstum und Zerfall befreit und allgegenwärtig ist ... Das Wissen, daß dieser Geist eine essentielle Einheit in unserem eigenen und in allen anderen Körpern ist, ist die Weisheit des Menschen, der um die Einheit der Dinge weiß. So wie ein schwacher Luftzug, der durch die Öffnungen einer Flöte streicht, als Töne einer Tonleiter unterschieden wird, so ist auch die Natur des Großen Spirituellen einfach, obgleich seine Formen mannigfaltig sein mögen ..."

Oder wiederum schreibt er in seiner Abhandlung über 'Die Überseele':

"... jene Überseele, in welcher eines jeden Menschen besonderes Wesen enthalten und mit allen anderen zur Einheit geworden ist ... Wir leben in ununterbrochener Folge, in Teilung, in Teilen, in Partikeln. Indessen steckt im Menschen die Seele des Ganzen, das weise Schweigen, die universale Schönheit, mit welcher jeder Teil und jedes Teilchen in gleicher Weise verwandt ist: das ewig EINE."

Und nochmals aus derselben Abhandlung:

"... das Herz in dir ist das Herz von allem; nicht ein Ventil, nicht eine Mauer, nicht einen Teilabschnitt gibt es irgendwo in der Natur, sondern *ein* Blut rollt ununterbrochen in endloser Zirkulation durch alle Menschen, so wie alles Wasser des Erdballs *ein* Meer ist und, richtig gesehen, auch seine Flut *eine* ist.

Der Mensch möge denn die Offenbarung der ganzen Natur und allen Denkens in seinem Herzen lernen, nämlich, daß das Höchste in ihm wohnt, daß die Quellen der Natur in seinem eigenen Geiste liegen ..."

Und in seinem Essay über 'Intellekt' schließlich schreibt derselbe tiefe Denker, der an manchen Stellen eine Note anschlägt, die einen fast zwingt zu glauben, daß sein Gehirn durch das Denken der Nirmânakâyas berührt worden ist:

"... jene erhabene, einsame Klasse, die ihre Propheten und Orakel gewesen sind, die hohe Priesterschaft der reinen Vernunft, die Trismegisti, die Ausleger der Prinzipien des

Denkens von Zeitalter zu Zeitalter. Wenn wir ihre schwer verständlichen Seiten umwenden, so erscheint uns die stille, große Atmosphäre dieser wenigen, dieser großen spirituellen Fürsten, die dann und wann in der Welt wandelten, wunderbar. Um diese Vertreter der alten Religion rankt sich eine Verehrung, neben der die heiligen Riten der Christenheit parvenuehaft und volkstümlich aussehen, denn 'Glaube' liegt in der Seele, Notwendigkeit aber im 'Intellekt'. Diese Schar von Großen - Hermes, Heraklit, Empedokles, Plato, Plotin, Olympidor, Proklos, Synesios und die übrigen - hat etwas so ungeheuer Tiefes in ihrer Logik, etwas so Ursprüngliches in ihrem Denken, was alle gewöhnlichen Vorzüge der Rhetorik und Literatur hinter sich zu lassen scheint und gleichzeitig Musik und Tanz, Astronomie und Mathematik ist. Ich bin bei der Aussaat des Weltsamens zugegen. Mit der Geometrie von Sonnenstrahlen legt die Seele die Grundlagen der Natur. Die Wahrheit und Größe ihres Denkens wird durch seine Reichweite und Anwendbarkeit bewiesen, denn es beherrscht zu seiner Verherrlichung den gesamten Plan und Gehalt der Dinge."

Was Emerson in diesen großen Männern Griechenlands und Roms sah, war dasselbe, was er in dem majestätischen und erhabenen Denken Alt-Indiens klar erkannte, zum Beispiel in den Upanishaden, mit denen Emerson gewiß wenigstens in etwa vertraut war. Das, was er sah, waren genau jene blendenden Strahlen aus der Substanz der Esoterischen Tradition, die man diese Titanen-Intellekte der Vergangenheit lehrte und die sie ihrerseits andere lehrten.

Schließlich bringt Plotin in seinem Traktat "Die drei ursprünglichen Essenzen", V/1, 2, 3, 4, seine Gedanken noch klarer:

"Durch die kosmische Intelligenz ist das Weltsystem, so myriadengestaltig und mannigfach es auch ist, e i n ungeheuer großes Ganzes. Durch diesen Geist ist das Universum selbst eine Göttlichkeit; und wir selbst und alle anderen Dinge, was auch immer wir in unserem Edelsten sind, sind dies kraft jenes alldurchdringenden kosmischen Geistes. Unser individueller Geist ist identisch mit dem kosmischen Geist, durch den auch die Götter göttliche Wesen sind ... Somit ist die Essenz des Geistes unvergleichlich höher als irgend etwas, was Gestalt besitzt. Den kosmischen Geist allenthalben zu verehren führt uns dahin, unseren eigenen individuellen Geist zu verehren ..., doch über diesem göttlichen Geist gibt es etwas noch Erhabeneres und Göttlicheres, den Ursprung und die Quelle des Ersteren ... In diesem noch Göttlicheren ist alles ewig Lebendige enthalten. Nichts als göttlichste Intelligenz liegt darin. Alles ist Göttlichkeit, und wahrlich, hier in ewigem Frieden ist die Heimat jedes individuellen Geistes."

Virgil, der initiierte Dichter und Seher, sagt in seiner Aeneide:

"Wisse zuvor: der Himmel, die Erde, das Meer,
des Mondes blasse Scheibe, das Sternenheer,
sie alle nährt eine Seele,
eine leuchtende Intelligenz, deren Flamme
in jedem Gliede des Gefüges glüht
und das mächtige Ganze bewegt."

Buch VI, Verse 742-747

Der große lateinische Dichter fährt dann in seiner Erzählung fort:

"Daraus entspringen auch die Rassen der Menschen und die der Tiere und das Leben der fliegenden Wesen und der Ungeheuer, welche der Ozean unter seiner kristallenen Oberfläche birgt."

Buch VI, Verse 728,729

Hierin liegt der wirkliche Geist des alten Pantheismus, der sich sehr von dem unterscheidet, was moderne europäische Philosophen irrtümlich für wahren Pantheismus halten, und der keinen persönlichen höchsten Gott in sich schließt, der für all das Übel und das Leid verantwortlich ist, das 'Er' nach mittelalterlicher Theorie erschaffen hat, damit seine unglücklichen Kinder es erdulden müßten, die er dann verlassen hat, vielleicht zu ewiger Qual, weil er sie als zu schwach erschaffen hatte, um den Versuchungen der Umwelt zu widerstehen, die der Theorie zufolge als Versuchungen und Fallstricke ebenfalls erschaffen wurden. Archaischer Pantheismus im ursprünglichen Sinne ist die Lehre, der Glaube oder die Intuition, daß verborgen hinter allem, in allem, jenseits von allen Wesen und Dingen eine göttliche Essenz vorhanden ist, die in Milliarden und Billionen und Billiarden, ja in unzählbaren Vielheiten von Leben-Bewußtsein-Strahlen im ganzen Sein lebt, sich bewegt und wirksam ist. Es ist die ewige, überspirituelle Bewußtsein-Leben-Substanz, aus der das gesamte Universum hervorgeht und in welche es im vorschriftsmäßigen Verlauf der sich abrollenden Zeitalter wieder zurückkehrt - das ist archaischer Pantheismus, der Pantheismus der Alten, der Alten Weisheit, der Esoterischen Tradition.

Die Esoterische Philosophie ist von einem Gesichtspunkt aus dem Wesen nach notgedrungen pantheistisch, aber gewißlich niemals in der Weise, in der Pantheismus so beharrlich und, wie es scheint, auch eigensinnig im Abendland mißverstanden worden ist; sondern nur allein im Sinne der alten Philosophen, wie er oben kurz dargelegt wurde. Jede Philosophie oder Religion, die in ihrer theologischen Struktur die fundamentale Auffassung einer alles durchdringenden Göttlichkeit enthält, die gleichzeitig überall ist und in ihrer Essenz außerhalb von zeitlichen und räumlichen Beziehungen steht, dennoch aber grenzenlose Unendlichkeit ist; jede Religion, die in ihrer Philosophie die Auffassung von einer unendlichen Göttlichkeit enthält, ist tatsächlich im Grunde pantheistisch.

Selbst das Christentum ist trotz der Weise, in der sein Gott von seinen theologischen Exegeten dargestellt worden ist, dennoch seiner Grundidee nach genauso pantheistisch wie jede andere der großen Religionen, obgleich diese Grundidee so verhüllt, verschleiert und verstümmelt ist, daß sie auf wenig mehr als die vage Aussage, daß 'Gott Unendlichkeit ist', reduziert ist. Offenbar kann Göttlichkeit, wenn sie Unendlichkeit ist, keine Person sein, weil Persönlichkeit Begrenzung in sich schließt; und obgleich der Christengott angeblich 'ohne Körper, ohne Glieder oder Leidenschaften' ist und dennoch als Unendlichkeit betrachtet wird, so muß er demnach so alldurchdringend sein, wie der strengste unter den abstrakten Pantheisten es nur wünschen könnte.

Die gesamte moderne europäische Philosophie scheint ihrer Anschauung nach zu einer gewissen Art pantheistischer Ausdrucksweise hinzutendieren, was auch von den Träumen der am weitesten vorausschauenden Männer der modernen Naturwissenschaft gesagt werden kann. Der Holismus von Smuts, der anscheinend der Holenmerismus - oder Göttlichkeit überall in allen Teilen - der alten griechischen Philosophie ist, und die ziemlich vagen, aber interessanten pantheistischen Spekulationen des mystisch eingestellten Younghusband oder auch die metaphysischen Träume wissenschaftlicher Koryphäen wie Jeans und Eddington, die im 'Hintergrunde des Jenseits' 'einen Mathematiker' oder 'einen Künstler' erkennen: alle diese und andere Beispiele, die angeführt werden könnten, zeigen deutlich genug, daß der Menschengeist nicht imstande ist, sich die Göttlichkeit anders vorzustellen als alldurchdringend, überall gegenwärtig, sowohl in den spirituellen Welten als auch in der physischen Welt, und somit also als durchaus essentiell und typisch pantheistisch von Charakter.

## VII

Es gibt nur eine ganz oberflächliche Ähnlichkeit zwischen dem Christengott und der alten Vorstellung von einem unerkennbaren Prinzip, aus dem alles hervorgeht und zu dem alles zurückkehrt. Zwar sollen beide jenseits des Bereiches und der Reichweite aller menschlichen Vorstellung, Einbildungskraft oder Ähnlichkeit sein, und es ist offensichtlich, daß die Christen solches auch von ihrer Gottheit sagen müssen; denn wäre diese mutmaßliche Göttlichkeit nicht unendlich und ewig - beides Attribute, die für menschliche Wesen unausdenkbar sind -, so würde sie nur eine endliche Gottheit, nur ein kleiner Gott sein. Der Christengott ist jedoch ein Schöpfer, ein Demiurg, und das bedeutet schließlich einen großen kleinen Gott in den grenzenlosen Räumen der Unendlichkeit, da Schöpfung oder demiurgische Betätigung sogleich Begrenzung - weil beschränkte Betätigung in etwas Größerem - in sich schließt, während JENES, das TAT der Esoterischen Philosophie und das der vedischen Weisen, ja aller Religionen der archaischen Welt ebensowenig ein Schöpfer ist, wie ES ein Nicht-Schöpfer ist.

Der Gebrauch des Wortes JENES, des vedischen तद् (tad), ist nur die Benutzung eines Wortes, das eine Abstraktion ohne Eigenschaften oder Attribute, die Beschränkungen irgendwelcher Art andeuten, bedeutet und somit die abgründigsten Tiefen der Unendlichkeit und grenzenloser Dauer ausdrückt; und wir lassen es gelten als grenzenloser Raum und grenzenlose Zeit. Denn wenn wir ES durch Attribute oder andere einschränkende Qualifikationen begrenzen, führen wir damit einen unlogischen Begriff in unser erstes Postulat ein, welches besagt, daß ES undenkbar und unbeschreiblich ist und infolgedessen nicht auf irgendeine Weise bezeichnet werden kann. ES i s t immer und ewig.

Damit keine Gedankenverwirrung entsteht und der Leser nicht annimmt, daß dieses Unaussprechliche irgendeiner der - wenn auch noch so großen - in den vorhergehenden Abschnitten erwähnten Hierarchen sei, ist es angebracht zu bemerken, daß ein jeder Hierarch nur e i n e Einheit unter den mathematisch unzählbaren Heerscharen ist, die in ihrem unfaßbaren kosmischen Aggregat die verschiedenen Gottheiten oder aktiven Demiurgen bilden, die alle in dem grenzenlosen, allumfassenden RAUM des JENES enthalten sind.

"Raum . . . ist in Wirklichkeit der Enthalter und der Körper des Weltalls in seinen sieben Prinzipien. Er ist ein Körper von grenzenloser Ausdehnung, dessen Prinzipien, in okkulter Ausdrucksweise, - jedes wiederum seinerseits eine Siebenheit - in unserer Erscheinungswelt bloß das gröbste Gewebe ihrer Unterabteilung offenbaren. 'Niemand hat jemals die Elemente in ihrer Gänze gesehen', lehrt die Lehre". (H.P. Blavatsky, "Die Geheimlehre", Bd. I, S. 365)

Die Aufmerksamkeit des Lesers wird hier auf die Art und Weise gelenkt, wie der RAUM betrachtet wird, daß er nämlich nicht nur ein 'Behälter' aller Dinge ist, sondern sehr viel mehr als ein bloßer Behälter, denn in der Lehre der Esoterischen Tradition ist der RAUM das ewige grenzenlose ALL, das an sich als unendlich lebendig angesehen wird und darum eine unbegrenzte Fülle von Bewußtsein-Leben-Substanz enthält, die sich in den Gefilden des Raumes in miteinander verbundenen, untereinander vermengten und zusammenwirkenden Hierarchien von Heerscharen von Bewußtheiten zum Ausdruck bringt. Diese Hierarchien sind praktisch unendlich zahlreich.

Die in den unmittelbar voraufgegangenen Abschnitten enthaltene Lehre bedeutet nicht, daß all die ungeheuren Bereiche von Raum und Dauer, die sich zwischen dem Undenkbaren und zum Beispiel uns Menschen befinden, kosmische Leere seien - ohne Geist und Bewußtsein, Leben und Substanz. Gerade das Gegenteil ist wahr: Diese endlosen Bereiche des Raumes sind mit zahllosen Hierarchien von Wesen und Wesenheiten angefüllt, sozusagen von göttlichen Atomen, die von den Göttern herab durch die verschiedenen Hierarchien geringerer Wesen und Wesenheiten bis zu den Menschen reichen und sich unterhalb der Menschen noch weiter über kleinere Hierarchien von Wesen, Wesenheiten und Dingen ausdehnen. Überall ist alles erfüllt mit Leben, Denken und Intelligenz. Jedes winzigste Atom, das seinen eigenen Grundton singt (denn jedes Atom befindet sich in ewiger Schwingung, und jede Schwingung verursacht einen Ton), jede Wesenheit allerorts und in allen unergründlichen Tiefen des grenzenlosen Raumes und alle Himmelskugeln, die ihre Bahnen entlanglaufen, alle miteinander sind nur Kinder des kosmischen Lebens, Abkömmlinge des Grenzenlosen.

Was erblicken wir, wenn wir um uns schauen? Sehen wir einen Menschen für die Menschheit an? So etwas wie "Menschheit" gibt es nicht; aber es gibt Menschen. Es gibt auch nicht so etwas wie Vegetation, es gibt aber Pflanzen. Der Ausdruck 'Menschheit' ist eine Abstraktion, und man meint damit eine Heerschar menschlicher Individuen. Der Ausdruck 'Vegetation' ist eine Abstraktion, mit der eine Heerschar, eine Armee von Pflanzen bezeichnet wird. Das Wort 'Gott' ist eine Abstraktion, und zwar leider eine mit großen Einschränkungen, die richtig nur in derselben Weise angewendet werden kann. Das Universum ist durchdrungen und angefüllt mit Intelligenzen und Leben, und diese Mannigfaltigkeit in kosmischer Manifestation ist es, welche die so wunderbare, so erhabene Vielgestaltigkeit in allem uns Umgebenden verursacht, so daß nicht einmal zwei Blätter eines Baumes gleich und selbst keine zwei Atome identisch sind. Wenn sie es wären, wären es nicht zwei, sondern eins.

Die christliche Gottheit ist eine Entwicklung des donnernden Jehovah der Juden zum Besseren hin, dem die Opfergerüche gefielen und dessen Herz in Zorn entbrannte. Sie ist in manchen Beziehungen dem exoterischen Zeus der Griechen oder dem Jupiter der Römer ähnlich; dennoch ist sie eine Entwicklung durch das Mittelalter hin zur modernen theologischen Christengottheit, die so farblos erscheint, wie eine schüchterne menschliche Vorstellung sie nur machen konnte.

Die christliche Trinitätsidee, das heißt die Idee von einem Gott, der drei Personen in e i n e r Obergottheit enthält, ist nur ein Echo der alten mystischen Lehren der Mysterienschulen. Es gab in alten Tagen viele Triaden, und die christliche Triade oder Trinität ist nur eine Kopie davon - noch dazu eine unvollkommene und entstellte. So wenig wissen die Christen, und so wenig stimmen sie in bezug auf die Attribute ihrer Gottheit überein, daß die Frage des Hervorgehens der Personen aus der Obergottheit ein Fels war, an dem die frühe christliche Kirche in zwei Teile auseinanderbrach; diese beiden Teile wurden zur gegenwärtigen griechisch-orthodoxen Kirche und zur Kirche Roms. Die griechische Kirche lehrte, daß vom Vater der Heilige Geist hervorging und von diesen beiden der Sohn. Die römische Kirche hielt an dem Glauben fest, daß vom Vater der Sohn hervorging und von diesen beiden der Heilige Geist. Dies letztere ist der historische Ursprung der berühmten 'Filioque-Klausel', was 'und von dem Sohn' bedeutet.

Wenn wir zur Lehre betreffs der hierarchischen Struktur des Raumes zurückkehren und zu der nebenherlaufenden Lehre, daß der Gipfel, Ursprung oder Quell einer jeden Hierarchie die monadische Essenz eines kosmischen Geistes ist, der evolutionsgemäß von hohem oder niedrigem Grade sein kann, so mag es angebracht sein, diese Lehre zu wiederholen, indem wir noch einmal nachdrücklich bemerken, daß das, was die Menschen 'Geist' nennen, der Gipfel, der Höhepunkt, die Wurzel oder auch der Same, der Anfang oder das Noumenon einer jeden einzelnen Hierarchie unter den zahllosen Heerscharen kosmischer Hierarchien ist. Ebenso ist das, was die Menschen Materie oder Substanz nennen, in e i n e m Sinn die höchst entwikkelte oder evolvierte Ausdrucksform desselben Geistes einer jeden Hierarchie in seiner Ausstrahlung nach unten. Dies drückt nur auf andere Weise aus, daß Materie aus des Geistes inhärenten Kräften, inhärenter Stärke oder inhärenten Fähigkeiten besteht, die auf ihrer Reise abwärts zur Manifestation entfaltet oder auseinandergerollt wurden und ihren Selbstausdruck gefunden haben. Darum - und das ist der wichtige Gedanke - ist Materie der niedere Pol des urspünglichen, eingeborenen Geistes. Denn Geist ist die primäre oder ursprüngliche Ausgangsquelle der evolutionären Aktivität, der durch seine *eigenen inhärenten und spontan aufsteigenden Energien* die Manifestation oder das Erscheinen einer Hierarchie in den kosmischen Räumen hervorgebracht hat. Zwischen dem ersten, dem Urheber oder Geist, und dem zweiten, der Resultante oder dem Stoff, liegt der ganze Zwischenbereich hierarchischer Grade oder Stufen, die somit die Lebens- oder Daseinsleiter jeder individuellen Hierarchie unter den Heerscharen von Hierarchien bilden.

So ist zu ersehen, daß diese Hierarchien nicht 'nur im' Kosmos existieren, auch nicht in irgendeinem Sinne *abgetrennt* vom Kosmos existieren; auch sind sie nicht bloße *Ausdrucksformen* des Kosmos, sondern sie sind in Wirklichkeit der Kosmos selbst, denn sie erfüllen und beseelen ihn nicht nur, sondern sind das, was der Kosmos oder das Universum ist, weil sie es sind. Sie sind der Knochen des Knochens und das Blut des Blutes sowie auch die Form der Form des Kosmos. Wohl ist es richtig, sich das Universum als ein ungeheures, unausdenkbar großes Aggregat oder als eine Ansammlung von Hierarchien vorzustellen, die sich in und durch die riesengroßen Gebiete der unsichtbaren Welten erstrecken. Doch löst sich in einer jeden Hierarchie und a forteriori dem, was die kosmische, alles umfassende Hierarchie selbst betrifft, das Innerste einer jeden, das Höchste einer jeden, niemals aus seinem eigenen Reich, aus seinem göttlich-spirituellen Zustand los, sondern es entrollt aus sich die absteigenden Stufen oder Grade der hierarchischen Lebensleiter, wie Krishna in der Bhagavad-Gîtâ dem Sinne nach sagt: "Ich errichte das ganze Universum mit einem Teil von mir und bleibe doch getrennt von ihm" (Kap. X, Vers 42).

Genauso ist beim Menschen sein Geist der ursprüngliche Ausgangspunkt, aus dem seine Konstitution in absteigenden Graden substantieller Dichte hervorgeht, bis der physische Körper erreicht ist. Dennoch ist der Geist im Menschen nicht sein physischer Körper, sondern er baut, wie Krishna sagt, den ganzen Menschen aus Teilen seiner selbst auf, und zwar in dem hier soeben angedeuteten Sinn, und verbleibt doch abgesondert auf seiner eigenen Ebene. Dies ist das Herz, die echte Substanz der archaischen pantheistischen Idee.

Jeder Mensch ist jedoch - um eine Hierarchie herauszugreifen - seiner Essenz nach ein Funke des göttlichen Bewußtseinsfeuers im und vom Universum - göttlich, spirituell, intellektuell, ätherisch, astral sowie in seinen letzten Reichweiten auch physisch. Die Annahme einer Existenz des individuellen Menschen, abgesondert von der das Universum erfüllenden Göttlichkeit, ist im Abendland ein großer Verlust an esoterischer und mystischer Wahrheit, ein Verlust, der auf falsche Erziehung in religiösem Denken durch nahezu zweitausend Jahre zurückzuführen ist. Wie ist das möglich! Nichts ist so nahe wie das Göttliche, nichts ist so bekannt, nichts so vertraut, denn die kosmische Göttlichkeit ist jenes kosmische Bewußtsein, jenes kosmische Leben, das grenzenlos und unteilbar und durch unbegrenzte Dauer hindurch alles erfüllt und von dem alle Dinge und jedes Wesen Abkömmlinge sind, und zwar nicht nur menschliche Wesen, sondern auch jede andere Wesenheit, jedes Ding im grenzenlosen Raum.

## VIII

Es besteht eine unendliche, universale Bruderschaft aller Wesen; es gibt nirgends grundlegende Absonderungen, nirgends eingewurzelte Verschiedenheiten. Was der Mensch denkt, denkt er, weil der Gott in ihm denkt, und sein menschliches Gehirn empfängt den göttlichen Gedanken und legt ihn schwach, weil menschlich aus. In dem Maße nun, wie wir Menschen uns entwickeln, werden wir diese göttlichen Gedanken des göttlichen Denkers in uns immer vollkommener interpretieren, so wie Evolution, Wachstum oder Entwicklung sie hervorbringen.

Das Universum ist unsere Heimat. Wir sind Brüder und dem Wesen nach auch mit den Göttern verwandt, denn ihr Leben ist unser Leben, ihr Bewußtsein ist im Grunde unser Bewußtsein, ihr Sein ist in der Wurzel unser Sein, ihre Herkunft ist unsere ursprüngliche Quelle, ihr Schicksal ist das unsere, und was sie sind, sind wir dem Wesen nach auch - Kinder der Götter!

Welch wunderbares Gedankenfeld eröffnet sich da dem nachdenklichen Gemüt! Wenn der Mensch sich so eins fühlt mit allem, was da ist, wenn er spürt, daß das Bewußtsein, das er sein eigen nennt, nur sozusagen ein Gottesfunke eines ungeheuer größeren Bewußtseins ist, in dem er lebt; wenn er fühlt, daß sogar alle Atome, die seinen Körper bilden, aus unendlich kleinen Leben aufgebaut sind, die diese Atome anfüllen und sie zu dem machen, was sie sind; wenn er spürt, daß er auf den Pfaden seines eigenen Geistes mehr und mehr nach innen wandert und in engere und direktere Vereinigung mit einer selbst-bewußten Wesenheit treten kann, die noch erhabener ist als das Höchste in ihm: dann empfindet er nicht nur ein starkes Gefühl für seine hohe Menschenwürde, sondern er blickt auch nach außen auf das ihn umgebende Universum, und dann weitet sich sein Herz, und sein Gemüt dehnt sich aus in Sympathie, Liebe und Wohlwollen für alle anderen Wesen, Wesenheiten und Dinge. Ungeheure Bewußtseins-Räume öffnen sich vor ihm, die zu seiner eigenen Zukunft werden! Die Pflicht gewinnt ein neues, hell leuchtendes Aussehen. Recht wird zum Gesetz seines Lebens, und die Ethik ist nicht länger ein mehr oder weniger langweiliger Kodex abstrakter Lehren, sondern sie stellt sehr lebendige, kraftvolle Verhaltensgrundsätze dar. Denn er weiß instinktiv, daß, wenn er in Harmonie mit der Harmonie der Natur lebt, er selbst-bewußt immer mehr eins mit ihr wird. Statt daß er, wie die tatal falsche Ethik allen modernen wissenschaftlichen Denkens lautet, wider alle anderen Wesenheiten und Dinge steht und sie bekämpft, veranlaßt seine neue Schau ihn, hilfreich zu werden. Er erlangt damit ein wachsendes Verständnis für alle anderen, denn in dem Maße, in dem er sich selbst versteht, versteht er auch andere Wesen und Wesenheiten und erkennt, daß sie aus dem Brunnen des Lebens, des Geistes und des Bewußtseins hervorgegangen sind, der auch sein eigener Brunnquell ist.

Welche Beziehung hat nun diese Ausweitung des menschlichen Bewußtseins zu den unsichtbaren Sphären und Welten des Universums? Wenn der Mensch entweder durch Evolution in sehr ferner Zukunft oder durch besondere okkulte und esoterische Schulung, welche unsere großen Lehrer denen vermitteln können, die würdig und wohl qualifiziert sind, sie zu erhalten - wenn der Mensch sich über die magnetische und psychische Anziehung dieser unserer Erdensphäre aus astraler und physischer Materie erhebt und in seinen höheren Prinzipien und Elementen tätig wird, nämlich in seinen inneren Kräften und Substanzen, die seine zusammengesetzte Konstitution bilden, dann wird er befähigt sein, sich auf und in den inneren und unsichtbaren

Welten, Ebenen und Sphären des gesamten Sonnensystems ebenso leicht zu betätigen, zu leben und zu handeln wie heute auf der sichtbaren Erde. Dann wird er ein Bewohner jener inneren Ebenen, Welten oder Sphären sein mit Körpern und Sinnen, die für das dortige Leben geeignet und angemessen sind, und mit immer stärker werdenden Fähigkeiten, die ihn fortschreitend geeigneter machen, dort zu leben und zu handeln. Diesen hohen Zustand wird die Menschheit als Ganzes, als menschliche Schar erreichen, wenn in ferner, ferner Zukunft die Evolution den Menschen dahin gebracht haben wird, im Denken und Tun selbstbewußt der innere Gott zu sein, der er tatsächlich sogar jetzt schon in seinem innersten essentiellen Selbst ist.

Wenn die Persönlichkeit in der Individualität aufgeht, mit anderen Worten, wenn das Auflösbare zum Nicht-Auflösbaren wird, wenn das Vergängliche zum Unvergänglichen umgewandelt ist, zum Unverderblichen, zum Unsterblichen - dann wird der Mensch in diesem gegenwärtigen System von Welten sein evolutionäres Wachstum beendet haben. Dann wird er Wissen, innere Schau und Bewußtsein in ganzer Fülle besitzen, denn er wird sehen und fühlen, daß er in seiner essentiellen Selbstheit tatsächlich eins ist mit dem GÖTTLICHEN.

# Verlag Esoterische Philosophie GmbH

**HANNOVER**

**Nur echt mit dem Tor! »**

**Im selben Verlag erschienen:**

| ISBN | Verfasser | Einb. | Titel |
|---|---|---|---|
| 3-924849-28-5 | Purucker, G. von | geb. | Grundlagen der Esoterischen Philosophie<br>2 Bde. |
| 3-924849-24-2 | | geb. | Studien zur Esoterischen Philosophie<br>2 Bde. |
| 3-924849-23-4 | | geb. | Goldene Regeln der Esoterik |
| 3-924849-03-X | | kart. | Die Meister und der Pfad des Okkultismus |
| | | | Esoterische Philosophie –<br>DIE TRADITION: |
| 3-924849-33-1 | | geb. | Sichtbare und unsichtbare Welten |
| 3-924849-34-X | | geb. | Der Mensch in der Unendlichkeit |
| 3-924849-35-8 | | geb. | Mit der Wissenschaft hinter die Schleier<br>der Natur |
| 3-924849-36-6 | | geb. | Geburt und Wiedergeburt |
| 3-924849-37-4 | | geb. | Tod – was kommt danach? |
| 3-924849-38-2 | | geb. | Esoterische Lehren und Schulen |
| 3-924849-25-0 | Judge, W.Q. | geb. | Die Bhagavad-Gita |
| 3-924849-26-9 | | geb. | Studien über die Bhagavad-Gita |
| 3-924849-01-3 | | kart. | Das Meer der Theosophie |
| 3-924849-32-3 | Blavatsky, H.P. | geb. | Unheimliche Geschichten |
| 3-924849-27-7 | Tingley, K. | geb. | Der Pfad des Mystikers |
| 3-924849-06-4 | Amneus, N. | kart. | Regiert Zufall oder Gerechtigkeit unser Leben? |
| 3-924849-08-0 | Handbuch | kart. | Einblick in die Theosophie |
| ISSN<br>0179-5317 | Zeitschrift | brosch. | ESOTERISCHE PHILOSOPHIE<br>– Weisheit der Zeitalter –<br>DAS FORUM (1/4jährlich) |

Weitere lieferbare Bücher:

| | | | |
|---|---|---|---|
| | Blavatsky, H.P. | geb. | Die Geheimlehre<br>ungekürzte Ausgabe, 4 Bde. |
| | | geb. | Isis Entschleiert, 2 Bde. |
| | | geb. | Rätselhafte Volksstämme |